えろこれ
ERO-COLLE

洋ピン映画史

過剰なる「欲望」のむきだし

二階堂卓也
Takuya Nikaido

彩流社

目　次

はじめに　7

第一章　洋ピン前史（一九五五～六九年）　11
（1）外画成人映画の誕生
（2）北欧からの新しい波
（3）アメリカ初期のパイオニアたち

第二章　花開く洋ピン（一九七〇～七四年）　53
（1）ドイツポルノの勃興
（2）奇跡の早熟女優と白夜の妖精
（3）アメリカポルノ上陸
（4）ヨーロッパ各国の諸状況

第三章　一九七五年の連鎖（一九七五〜七九年・PART1）　109
（1）『エマニエル夫人』の衝撃
（2）『ディープ・スロート』狂想曲
（3）「イルザ・シリーズ」の総括
第四章　USAポルノの成立（一九七五〜七九年・PART2）　149
（1）女優の時代がくる
（2）作品と監督セレクション
（3）ヨーロッパ各国と香港ポルノ
第五章　USAポルノの黄金時代（一九八〇〜八五年・PART1）　183
（1）タブーへの挑戦　浣腸と近親相姦
（2）実力者たちのフィルモグラフィ
（3）新戦力の台頭
（4）女優・パロディ・男優
第六章　衰退するヨーロッパポルノ（一九八〇〜八五年・PART2）　243
（1）フランス新旧の監督と女優
（2）イタリアとドイツ・北欧

第七章　閉幕への道（一九八六～八九年）　263
（1）爛熟のUSAポルノ
（2）フランス・イタリア・香港
終章　そして洋ピンは消えた（一九九〇～九三年）　297
（1）イタリアン・エロスの落日
（2）閉幕　洋ピン零年まで
あとがき　313

はじめに

本書は主として一九七〇年代から一九九三年まで日本の映画マーケットに流布した欧米のポルノ映画——俗に謂う洋ピンについてまとめたものである。

ポルノ映画と書いたが、日本に純粋なそれは存在しない。関税定率法にある「公安又は風俗を害すべき物品」の一つだから、PH(pubic hair ＝恥毛)や性器露出、ストレートな性行為は税関でチェックされ(事実上の検閲とされる)、公開の際は削除、あるいはベタ加工、ボカシやトリミング、マスクがけ(二重写し＝他のフィルムを焼きつける)などにより隠蔽されるからである。ハードポルノであれ、ソフトポルノであれ——その区別は俳優たちが実際に性交するか否かだが——それらは結果的にセックス・シーンを疑似演技で撮影する日本のピンク映画と変わりがなくなってしまう。そこから洋画ピンク——略して洋ピンという日本独特の呼称が生まれた。本書ではその概念を基本的に一九七〇年以降、インデペンデント(邦人系)配給会社が輸入し、映倫が成人映画と指定した長編劇映画とする。

これら、男女の性描写をセールス・ポイントにした諸作は当然のことながら著しく鑑賞意欲を殺ぐものだった。ひょっとしたらという淡い——今から思えば空しくも愚かな期待感は無残にも裏切られ、甚だしきはスクリーン全体が真っ暗になり、それこそ暗澹たる気持ちになったこともある。これでは成人指定の意味などないのだが、集客はあった。億単位の配給収入を記録した作品も複数ある。これは世界的な性解放の波やフリー・セックスの風潮によってポルノ映画がブームになったこともあるし、配給会社の巧みな宣伝もあった。そして、観客は削除や修整に表現の自由を損なうものだと声高に主張したりはしなかった。それが法治国家の興行場(映画館)における合法的な——「清く正しい」上映方法であり、鑑賞態度だったのである。

その黄金時代は一九七〇年代で、都内のロードショー館は元より、全国各地の映画館で盛んに上映されていた。フランスのサンドラ・ジュリアン、アメリカのシャロン・ケリー、スウェーデンのマリー・フォルサといった女優が続々来日したのもこの時期である。「ポルノ」という言葉自体も浸透した。語感がいいのか、口にしても耳にしても「セックス」とか「エロ」のような卑猥感がないからであろう。

それが忽然と消えた。人々が——ではない、時代がそれを必要としなくなったのである。ビニール本の流行、アダルト・ビデオの普及、雑誌・写真集におけるヘア・ヌード解禁、インターネットによる裸像の露出——ボカシだらけの洋ピンを見るため映画館へ行く時代ではなくなったのだ。興行は成り立たなくなり、映画館も消えた。

しかし、なかには劇映画ならではの面白さを含んだ作品もたくさんあった。欧米のポルノ・メーカーたちは大胆不敵にもクレオパトラやカリギュラ、ジークフリートやロビン・フッドなど、史上あるいは伝説上の著名な人物たちを自家薬篭中のものとした。エルキュール・ポアロやフィリップ・マーロゥと比べたら知名度などないに等しいジョニー・ワッドなる私立探偵も忘れることはできない。メジャーのヒット映画を茶化すパロディ映画もまた多く製作された。

一九八五年から始まった東京国際映画祭などで「芸術性の観点から」例外的に許容されていたPHが初めて一般公開でスクリーンに映し出されたのは一九九二年五月、フランス映画『美しき諍い女』だったが、洋ピンはその部分解禁すら儘ならなかった。今ではヘア無修正版と称するDVDも珍しくない。それに接した際、特段の感動も興奮もしなかったのは年齢を重ねたこともあるけれど、それがそこにあるのは腹部に臍があるのと同じで、ごく自然なことだからである。今や、ネット上では完全な解禁状態だ。

「欠陥商品」とする人がいた。一理ある。「あんなもの、見ない」という声を再三聞いた。自由である。だが、そんな映画を何百万人もの人々が見てきた事実は否定できない。映画を大衆のための娯楽産業の一つと把握した場合――映画はそれ以外の何物でもないのだが――洋ピンもまた無視できない存在だった。ここでは日本の外国映画公開史から――おそらく、映画業界からも忘れられつつある洋ピンの歴史を興行的にヒットした、あるいは話題になった諸作をセレクトしつつ綴っていく。

洋ピンという、なかなか穿った言葉は、いつ頃生まれ、定着したかは明確でない。おそらく、ポルノ映画の輸入が活発になった一九七〇年か七一年頃、配給業界内部で自然発生したものだろう。一九六〇年代までの諸作は当時一般的に使われていたセックス映画と表記していく。欧米以外の作品にも少しく言及し、文脈上から一般映画と一般映画制限付き(R指定作品)にも一部触れる。

なお、本書は日本における本ジャンルの盛衰を旨とするので題名下の( )内の数字は公開年度とし、製作年度は【 】内に適宜記すに留めた。


*各章の年代区分はおおまかなもので、項目によって記述が前後に跨る場合がある。

*一般映画には(G)を、R指定作品には(R)を必要と思われる場合に付した。(V)はビデオ、[ ]内は原題の試訳である。

*ビデオ及びDVDの改題は煩瑣なので省略した。

*製作年度は主にIMDb(Internet Movie Database)に準拠した。

*既存のDB(データベース)の誤記と欠落は文中に指摘した。

第一章　洋ピン前史（一九五五〜六九年）

（1）外画成人映画の誕生

『痴情』と『沈黙』

一九六四（昭和三十九）年、洋ピン史を語るうえで重要な作品が二本公開された。

まず、アメリカポルノのパイオニアの一人と目されるようになるジョー・サルノ監督の『痴情』は、夫を送り出した人妻たちが秘密パーティに参加してセックスに耽る物語。会員たちは男も女も仮名で、黒いマスクをしており、お互い相手が誰かわからない。それが、いっそう彼らをゾクゾクさせる効果となっている。その一人、ジュラルディンは香水の匂いから自分の娘が出席していることに気づいて愕然とする。あまつさえ、男の愛撫に身を任せているところを見られてしまい、罪の意識に慄く。そして、娘は母のふしだらさに家を出て行く……。原題は［郊外の罪］。

それまで「黒人のヌード」【61年】「お前が罪人だ」【63年】など、低予算映画を作っていたサルノが『ニューヨーク・デイリーニュース』の特集記事「アメリカ郊外における性生活」を元に劇映画に仕上げたもので、アド（新聞広告＝以下同）に《郊外夫人の欲情生活をあばく全米騒然の問題作！》とある。プレスによれば、本国では不道徳性から十一州で上映禁止になったという。

ジュラルディンを演じたオードリー・キャンベルの映画キャリアは浅かったが、熟れた人妻の色香を十分漂わせていた。この作品の前後に売春組織のマダムを演じた「オルガの女たち」「オルガの恥辱の館」【共に64年】など、「オルガ」シリーズとでも呼ぶべき一連の性風俗ドラマに出演していた。偏執的な情夫と共にパーティを主催するイヴェット役ラナ・モンローは、のちに『ナチ女収容所　悪魔の生体実験』（75年）で売り出すダイアン・ソーンの当時の芸名。二人はサルノの同じ性風俗ものの「欲望の罰」【62年】でも共演した。

無名俳優の出演、乱交まがいの秘密パーティ、人妻の不倫、若い娘の性への好奇心、低予算の独立プロ作品――後年のポルノ映画のエレメンツが盛り込まれていた点で、本作を洋ピンのルーツと形容したい。配収[*]（配給会社の収入）五千万円がヒットの目安とされた時代、それまで聞いたこともない監督と女優によるモノクロームの――日本風に言えば《エロダクション》映画が六千四百万円をあげるとは配給会社（東京第一フィルム）も思っていなかったろう。アーサー・デーヴィスという日本在住のバイヤーが売り込んだ作品で、東京のＲＳ（ロードショウ＝丸の内東宝）は一カ月のロング・ランだった。

サルノは郊外に住む人妻たちを再び素材に、早くもスワッピングをテーマにした「夫婦交換とその実践」【66年】も放っている。ここらは先見の明があったと言うべきか。一九二一年、ニューヨークはブルックリン生まれ。正式名ジョセフ・W・サルノ。レスター・ジョーダン、ルイス・ロマンなど三十以上のAN(Alternate Name ＝変名＝以下同)を持つが、以下ジョー・サルノで通す。

もう一本はスウェーデンの代表的監督、イングマール・ベルイマンの『沈黙』。どことも知れぬ町のホテル――性への渇望を押し殺している生真面目なインテリの姉(イングリッド・チューリン)と、十歳の息子がいながらカフェの給仕をホテル連れ込むほど性に奔放な妹(ヨルゲン・リンドブロム)との確執――「神の沈黙」とやらをモチーフとする監督の三部作の一本とのことだが、そんな難しそうなことより話題になったのは、宣伝にも謳われたチューリンの《日本のスクリーンに初めて登場した自慰シーン》と、リンドブロムと給仕のベッド・シーンだ。チューリンの自慰は暗示に留まっていたような印象だが、背後から迫られてエクスタシーにゆがむリンドブロムの表情はポスターのメイン絵柄にもなり(コピーに《女の本能のもだえを大胆にえぐって真向から性に挑んだ名匠の問題作!》とある)、雑誌や書籍に盛んに流布した。このシーンは一部カットされたほどだ。

各国の国際映画祭で様々な賞を受けている《映画作家》の製作意図や映画哲学はどうあれ、配給会社(東和＝当時)は暗欝で難解なドラマを蹴っ飛ばし、エロで売ったのである。しかも、この地味で暗い成人映画を女性客がメインの日比谷みゆき座で封切った戦略は見事というしかない。八千万円の配収を記録したのはもっと見事だ。追いアドに《かつてない話題と反響をよび、各界をわかせた問題作堂々第五週！》とある（二カ月のロング・ラン）。女優の自慰とセックスだけで稼いだと言ったら語弊があるが、この興行的成功はスウェーデンの《セックス映画》が日本に流れ込んでくる呼び水になった。

完全版という触れ込みでリヴァイバル公開されたのは一九七八（昭和五十三）年。アメリカやフランスのポルノがマーケットに定着していた頃の目から見れば、性描写はどうということもない。しかし、『痴情』同様、この映画が洋ピン前史に果たした役割は極めて大きい。配収併せて一億四千万円という数字から、この二本を洋ピンの胎動――ルーツと見做す由縁だ。『沈黙』をエロダクションの愛欲風俗映画と一緒にするなと思われる向きもあるかもしれないが、この分野を振り返るなかで欠かせない宣伝・興行面から見れば自然に出る結論である。偶然だろうが、キャンベルとチューリンは共に一九二九年生まれ。女性としては熟れ盛りの三十代半ばだった。

（＊）通常は興行収入（興収＝映画館・興行会社の売り上げ）の四〇〜四五％とされる。以後『映画年鑑』（各年度版）『キネマ旬報』（各決算号）に準拠するが、一本当たりの総原価（買い付け金額、宣伝費、プリント代など）は未公表。一部、興収を付す。

外国映画審査事始め

映画の自主的な審査機関である映倫が発足し、「映画倫理規程」――ＭＰＡＡ（Motion Picture Association of America＝アメリカ映画協会）のプロダクション・コード（＊1）（ヘイズ・コード）を範とした製作コード――が発表されたのは一九四九（昭和二十四）年。外国映画の審査を始めたのは一九五二(昭和二十七)年の秋から。それまで審査対象は日本映画だけで、外国映画は税関とGHQ(実務は傘下のCIE=民間情報局)の検閲をパスすればよかったのだが、同年九月の日米講和条約でGHQが解散すると税関のチェックだけで済むようになり、そこからあがった邦画各社の「日本映画だけを審査するのはおかしい」という声に同調したのである。

その働きかけにアメリカ側——CMPE[*2](Central Motion Picture Exchange)は本国の製作コードで審査済みだからと拒否。もっともらしい理由だが、世界に冠たる我がアメリカ映画に極東の敗戦国が何を言うか——といったニュアンスが感じられるのは否めない。応じたのは主にヨーロッパ映画を扱っていた東和や映配(映画配給株式会社)、北欧映画、NCC(ニッポンシネマコーポレーション)、新外映など邦人系配給会社各社。審査には後発の業者も参加していく。

当時の倫理規程の内、本稿に関係ある条項「風俗」と「性」から一部要約しておけば、「猥褻な言語、動作、衣装は取り扱わない」「裸体、身体露出、寝室の描写、表現は観客の劣情を刺激しないよう充分に注意する」(「風俗」)「売春を正当化しない」「色情倒錯、変態性欲に基づく行為を描写しない」(「性」)といったもの。しかし、これらはクランク・イン前に企画書提出や脚本チェックがある日本映画用の規程だから、とっくに完成している外国映画にあてはめることはできない。それゆえ、税関通過後に配給会社との間に齟齬をきたすケースがままあった。

フランス映画『浮気なカロリーヌ』[*3](53年)『ボルジア家の毒薬』[*4](54年)『バルテルミーの大虐殺』[*5](55年)の描写(乳房露出、全裸シーンなど)をめぐって両者がもめたことは『映倫』(遠藤龍雄、ぺりかん社)に詳しいが、配給会社が映倫の修整(映倫側はときに「改訂」という)申し込みに不服だったのは「税関検査をパスしたのに、なぜ映倫が……」という割り切れない感情があったからだ。

邦画洋画を問わず、《十八歳未満お断り》の「成人向」指定が決まったのは一九五五(昭和三十年)五月(『バルテルミーの大虐殺』公開は三月)。その洋画第一号は情人を囲っては淫欲に耽り、邪魔になると殺害してセーヌ河に遺棄していたマルグリット(ルイ十世の妃)を描いた『悪の塔』(審査決定日九月二十九日)。公開第一号はその四日後に審査を受けた『肉体の怒り』(十月十四日封切り)。医者に色情狂と診断された過去がある多情な人妻が自殺を図るが、一命を取り留め、病も癒えるまで。他にD・H・ロレンス原作『チャタレイ夫人の恋人』など五本。すべてフランス映画だった(『悪の塔』はイタリアとの合作)。

翌一九五六年は十一本。平穏に暮らしていた戦争未亡人一家(娘と義妹がいる)に亡き夫の戦友が来訪したことから亀裂が走る愛憎のドラマ『嵐の女』、古代ギリシアの戯曲から、長引くスパルタとの戦争にアテネ側の妻たちが夫との夜の同衾を拒む『女の平和』、婚約者が性的不能なのを承知で結婚した娘(ブリジット・バルドー)の悲劇『わたしは夜を憎む』など、フランス映画が六本もある。他に、非行グループの生態を描いた『暴力の恐怖』や、濡れ衣を着せられた賭博師の反撃(J・H・チェイス原作)『拳銃の報酬』(共にイギリス映画)など五本。

アメリカ映画で初の成人指定になったのは同年、麻薬をテーマにした『黄金の腕』。それがヘイズ・コードの禁止項目になっているのを百も承知のオットー・プレミンジャーが自分のプロダクシヨンで製作し、ユナイト映画が配給。映倫審査となったのはまだ日本支社がなかった同社が松竹洋画部(当時)に配給を委託していたことによる。麻薬の扱いは倫理規定の「法律」中にも記載されている。

一九五七年からはアメリカのメジャーが審査を受諾。「成人向」が「成人映画」と改称されたのは同年八月。洋画「成人映画」第一号はドイツ・ユーゴスラヴィア合作『始めに罪あり』【56年】。(*6)以後、一九五九年まで二十三本。イギリス・ハマープロの怪奇もの(『フランケンシュタインの逆襲』(57年)『吸血鬼ドラキュラ』(58年)、アメリカのアライド映画(新興マイナー会社)及び独立プロのギャング映画も含まれている。

フランスの『素直な悪女』(57年)『可愛い悪魔』(59年)は、女優(B・バルドー)にセクシーな魅力はあってもセックス映画とは呼べないドラマだったが、田舎から出てきた野心家の若者が花の都パリで女たちを籠絡していく『奥様ご用心』(58年)、二人の男が人妻やスウェーデン娘をひっかける『今晩おひま?』(59年)のプロットは、後年のポルノ映画にも十分通用しそうだ。『フランス桃色艶笑譚　青い女馬《めすうま》』(60年)はナポレオン三世治下の片田舎を背景に、馬飼いが仲の悪い家の主人の妻を寝取る内容。

二人だけの出演者がほとんど全裸に近い姿で登場するとの前評判だったメキシコ映画『アダムとイヴ』(58年)は、女優の胸は髪の毛で覆われ、下腹部はイチジクの葉で覆われていた。これでは一般映画で公開されて当然か。

倫理規定は世相の移り変わりに対応して何度か改訂されていくが、「風俗」と「性」に関しては基本的に変わっていない。では『痴情』と『沈黙』が登場した前後の六〇年代の状況を見てみよう。

（＊1）映画製作におけるセックスや犯罪、暴力、薬物（麻薬）の扱いを規制した製作コード。MPAAの前身であるMPPDA（アメリカ映画製作配給組合＝初代会長ウィル・H・ヘイズ）が一九三〇年に制定。

（＊2）一九四六年から一九五二年まであった米・メジャーの連合輸入代行組織（通称セントラル）。以後は各日本支社が開設されていく。

（＊3）軍人を夫に持つ人妻（マルティーヌ・キャロル）の浮気と冒険。入浴と寝室場面に問題ありとされた。

（＊4）中世イタリアの権謀術数家チェーザレ・ボルジアの陰謀と姦計。妹ルクレチア役M・キャロルや侍女たちの入浴、乱交まがいの饗宴がネックに。

（＊5）背景は一五七二年のパリにおけるユグノー教徒虐殺事件。王女マルゴ（ジャンヌ・モロー）の入浴、全裸を思わせる情交場面がある。

（＊6）原作はモーパッサンの短編『田舎娘の話』。屋敷奉公の娘が作男と関係して私生児を産む。同情が愛に変わった主人が彼女と結婚、養育する。

ストリップ映画と夜ものの流行

ナイトクラブやミュージック・ホールのショウをふんだんに見せたのがアメリカの短・中編（五十四分以下）バーレスク映画。ヌーディ・キューティとも言われたストリップ映画だ（＝配給会社）。『ブロードウェイの夜　乳房の神秘』『巴里の夜』（62年）『ヌード巴里』『はだかモデルの誘惑』（G）『裸の美人狩り』『ピンクの曲線』（63年＝大蔵映画）、『豊満なる美女たち』（63年＝ヘラルド映画）『裸女のうねり』（63年）『アート・オブ・バーレスク』（64年＝旺映）『写真家とヌード』（64年）『イブかリンゴか』(64年＝ニューアイディア映画)など。

成人指定理由はいずれも「大人向きのバーレスクショウダンスを集成したものなので青少年の観覧には不向きと思われます」(映倫)といった同じようなもの。劇映画の添え物として全国で重宝がられていた。美容センターに展開する裸の美女たちと闖入した男たちのテンヤワンヤを描いたのが『のぞき見トム』(63年＝大蔵映画)。

このテの映画は一九五〇年代にも数本が公開されていた。注目すべきは、やがて巨乳映画で名を高めるラス・メイヤーの『ピープショウ』(54年＝松竹)があったことだろう。オークランドのバーレスク劇場の美女乱舞をカメラに収めただけの六十分は退屈だったのではないかとも思われるが、これは今の感覚で、まだハダカに飢えていた我が国の状況を考えれば、カラーでもあったし、観客には目の保養だったに違いない(一九六二年に新版で再映)。ストリップ映画はやがてセックス映画へ転じていくのだが、日本でも六〇年代初期の短編のヌードショウ映画がピンク映画の露払い的役割を果たしたプロセスを考えると、相通ずるものがあるようで興味深い。

ドラマ仕立てにしてあったのが《飛び出す画面！　飛び出すヌード！》と謳われ、赤と緑の特殊眼鏡によるパートカラー3D映画『パラダイス』(62年＝ワーナー)。スパイものの形を取って、女性がヌードに見える眼鏡をかけた科学者がパリ、ヴェネツィア、リヴィエラなどの観光地で美女の裸を鑑賞する趣向。ペットショップのオヤジが秘薬で動物に変身、美女たちの部屋に入り込み、ヌードを満喫するのが『グラマー大行進』(62年＝ヘラルド)。『グラマー西部を荒らす』(63年＝イタリフィルム)は、フランシス・F・コッポラが大学時代に作った一編で、ヌード撲滅を提唱する紳士がその実、ナイトクラブでお楽しみというコメディ。裸女の幻想に悩まされるカウボーイが出てくるが、西部劇ではない。

『新・裸千一夜』(63年=松竹映配)はバーで酔眼朦朧となった男が聖書の怪力男サムソンや皇帝ナポレオンに成り切って、デリラやジョセフィーヌとよろしくやる桃色コメディ。絶世の美女たちはバーの女たちがメイクと衣装を替えての二役である。秘薬を飲むと女性の衣服が透けて見える『のぞかれた美女』(64年=松竹)は『紅閨夢』(武智鉄二)の併映用。他に『ミスターHマン』『へんな透明人間』(共に65年=NIC)。背景が踊り子の養成所やキャバレーだったのでヌードがふんだんだった中編ドラマ『パリのお嬢さん』(59年=ヘラルド)と、キャバレーめぐり短編『パリ千一夜』(62年=同)はフランスもの。

当時流行した裸体主義《ヌーディズム》運動を素材にしたのがアメリカの『素肌のビーナス』(63年)。息子の嫁がその会員だったと知った母親が裁判騒ぎを起こすコメディだ。コーンウォールに集う裸体主義者《ヌーディスト》たちを描いたのがイギリスの『ヌード・バカンス』(63年)。監督のジョージ・ハリソン・マークスはヌード写真家として有名だった。ジャッキー・ソルト、ブリジット・レナードら出演者の大半は一流のストリッパー。ジグムント・スリストロフスキー監督(*)の『イヴの砂』(64年)は無人島で一切の文明生活を断つ若者たちの体験ドラマ。ブラジルで撮影された(いずれも=大映)。

ブームになったイタリアの《夜もの》記録映画もまとめておく。いきなり配収八千万円を記録した

『ヨーロッパの夜』(60年)を嚆矢とし、世界各地の歓楽境をめぐってナイトクラブやミュージック・ホールの歌や踊り、マジック&ストリップショウなどを紹介。以後、『世界の夜』(61年)『世界のセクシー・ナイト』(62年)『世界の熱い夜』『夜の夜』(共に63年)と続いた。『世界の裏の裏』(64年)は『白日夢』(=松竹・武智鉄二)の併映(以上G)。成人指定は一九六五年まで『世界の夜の歴史』『地球の皮を剝ぐ』(共に63年)『セクシーワールド』(64年)。いずれもストレートな邦題と踊り子乱舞のポスター効果で集客があった。『世界の夜』は八千万円、『地球の皮を剝ぐ』は一億円を記録した。

G・ヤコペッティの『世界残酷物語』(62年・G)から続いた残酷ドキュメンタリーも決して《夜もの》と無縁ではない。これらをひっくるめた「モンド映画」の呼称は『世界残酷物語』の原題"Mondo Cane"[犬の世界]から採られたというが、これは本来「嫌な世の中」という意味。取材の対象こそ違え、そこにある好奇心と覗き趣味はわれわれの内面に潜む欲求でもあった。この国の記録映画にはそっとしておけばいいものを殊更抉り、暴くようなセンセーショナリズムがあり、記録映画というより見世物の感覚だ。そこにはヤラセ(演出による再現)も挿入されていたことはかねてから言われていたところだが、これは映画館が満員になって観客が面白がればいいのだという徹底した商業主義に凝り固まったイタリア映画人の本質の一つと看做すべきであろう。

(*)ポーランド生まれで、五〇年代から主にアマゾン地方に取材した記録映画『裸のアマゾン』(56年)や、ちょっぴりドラマを絡めた『秘境の情熱』(59年)を発表していた。売り込みのため時折来日したという。

M・ペカスとJ・ベナゼラフ

劇映画もポツポツながら輸入され始めた。フランスには、やがてポルノ映画の代表的監督になるマックス・ペカスとジョゼ・ベナゼラフが登場した。

ペカスの『牝犬ども』(64年・G)は、その昔、ナチスが村人から奪った財宝が山奥に埋められていると母から聞いた娘と姪の二つのグループが牽制しながら山野を歩き回る。男が絡むエロ場面はストーリーに全然関係ない。お宝話は真っ赤な嘘と判明して、こちらも一杯食わされるが、そんな作り話をした理由が判然としない。ノートに「字幕がとてもわかりづらいから、よほど気をつけていないと」とか、「ペカスの演出はズサンで展開は鈍く散漫、まったくいいところがない」などと書いている(一九六七年＝於・新宿地球座)。要は、つまらなかったわけだが、この監督の名と存在を記憶したのは本作からだったことは間違いない。

『快楽の砂』(65年)は夫を殺して死体を埋めた女の打算と破局。別荘で情人といちゃついているところへ訪ねてきた従妹に男を夫と紹介するが、そんな咄嗟の取り繕いが続くわけがない。真相を知られて彼女を轢殺しようとするが……。愛欲サスペンスといったスタイルながら、エロ味は稀薄でガックリきたのは題名とポスターからそれしか期待していなかった鑑賞態度が悪かったのだ。これらより前の『青いけだもの』(60年・G)は、貧乏な画学生が恋人や未亡人とよろしくやるが、結局、身の破滅を招く。シャルル・アズナヴールが音楽を担当。

ベナゼラフの『濡れた砂丘』(63年)も愛欲サスペンスもの。日々の倦怠にドップリ浸かったような男女が海辺の小さなホテルに投宿する。男（ミシェル・ルモワーヌ）は癌を患っていた宿の主人が亡くなると、妻を脅迫して愛欲に耽るのだが、主人の死の真相を知り、最後は女と去っていく。これもポスターを見て胸が騒いだものの、カップルのキャラクター性と、男の言いなりになる未亡人の心理状態が理解できず、困惑した。脚本がフレデリック・ダール（映画化が多数あるミステリ作家）の書き下ろしと知っていたら、それなりの見方もあったろうにと臍を噬んだ。ルモワーヌは監督としてフランスポルノの旗手の一人になる。

『パリ・エロチカ』（64年）は夜もののセミ・ドキュメンタリー。アメリカ人の御上《おのぼ》り、ジョン・スミス氏を配したのが新味。『湖のもだえ』（68年・G）は、かつての《巨匠》映画監督が「カバーガール（原題）」をテーマに新作を準備するも、女優たちの打算と虚栄に夢打ち砕かれて自殺するまで。『続・絶叫』（69年）は金と人質に取った娘をめぐる三人のギャングと情婦の色欲の果て。

成人映画は三本だけだが、いずれもタイトルやポスター仕様からエロ味をセールス・ポイントにしていた。「成人向」指定が施行される以前に『浮気なカロリーヌ』などが問題視されたことに、さすがは芸術の国だと別に感心はしないが、この国のエロティシズムは早くから醸成されていたようだ。

イタリアと南米から

イタリアの劇映画に見るべきものはない。カトリックの総本山ヴァチカンが控えるお国柄で、セックス映画に対する規制が強く、検閲とは別にＣＣＣ（カトリック映画センター）という団体が目を光らせていた。一九五〇年代から十六歳未満、十四歳未満への入場制限があり、成人指定は一九六二年から。たくさんあった大人向けのセックス映画（艶笑譚）で入荷したのは会社社長（ウーゴ・トニャッツィ）が娶った若い妻（マリナ・ブラディ）の欲求に辟易する『女王蜂』（63年）くらいで、インデペンデント系の買い付けは記録映画のあと、『荒野の用心棒』（65年）の大ヒットに始まった銃弾と流血のマカロニウェスタン中心になった。

一九六七年に『歓びのテクニック』と『濡れた本能』（G）が公開されたが、前者はお家芸の艶笑譚オムニバスながら、このジャンルを心底楽しめる日本人はそういまい。『女王蜂』にも出ていた主演のトニャッツィは本国では一流ながら、日本ではまったく集客力が期待できない俳優の一人で、これは配給会社の選定が悪いのである。後者はよくある夫との生活に飽きた人妻の浮気もの。ロッサナ・ポデスタの豊満なヌードが垣間見られるのはともかく、物語は退屈だ。アルベルト・モラヴィアの小説が原作で、この作家の作品の映画化は多いが、日本では興行のプラス要素になった例《ためし》がない。

山奥の伐採労働者たちのボスと情婦と脱走兵のもつれを描いたアルゼンチン映画『女体蟻地獄』（62年）【58年】は一般映画だが、当時としては上々の三千万円の配収をあげた。これはやがてポルノ女優として名を馳せる情婦役のイザベル・サルリのグラマーぶりが話題になったからで、水浴シーンでは映倫審査で水面にＰＨが映っている、いないでもめたことが週刊誌の記事になったこともある。「蟻地獄」は人食い蟻を使った刑罰シーンから。

本国ではアルゼンチン映画始まって以来の大胆なヌードがマスコミを騒がせた一方、検閲に引っかかり、カトリック団体の大顰蹙を買った。グラマー女優の裸とはケッコーな話ではないかと思うが、《国辱もの》とまで言われたのはサルリがかつて(一九五六年)お国のミス・ユニヴァース代表だったこともあったらしい。どういうわけか、この女優への反発は根強く、六三年にはメキシコ滞在中に狙撃されたこともあり(難は逃れた)、その後も脅迫状や殺害予告が頻繁だったという。彼女と監督(アルマンド・ボー=兼脱走兵役)についてはまた触れる機会がある。

ブラジルからは三本が入荷。六五年にはカンヌ映画祭で「芸術家か猥褻か」で話題になった『夜の遊び』が公開。普通の女に飽きた男と娼婦たちの愛欲模様を描いたものだ。翌年は『絶叫』と『禁じられた情事』があった。前者は専務と愛人関係にあり、しかも異常性愛(SM)趣味がある社長令嬢との結婚を迫られた社員の苦悩。先の『続・絶叫』は、これを受けての同じ配給会社の安易な命題である。後者は従兄と信じて関係した若者が腹違いの兄だったことがわかってショックを受ける娘の懊悩。近親相姦とされる血縁範囲は時代や社会により異なるのだが、一応インセスト(近親相姦)ものとしておく。

ヘイズ・コードの弊害

アメリカからはラス・メイヤー作品が二本。『肉体の罠』(64年)は、公認会計士の資格を取ろうと勉強している夫に欲求不満の妻が脱獄囚と肉体関係を結び、最後は殺される悲劇。成人指定理由に「脱獄囚と人妻と夫との三角関係の破綻を描いたもので、内容も描写も青少年には不向き」とある(映倫)。日活が成人映画『女の渦と淵と流れ』の併映として買い付けたもの。夫婦間に新参者が割って入って波乱が起こる作劇法は『欲情』(65年＝大映)も同じ。農場に雇った男と妻の仲に嫉妬した亭主がサディスティックな本性を表わし、遺産が手に入らないこともわかって逆上、牧師の妻をレイプして殺してしまう。「異常性格の持ち主ともいえる暴力的欲情的な男を主人公にした作品で、青少年には刺激的にすぎる」(同＝一部改)。監督も作品も注目されるに至っていない。

あとは、ニューヨークに出てきてピンナップ・ガール斡旋所に入った娘に忍び寄る誘惑と姦計『肉体の迷路[*]』(65年)、若者に蔓延する麻薬撲滅のため高校に潜入する麻薬取締官の活躍『性愛の曲り角』(63年)がある。

これらの劇映画はＭＰＡＡに加盟していない――同協会が承認した映画に付すコード・シール(日本の映倫番号に相当する)がないことからノー・マーク映画と呼ばれた中小の独立プロの作品だった。アメリカではＭＰＡＡと映画館主協会が連携していて、このシールがない映画は原則公開しないシステムになっていたから、もっぱらフリーの興行主が経営する二流三流の映画館で上映されていたらしい。日本で成人指定になったのは犯罪、暴力(虐待)、麻薬の扱いがネックになったからで、特段に露骨な裸描写があったわけではない。

しかし、六〇年代も半ばになって「映画は第一義的に娯楽である」(前文)としながら、「好色挑発的なヌード」「色情倒錯」「不倫」「執拗な接吻」「ホモとレズ」「レイプ」を描いてはならず、異人種間（具体的には白人と黒人）の性交は厳禁、そもそも「男女が一緒にベッドに入る」ことに「細心の注意を」払わねばならない時代遅れのヘイズ・コードへの不満はメジャー、独立プロに限らず、映画人たちの胸に当然燻っていただろう。西部劇がイタリアに引っかき回されたのは「殺人・暴力・残酷」を抑止するヘイズ・コードのせいだという説があるくらいだ。

殊に、手っ取り早く大人観客向けのエロティックな風俗映画で儲けようとしていたニューヨークやオフ・ハリウッドの独立プロの製作者や監督たちの反発が強かったことは想像に難くない。アメリカには検閲権を持つ州や自治体があって、たとえメジャー作品でも道徳上や教育上から独自に上映禁止措置を取っていたし——『情炎の女　サロメ』（53年）『悪い種子』（57年）など数例がある——、宗教団体のボイコット運動も頻繁だった。そうした風潮のなかで窮屈な思いをしながらも、J・サルノは『痴情』以後も仕事を続けたし、他にもデヴィッド・F・フリードマン、エドワード・パラモア（のちのハロルド・ライム）、マイケル・フィンドレイ、ボブ・クレッシー、アル・ルーバン、ウィリアム・ローズらが低予算で利潤を追求するエクスプロイテーション（exploitation）やセクスプロイテーション（sexploitation）と呼ばれる安手の映画を作っていた。『痴情』は“shocking exploitation picture!”とされ、ルーバンにはいみじくも“Sexploiters”【65年】という作品がある。後年のポルノ映画の量産と発展はこうした土壌が形成されていたからこそであろう。

ＭＰＡＡが時代の変化と映画人の反発で、もはや黴の生えたヘイズ・コードを改訂するのは一九六六年。メジャーもノーマークのまま封切るケースが出てきたからだ。劇映画における女優の乳房露出も許容されるようになり、それまで「描いてはならない」「認められない」「禁止する」「厳禁とする」などとされていた先の規制が大幅に緩和されることになった。

（＊）『痴情』のオードリー・キャンベルが出ている。

一九六〇年代の配給会社

インデペンデント配給会社は十数社あった。大映、松竹など邦画大手もそうだが、これらの会社はアメリカのメジャー映画には手が出せないので、ノー・マーク作品やヨーロッパ諸国の映画を買っていた。ヨーロッパの場合はアメリカがドルに物を言わせて、これはと思う作品の世界配給権を取得するケースがあったが、まだ数は少なく、割って入る余裕は十分あった。

当初は大蔵省（当時）の方針で割当制《クォーター》が採られていたため、メジャーも邦人系も配給本数は限られていたが、一九六四年七月に外国映画の輸入自由化が実現。これは邦人系各社にとっては両刃の剣で、買い付け競争が激化し、資本力の乏しい会社は消えていくことになる。同年末には『サディスト』（63年・米）や『グラマーと吸血鬼』（64年・G＝伊）があった昭映フィルムが輸入自由化による倒産第一号となった。続いて『大山賊』（63年・英）などがあったサミット映画が消滅。アメリカのＡＩＰ（American International Pictures）やイタリアの大手チタヌス社の映画を各社に売っていた輸入業社セレクト・インターナショナル・フィルムも役目を終えることになる。

いくつかはストリップものの項に付記したが、洋ピン時代まで存続した会社を挙げておく。『痴情』で当てた東京第一フィルムは一九六二年設立。戦後まもなくあったイタリア映画専門のイタリフィルムを引き継いで新社長となった曽我正史は戦前、フリッツ・ラングから振津嵐峡という名で監督もしていたカツドウ屋で、算盤勘定巧み、蓄財にも長けていたという。前身が前身だからイタリア映画に強く、マカロニウェスタンや記録映画でも稼いだ。六八年、大映の外画輸入業務を受け継ぎ、大映第一フィルムと改称したが、東京第一フィルムで通す。

日本ヘラルド映画のルーツは名古屋にあった欧米映画。大興行主・古川爲三郎の長男、勝巳が一九五六年創業し、翌年、アメリカの業界紙『ヘラルド・モーション・ピクチャー』からヘラルド映画と改称。上京後、豊富な資金力で大洋映画（洋映）、北欧映画、NCCを吸収し、六一年に日本ヘラルド映画となった。初期に買い付けを行なっていたのはベルゲル＝フルカワ・カンパニー。ベルゲルとはCMPEの代表だったマイケル・ベルゲル。黒井和夫氏（興行評論家）によれば、円の海外持ち出しは為替も含めて制限されていた時期で、外国人なら融通がきいたからだという。

松竹映配は一九六二年に松竹国際映画（松竹セレクト改称）と映配が合併して誕生。バックは松竹だから興行面では恵まれていた。NCC（ニュー・シネマ・コーポレーション）は旧NCCの北海道支社長だった山田幸太郎がサミット映画を引き継ぐ形で六五年設立。セレクト映画は六九年にスタートした。

これらとは別にユニークだったのが、超ワンマン経営が祟って新東宝社長の座を降りた大蔵貢が一九六一年、かねてから所有していた富士映画(製作会社)と、資本を投下して吸収した大和《だいわ》フィルム(邦人系配給会社)を合併させた大蔵映画だ。

一九六二年から六五年までにアメリカの『新婚の夜』『売春姉妹の告白』、イギリスの『性の敵』(＊1)『女体入門』『港の売春街』、イタリアの『禁じられた肉体』『性の実話暴露』などを配給。これらは成人映画ではないのだが、「売春」「女体」「肉体」といった言葉で、そう思わせる巧みさに注目されたい。新東宝時代から定評があった大蔵貢の派手で、妖しく、いやらしい(?・)命題は外国映画にも踏襲されたのだ。その一本、『女体蟻地獄』のヒットはサルリの裸とグラマーぶりを徹底して売ったこともあるが、何よりタイトルが奏功したのだ。

成人劇映画は先の『肉体の迷路』『性愛の曲り角』以外に三本。若い娘と初老の紳士と青年の三角関係を描いたのがフィンランド映画『十六娘の性のあやまち』(62年)。指定理由に「浮気女の誘惑に捉えられた青年の悲劇を描いた作品ですが、この内容には青少年に不向きなところがあり、成人映画に指定します」(映倫)とある。「十六娘」とはヒロインの年齢から。イギリスの『十六娘の非処女グループ』は非行グループに入った女学生の売春・堕胎・家出まで。『裸女の渦巻』はイタリアの夜もの(共に65年)。

AIPやイタリアの怪奇映画に怪談映画のような命題をしてホラー・ファンを喜ばせたが、映画は自前で作ってこそ旨味があるとする大蔵貢の方針でピンク映画製作に方向転換。洋画配給は六九年まで単発程度になり、以後長く休止状態になる。(＊2)

一九六〇年代初期の映画雑誌の《洋画エロティシズム特集号》や《外国グラマー女優特別号》などの別冊や増刊には女優の乳房露出スチルが散見するが、スクリーン上ではそれもままならない時代だった。映倫規程は一九五九（昭和三十四）年に手直しされたが、「風俗」中の「裸体、身体露出」はかねてから「乳房の露出と全裸」と解釈されており、ここでも「充分に注意する」という語句に変わりはない。六四年から急増したピンク映画ですら乳暈ギリギリ、洋画は記録映画やショウ映画の一部以外はボカシ処理などの改訂を求められていた。そのボカシ第一号はスウェーデン映画『太陽のかけら』（65年・G＝東和）という。(＊3)

それが容認されたのは「一九六七年頃(＊4)」とされている。同年のヘア解禁ならぬ《バスト解禁》第一号女優及び作品名は不詳だが、邦画洋画を問わず、ポスターやスクリーンで、その露出を当たり前のように見ていた世代には信じ難いことであろう。

武智鉄二の『白日夢』や『紅閨夢』——特に『黒い雪』（65年＝日活）における大胆な描写への映倫の対応、警視庁の摘発、猥褻か否かの裁判沙汰については『映倫』に詳しいが、外国映画でこうしたトラブルが起こらなかったのは、まだ問題とされるほど露骨な描写がそんなになかったこともあるが、基本的には配給会社が税関（図書調査室＝当時）のチェックをクリアーした修整後のフィルムを審査したからだ。倫理規定を鑑み、新たな注文（修整要望）を出す場合もあったが、発足間もない頃と違って、この頃は配給会社側も理解を示したようで、こと映像処理に関して審査が概ねスムーズだったのはこのためである。

さて、この時代、先頭を走っていたのはスウェーデンである。


（＊1）性病の実態を劇映画形式で描くイギリスの性医学もの（63年）。

（＊2）本項は拙著『新東宝・大蔵　怪奇とエロスの映画史』（洋泉社）から部分的に要約したことを諒とされたい。

（＊3）畠剛「ポルノ映画のボカシ・テクニック」（『別冊スクリーン』一九七六年八月号所収）。フィルムの乳房部分に細かく切った女性のナイロン・ストッキングを重ねた由。『荒野の用心棒』の併映で見ているが既に忘却。

（＊4）阪田英一（映倫二代目事務局長）『栄冠なし涙あり』（私家版）。

（2）北欧からの新しい波

席捲するスウェーデン映画

『キネマ旬報』一九六八（昭和四十三）年度決算号の映画界十大ニュースの一つに「外国製セックス映画の攻勢」があった（十位）。同年の成人指定映画は十五本（前年九本）。年内公開は十二本で、内訳はアメリカ、フランス、ドイツが各々二本。スウェーデンが六本。大した本数ではないが、『女体の神秘』や『湖のもだえ』のような一般映画にもセックスあるいはエロチシズムをテーマにした作品があった状況を踏まえてのことだろう。

『007は殺しの番号』（64年）や『荒野の用心棒』のヒットで巻き起こったスパイ・アクションやマカロニウェスタン・ブームが下火になりつつあり、邦人系各社が新しい鉱脈を探り当てようとしていた頃で、ヨーロッパ――特にスウェーデン映画が目立つようになったのは『沈黙』のヒットもあって、それまで重要視されていなかった国の映画に目が行ったのは自然の成り行きだった。六五年から六九年まで公開された三十一本(デンマークなどとの合作を含む)の内、ほぼ半数の十六本が成人指定だった。

とりわけ、L＝マグヌス・リンドグレーン監督のパートカラー作品『歓び』(65年)が七千五百万円、マック・アールベルイ監督の『わたしは女』(68年)【65年】が九千三百万円を稼いだのは特筆ものだ。前者は共に離婚歴のある艀船の船長と軽食堂で働く女(クリスティーナ・ショリン)が結ばれるまで。ドラマがしっかりしていた上、水中でのセックス・シーンが話題になった。

後者は宗教の戒律や古い結婚観の束縛から逃れたい看護婦シヴ(エシー・ペルソン)の男性遍歴。MGMが世界配給権を取った作品で、同監督によりシリーズ化。同年、結婚したシヴ(ジオ・ペトレ＝主演者はその都度交代)が夫の性的異常ぶりに悩んだ末、その忌まわしい過去を知る『続・わたしは女』が封切られた。以下、一般映画も含めて何本か挙げる(★マークは女優がおしなべて地味な陣容のなか、若く、愛嬌もあって一人際立っていたC・ショリンの出演作)。

アルネ・マットソン監督の二本は共に特異な題材だった。デパートの夜警とマネキン人形の怪奇にして妖しい恋模様と破局を描いた『沈黙の歓び』(66年・G)は彫像愛好症《ピグマリオニズム》が面白く、硬質な透明感のある美貌を持つG・ペトレの人形役が適役。『断罪』★(67年)は因習根深く残る農村を背景にした母と息子の近親相姦がテーマ。母は嫉妬から息子の嫁を惨殺し、斬首刑となる。禁断のテーマと極刑に画面は陰鬱ムードに覆われ、心が重くなる。六〇年代末までにおよそ四十本があったマットソンは映画小国の監督としては多作派に入ろう。

女流マイ・セッタリングの『夜のたわむれ』(67年)は、性に奔放だった母(I・チューリン)への複雑な想いを結婚で断ち切ろうとする息子の苦悩と決断(自邸への放火)。チューリンのえげつない(?)出産場面があり、息子のマスターベーションを手伝うシーンもあった。

蛇を隠し持っていた兵隊と母を死なせた娘が織りなす悲劇『蛇★』(67年)、父の後妻と関係して自殺を選ぶ息子を描いた『年上の肌』(69年、共にハンス・アブラムソン監督)。夫と死別して子供もいる女性(ハリエット・アンデルソン)が離婚した男に愛されるが、束縛を嫌って自由に生きる決意をする『愛する』(65年)。なかには昔からの風習として結婚式出席者が花嫁花婿を巻き込んで乱交を展開する『禁断★』(65年)とか、ポルノ小説家志望の好色男の《奮戦》を描く『禁断の夜★』(68年)とか、少しは笑える作品もあったが、総体的に娯楽性に欠けている。

もっとも、この感想は御角違いというもので、スウェーデン映画にそれを求めるほうが悪いのだ。それにしても、暗く重い作風の映画が多い。大半がモノクロ撮影だったのもその一因だろう。先の『太陽のかけら』はカラーだったが、現実と回想が交錯する物語は退屈極まるものだった。

奇妙な味とセックス前衛劇

ドラマが不可解で、戸惑わざるを得ない作品もあった。例えば、『濡れた唇』(68年)(クラース・

フェルボム)では、義父を車で撥ねて死亡させた夫婦を突き止めたヒロインのカーミラが警察にも知らせず、口止め料を要求するでもなく、何と彼らと同居を始める。男は精神科医で、懐柔を続ける内に彼女と肉体関係になり、嫉妬した妻が二人の潜んでいたボート小屋にガッチリ鍵をかけ、ガソリンで焼き殺してしまうソラ恐ろしいドラマだった。ガソリン缶をエッチラオッチラ運び、気づかれぬよう慎重に撒くなど、実に丁寧に撮っているのが怖くも可笑しくもあり、まさか、そこを楽しむ映画とも思われないが、何とも奇妙な味のする一編だった。ただ、義父や医者と関係するヒロインの心理が不鮮明なままなのはマイナスだ。

『花弁が濡れるとき』(68年)(ヘニング・カールスン)は、邦題だけなら誰だってセックス映画と思うだろう。ところがドッコイ、これが難解にして不条理で、列車のコンパートメントで向かいに座った者同士――ハンスとソフィア(H・アンデルソン)を中心に彼らの親やら婚約者やら浮気相手やらを交えて過去と現実と幻想(妄想)が描かれるのだ。

ハンスは彼女に幼い頃にすれ違っただけの少女の面影を見た設定で、リオ・デ・ジャネイロやニューヨークまで追いかけ、この間、唐突に殺人が起こり、おかしな泥棒一味まで登場する。ポートレートが動いたり、口パクだけの場面があったり、何だ、このキ印映画はと、ホトホト持て余した。DVDの「ポルノ映画として公開されたため今まで評価されなかった裏映画史上最大のカルト・ムービー」なる解説には目が点になった。

北欧映画に詳しい三木宮彦氏によれば、これは「世界をめぐる恋の幻想的前衛喜劇」で「監督の奇想天外なアイディアが中々楽しかった」とある（『ヨーロッパ映画作品全集』キネマ旬報社）。はは ぁ、そうであったかと納得はしたが、全然楽しくなかった。評価など永久にされまい。ヒットしたのは（配収五千万円）「映画の六〇％は題名で稼ぐ(*)」が信念だった配給元（ヘラルド映画）の古川社長自ら命名したタイトルと宣伝のうまさだろう。これは何てこともなかったドラマなのに五千七百万円をあげた『蛇』（＝東京第一フィルム）にも言える。

（＊）『映画人生50年・永遠の青春 古川勝巳』（一九八七年、非売品）。

セックス先進国の真実とは

スウェーデンの映画は《不倫の極致か？ 絶対の情熱か？ 陰うつな館に展開する悦楽のシンフォニー！》（『夜のたわむれ』）、《肉体は燃える、唇は疼く……義父に犯された若い娘の不幸な運命と性の歓びを描く問題作！》『濡れた唇』）——といった宣伝文句は宣伝文句として、ヌードや性行為が目的ではなく——無論見せ場としては提供されるが——ドラマの流れのなかのシーンとして処理されている。これは、やがてそれらをあからさまに描く——というより「撮影する」七〇年代からのアメリカポルノとは明らかに異質な作劇法である。商業性の濃淡と言ってもいい。何人か監督名を省略したのはセックス映画専門ではないからだし、俳優陣も例えば年増のＩ・チューリンも、若手のＣ・ショリンだってドラマーテン（王立演劇学校）卒という経歴があるくらいだ。しかし、これだけの成人指定映画があったことは無視できない。

当時からスウェーデンは「セックス先進国」とか「フリーセックスの国」と言われていた。実態を知らないから安易に使いたくないが、そういう風潮であることは『悦惚の泉』(69年)を見ると窺える。夏の休暇中、若者同士のセックスはごく自然に行なわれ、双方に後悔や反省はない。情事を重ねるキャリア・ウーマンたる看護婦シヴも同じである。セックス先進国などと呼ばれた背景には福祉国家という体制や高度なカリキュラムによる性教育があり、フリーセックスには女性の地位向上と権利——今風に言うならジェンダー・フリーの意味合いも含まれていたと思われる。

ただ、この国はセックス・モラルという点で、他のヨーロッパ諸国より開放的な面があり、それが映画の裸体・性描写にも顕れていることは間違いない。古くはA・マットソンの『春の悶え』(54年)には恋人同士の全裸での抱擁があった。ベルイマンの二本——『不良少女モニカ』(55年・G)には十七歳の少女の妊娠(と出産)が、『処女の泉』(61年・G)にはレイプ・シーンがあって、映倫を悩ませている。保護司と感化院送りになるべきワルどもとの確執を描くヴィルゴット・シェーマン監督『491』(64年)には男色ムード漂う場面や少女売春が挿入された。獣姦場面(少女に犬をけしかける)はカットされた。

そもそも——無論、時と場合によるが——国民が裸体になることにさほど抵抗感がないらしい。冬が長い北欧の人々にとって短い夏に素肌を太陽にさらすことは解放感を呼び起こし、それが慣習とも風習ともなっていることはよく知られているところだ。フィンランド映画『愛欲の涯』(51年)

には女優が全裸で泳ぐシーンがあったそうだ。要するに、裸体、ひいてはセックスを不道徳とか猥褻とする文化圏ではないと捉えたほうがいいのかもしれない。女性の含羞や肉体の陰翳、現代ならランジェリー、昔なら湯文字による素肌の隠蔽が、よりエロチシズムを誘発する我が国と根本的に異なる点である。

性器丸出しや性描写が検閲に引っかかって国内で猥褻か否かの論議を呼んだV・シェーマンの『私は好奇心の強い女』【67年】は、結局「猥褻ではない」としてオリジナル通りに上映された。各国ではノーカット、一部カット、上映禁止と様々だったが、これについては「イエロー編」「ブルー編」の二部構成になった本邦公開の際に少し述べる。

もう一つの先進国

デンマークの『クレージー・パラダイス』(65年)は選挙戦を背景にしたコメディで、舞台となる島の鶏の産む卵に絶大な強精力があり、それを呑んだ老人が雄叫び(?)をあげると、島中の女たちがムラムラくる愉快な設定。勝利した政党が独立宣言をするに及んで、派遣された老女性外務大臣までがあらぬ春情を催し、老人と結ばれる。こんな突飛でユーモラスな作品が成人指定になるとはちょっと信じられない。原作小説があるという。監督のガブリエル・アクセル(*)は一九一八生まれ。十八歳までパリで過ごし、帰国後(五〇年代から)舞台や映画に出演。演出はテレビ映画でキャリアを積んでいた。

この国は、古くは中絶を経験した妻が夫の励ましと医師の協力で無事出産する『私は子供が欲しい』(54年)に胎児の頭が陰裂から出てくるショットがあって物議を醸している。結局、配給会社がそのまま封切り、のちに一部カットを受け入れたというが(『映倫』)、そんなことより製作が一九四九年ということに驚く。ススんでいたのである。セックスに大らかなのはスウェーデン以上と言われ、ポルノグラフィ(雑誌、写真集、新聞等)解禁は世界に先駆けて一九六七年。ポルノ出版社や映画撮影の現場及び種々のセックス産業の実態は、やがて数々の記録映画で紹介される。

わが国への入荷は少ないが、その先進ぶりは不感症の治療を受けたヒロインが、完治したかどうか確かめるため、エロ映画のアルバイト出演、乱交、SMまで体験するサマが屈託なく描かれた『セックスハイク』(69年)でわかる。展開は後年のアメリカポルノ並みだ。しかも、女流のアンネリーゼ・マイネッケの監督で、ヒロインは高校三年生(!)。ススんでいたのである。同監督の『十七歳』(69年・G)は《男性版》だった。『私は好奇心の強い女』をノーカットで公開した数少ない国の一つでもある。

ヨーロッパには他に地味ながらセックス映画を送り込んできた国があった。ギリシアである。

(＊)公開後数年間、監督名を製作スタッフの一人、ウィリー・ベルグ・ハンセンとしている文字資料が多い。

神話の国から

かつてはヘラクレスの冒険やアルゴ号の航海など、多くの素材をイタリアやアメリカ映画に提供した神話の国――ギリシアは世界の映画史から見ればちっぽけな存在だが、特異なポジションを占め、蔑ろにはできない。最初に、エロチシズムを発散させた女優がエレナ・ナサナエルだった。

田舎の大地主の息子の犯罪が白日の下に曝け出される愛欲サスペンスといった趣の『欲望の沼』(67年)――ここでは地主の後妻の連れ子アンナに扮し、沼での水浴シーンでスレンダーな肉体を披露した。変質的なところがある息子は女中(エリ・フォティオ)の裸を覗き見し、犯した挙げ句に殺してしまう。父は召使いたちに緘口令を敷き、死体を沼に沈めるのだが、アンナの結婚式の日に遺体が浮き上がり、すべてが露呈する。

『誘惑』(68年・G)では、長い航海から帰ってきた夫とホテルで過ごすうち、ボーイとのっぴきならぬ関係になる人妻エレナ役。板ばさみに懊悩し、結局は男たちに捨てられてしまう不倫ドラマは退屈だが、バックの石造りの民家、エーゲ海を望遠できる神殿の遺跡風景がよく、カラーでないのが残念なくらいだ。ファッションモデルという設定のせいか、出番の度に衣装を代えていた。陰翳が濃い画面作りながら、シャワーを浴びるシーンもある。哀愁を帯びたギター演奏とスーラ・ビルビリが歌う主題歌がよかった。

たった二本ながら、それまでギリシアの女優といえば、ボロ着をまとっていた『春のめざめ』(64年)のクレオパトラ・ロータ(当時十六歳というから女優と形容していいか疑問だが)と、『トプカピ』(64年)のメルナ・メルクーリしか知らず、どちらも色気には程遠いタイプだったから、長い黒髪と深い瞳のナサナエルは強い印象を残した。本国では一九七三年途中までコンスタントに出ていたが、一旦引退し、テレビで復帰した。

『歓びのしずく』(68年・G)も人妻(ニッキ・トリアンタフィリド)の不倫もので、夫の従兄弟との浮気が愛にまで昇華していくが、男は都会とは違って古い因習が支配的な村の人々の白い目に悩んだ末にエーゲ海に身を投じ、彼女もまた死を選ぶ。ギリシアというと、すぐ明るい太陽の下の青い海と白い波のエーゲ海を連想するが(一度、クルーズ船で周遊したことがある)、モノクロ撮影のせいもあって、それとは裏腹のドンヨリした陰鬱なドラマばかりだ。太陽の光が乏しい北欧の映画があっけらかんとフリーセックスを描いていたのと極めて好対照をなしているのは不思議といえば不思議。人妻の不倫が悲劇に終わっているのも作風の大いなる違いである。

これらより前の『集団脱獄』(64年)は小島を舞台に収容所から脱走した売春婦たちと、ナチスがユダヤ人から奪ったお宝を探していた一味とのセックスとアクション劇。女たちが穴掘りを強制されたり、情欲の犠牲になったり、脱出を試みたりといったお定まりの展開で、新味は彼女らのリーダー格と一味のボスの息子の間に恋が芽生えることくらい。お宝は意外な場所で発見される。

一九六九年になって、面白さと刺激に満ちた二本が登場する。『猫の舌』は妹を死に追いやった男(ディーン・バイロン＝コスタス・プレカス)に姉のヘレン(ジゼラ・ダリ)が報復する内容。《奇手妙手続出の強烈セクシーパンチで悩殺する異色野心作》というコピーとは裏腹に、原題[熱き復讐」通り、中身は凄まじい。

ヘレンは男に睡眠薬入りの酒を飲ませて自宅に監禁。鎖で縛ってマジック・ミラー越しに恋人やスーパーマーケットの店員との痴態や、引きずりこんだ男の愛人とのレズを見せつける。喘ぎ声まで聞こえるのだからたまったものではない。悩殺どころか、ナマ殺しである。

最後は男のシンボルを剃刀で切断。配収三千七百万円は映画小国としては立派だ。やがて、イタリアポルノの代表格になるアリスティーデ・マッサッチェージが設定やシークエンスをパクっている作品は後述する。

観客をまずは楽しませることに力点を置いている監督のディミス（ディミトリス）・ダディラスの姿勢がいい。一九二四年生まれで出身はトルコ。移住したアテネの大学で法律と政治学を専攻。父親が早くからプロダクションを経営していた関係で映画の世界に入った。一九八〇年代まで五十本余がある。主演者とは一時夫婦だった。

『多情な女』は宝石盗難事件の捜査が進むにつれて、被害者クリスティナ（クリスティナ・ディーン）の多彩なセックス遍歴が描かれる。犯人は彼女の身近にいると睨んだ刑事（D・バイロン）の説得で語られる《情事の履歴書》は、アメリカ兵や遊び人との愛欲模様、レズと酒場の主人との情交など。盗みは以上の人物中の二人による共犯とわかる。主演者はグラマラスな肉体をのけぞらせっぱなしの熱演。取り調べとセックス場面を並行させていく倒叙法で楽しませてくれた監督はエリック（エリコス）・アンドルー。二本のプロデューサー、ジェームス・パリスは変名であろう。これらの諸作は七〇年代にエーゲ海が情炎の海と化す予兆と捉えたい。
さて、アメリカ映画はどうなっていたか。

(3)アメリカ初期のパイオニアたち

一九六五年から六九年までに公開されたアメリカの独立プロによる成人映画は十一本に過ぎない。六六年はゼロ。邦人系配給会社はヨーロッパものを盛んに買い付けていた頃である。それでも、MPAA主導の明るく楽しく、毒にも薬にもならないメジャーの健全な映画作りに飽き足りない監督たちは存在していた。頭角を現し始めたカルテットの動向を追う。

アメリカを離れて

『痴情』以来、低予算のヌード映画や愛欲ドラマ二十本余を精力的に作っていたジョー・サルノはアメリカを飛び出し、一九六八年にスウェーデンで三本を撮った。既に『沈黙』や『わたしは女』などが居住していたニューヨークで公開されており、この決断は北欧のセックス描写のハッテンぶりに血が騒ぎ、居ても立ってもいられなくなったのではないかと思われる。『私は好奇心の強い女』の評判も耳にしていたはずだ。

『女の歓び』(68年)は、女流デザイナーがモデルの若い娘と「妊娠の心配がない」レズビアンに陥る内容。モノクロ撮影ながら北欧美女の全裸の絡みはカメラの脇で舌舐めずりしているようなネットリ描写である。『早熟』(69年)は女流デザイナーが金(愛人の座)とセックス(面倒をみている若者)の一挙両得を画策するものの、したたかな姪のインガ(マリー・リリエダール[*1])にまんまとしてやられるまで。インガは叔母の計画をぶち壊し、関係を結んだ作家とちゃっかり駆け落ちしてしまうのである。

公開が逆になったが、これがサルノのスウェーデンでの一作目。帯同した助監督の一人、ペギー・ステファンズは女優上がりで、のちに(一九七〇年)サルノの妻になり、プロデューサーとしても夫の仕事を援助していく(これら二本は先のスウェーデン映画の本数に含めた)。もう一本が二年後に公開される『ただれた関係[*2]』(71年)。これは『早熟』の続編。『エクスタシー[*3]』(69年)はアメリカでの作品で、性悪女が情夫と組んで故郷の田舎町をかき回す物語。

同じ頃、ヨーロッパで仕事をしていたのがサルノより八歳若い(一九二九年生まれ)ラドリー・メツガーで、三本が入荷した。いずれも文学作品の映画化である。ドイツでの『カルメン・ベビー』はプロスペル・メリメの小説からで、酒場の女カルメンと若い警官ホセの確執と破滅まで。カルメンのキャラクターは固定化しているので見どころは入れ替わり立ち替わりする男たちとの絡みだが、主演のウタ・レフカが派手に脱がないのが残念。ただ、文芸調よりエロで売った宣伝が奏功して配収六千八百万円のヒットになった。パリで撮影された『女と女』(原作はヴィオレット・ルデュックの『テレーズとイサベル』)は寄宿舎の女学生同士(エシー・ペルソン、アンナ・ゲール)のレスビアンもの。彼もまた裸を丁寧に撮っている。平板に流れるストーリーは退屈だが、これもレズで売って五千二百万円を計上した（共に68年）。

『カルメン』同様、歌劇でも有名なデュマ・フィスの『椿姫』を現代ローマの社交界に置き換えたのが『炎』（69年）。悪しき浮名を流す《椿姫《カメリア》》ことマルゲリータ（ダニエル・ゴーベール）にゾッコンとなった実業家の息子（ニーノ・カステルヌオーヴォ）は奔放な彼女に翻弄され、見切りをつける。そこには自分の将来を案じる父（マッシモ・セラート）の干渉があったと知り、瀕死のベッドに横たわる彼女の元に駆けつけるのだが……。

綺麗だが、演技は覚束ないゴーベール。いい役をもらったが、軽いカステルヌオーヴォ。共に存在感がないのは俳優として力量不足だからだ。「愛はワインの泡のようなもの」「人間は失敗から学ぶ」――気の利いた台詞が場面に応じて入る脚本は悪くないだけに惜しまれた。鏡に映る全裸のベッドシーンや、牢獄を擬した一室でのSM乱交パーティシーンは物足りないが、ヨーロッパでもまだソフト・コアの時代では精一杯の描写であろう。何のことやらわからない邦題で損をした。

メツガーの渡欧はサルノより早く、娼婦たちと客たちの一夜を描いた「汚れた女たち」【65年】と、好奇心旺盛なカップルのセックス行脚「横町の牝猫」【66年】を作っていた。いずれもパリやミュンヘンで撮影したものだ。元々、ニューヨークで独立プロのフィルム編集や、フランスの『第四の性』（63年）や『快楽の砂』に別のフィルムのフッテージをインサートする作業も行ない（日本では差し込みという）、オーデュポンフィルムを設立し、配給も手掛けた。ヨーロッパに目が向いたのは、こうした経験と、サルノ同様、輸入された北欧のセックス映画に強く影響を受けたためもあったらしい。美しい女優たちが惜しげもなく素肌を晒し、セックスを満喫していたからである。二人はそこに大衆食堂ではない、高級レストランにも似た雰囲気を感じたのではあるまいか。

(＊1)スウェーデンのセックス事情を紹介したイタリアの記録映画『フリーセックス地帯を行く 天国か地獄か』(68年・G)のヤラセ強姦シーンに出演歴がある。名前は出ていない。
(＊2)同棲中の男に捨てられて、初老の作家の私設秘書兼愛人に収まったインガ(リリエダール)が最後は若いミュージシャンと一緒になるまで。
(＊3)各DBに無記載の公開日は九月十三日(大阪先行)。東京地区は十二月二三日。原題"Passion in Hot Hollows"【69年】。

メイヤーと巨乳ビクセン

ラス・メイヤーの作品は『草むらの快楽』(68年)と『女豹ビクセン』(69年)が入荷した。前者は妻が浮気に精を出すのを知っていながら知らない素振りのインポテンツの夫が、森で出会った魔女(凄いメイクと扮装)からもらった回春剤で突如パワーアップ、彼女を狂喜させるばかりか、その浮気相手が娘を犯したと知るや、復讐に出る。ちょっと寓話的な匂いがした。《映画史上最大の乳房でスエーデン《(ママ)》セックスに挑戦するアメリカンエロチシズム》というコピーにある通り、スウェーデン映画が評判になっていたことが窺える。その巨乳を謳われたのはアリーナ・カプリ。

メイヤー映画のヒロイン名ともなるビクセン(Vixen)初登場『女豹ビクセン』(=MGM)は、カナダの大自然を背景にセスナ機のパイロットの人妻(エリカ・ギャヴィン)のご乱行を物語の合間にうまく挿入して、これでもかと見せた。最初によろしくやった男が着衣すると警官(北西騎馬警官隊?)とわかって笑わせ、釣りにきた夫婦と別個にエンジョイする貪欲ぶり。セックス・シーンは上半身だけの描写ながら、ねちっこい。最後に用意されているセスナ機乗っ取りシーンは蛇足の気がしないでもない。ラストは新客を迎えてビクセンがニタリとし、"THE END?"と出る。気楽に楽しめるところがいいのだろう。

明るく、ストレートにセックスを描くメイヤーの作風はメジャーでは絶対作れない性質のもので、本国では製作プロの自主配給のあと、MGMが配給に乗り出したほどだ。ただ、巨乳グラマーを大挙起用する彼の名が喧伝されるのはまだ先で、話題になっていたのはR(ロバート)・L(リー)・フロストことリー・フロストの「アニマル・シリーズ」だった。

アニマル・シリーズ

「アニマル・シリーズ」(全三作＝NCC)が評判になったのは強烈なエロと暴力描写による。『アニマル』(68年)は望遠鏡で向かいのアパートを覗いていた工員テッドが若い母親ジョーン(ヴァージニア・ゴードン)に目を付け、子供を殺すと脅し、モーテルに連れ込んで思いを遂げる物語。安月給のうえに母への送金を余儀なくされ、恋人もいない男の鬱屈した状況が描かれ、会社もクビになった自暴自棄からLSDを服用して錯乱、呼んだコールガールを殺してしまう。やがて《ストーカー》さながらの魔手がジョーンに伸びるのだが、頭痛薬と思って服用した薬がアダになる。

フロストの演出はテッドの執拗さと狂気、狙われたジョーンの戦慄と恐怖をバランスよく配合し、覗きで観客の興味を惹くのにも奏功した。これも先のアーサー・デーヴィスがセールスしたものである。ラスト二巻のみがピンク映画さながらのパートカラーだったのは、この場合、いかにも低予算の独立プロ映画らしい。どちらがメインか定かでないが、ＲＳ落ち（ロ落ちという）の『続・わたしは女』との二本立て（都内一般封切り＝ＴＹチェーン紅系八館）は異例の十八日間のロング・ラン（通常一週、長くて十日）。これだけで興収三六〇〇万円。異色の内容が評判になったものか、都内下番線で繰り返し上映され、ローカルにもプリントが回されてのヒットになった。

『続アニマル』（69年）『西部女残虐史　新・アニマル』（70年）は西部劇スタイル。前者はメキシコ人の若者が牧場主ジェイソンの妻（Ｖ・ゴードン）を誘拐して山小屋に監禁、凌辱する。その昔、ジェイソンが姉を犯したことへの報復だ。事情を知った妻は追ってきた夫を刺殺する。後者は敗戦を知らない南軍兵グループが町を占拠、女たちを酒場に集めてレイプしまくり、立ち寄った北軍兵一行（といっても数人だが）を金塊輸送隊と誤解して殺し、将校の妻や黒人のメイドを毒牙にかける。リンチされ、射殺されるキンケイドという北軍の少尉がフロストだ。

もっとも、西部劇特有の埃臭い背景や衣装がエロと融合していない。別の監督たちによる『女狩り』（70年）や『女獣暴行』（76年）も同じで、西部の風土にヌードはそぐわないのだ。シリーズものと書いたが、これは無論、配給会社の命題からの呼称である。

この間にデヴィッド・Ｆ・フリードマン(*1)の出資で監督した二本がある。『情欲の暴走』（67年）は金持ちのグータラ息子どもが田舎娘を拉致監禁して嬲るエロと暴力の女性虐待映画。『ラブキャンプ7』(69年)はナチス収容所に慰安婦として囚われている連合軍側の婦人たち五人を救出すべく女将校コンビが身分を偽って潜入、拷問や虐待を受けながら銃撃戦を展開する。見どころはドイツ将校との乱交と卵巣摘出、木馬刑など《ヒットラー女刑罰史》と謳われた拷問。道具立てやセットは貧弱だったが、後年の《ナチスプロイテーション》の先駆的な作品となった。

『アニマル百年史』(71年)は本作とアニマルもの三本をまとめたハイライト集。フリードマンはEX&SEXプロイテーションを量産した名うてのプロデューサーの一人で、この頃は作者不詳の古典エロ小説『好色なトルコ人』の映画化『爛漫たる情痴』(＊2)(69年)も入荷した。『情欲の暴走』は大蔵映画配給だが、同社は『セックス・マダム』(＊3)(69年)で、しばらく洋画配給を停止する。

(＊1)フロストの前に組んでいた監督が『血の祝祭日』(63年＝V)や『2000人の狂人』(64年＝同)などスプラッター映画で知られるようになるハーシェル・ゴードン・ルイス。
(＊2)十九世紀、海賊に襲われた娘二人がアルジェの太守のハーレムに拉致されての受難。太守は嫉妬した奴隷女に男根を切断される。配給したYP映画はヘラルドのセックス映画専門部門。これ一本で消滅。
(＊3)欲求不満の人妻(パット・バーリントン)が夫に内緒でアパートを借りてのご乱行の末、車に跳ねられる自業自得物語。

セックス映画からポルノ映画へ

フロストは一九三五年生まれ。テレビのドキュメンタリーの撮影クルーとしてスタート。製作者にして脚本も書けば俳優にも早変わりするボブ・クレッシー(＊1)と組んでハリウッドに背中を向けた裏街道を歩むようになる。デビュー作［禿山の館］【62年】はドラキュラや狼男が山中にある女学園に出現する六十分ほどのホラーコメディ。女たちが日光浴をする場面があるらしく、大蔵映画なら《裸女の化け物屋敷》とでも命題するかもしれない。日本には売春やストリップ・ショウなどの性風俗を追った『ヌードカメラ情報』（64年）の「ハリウッド篇」の監督として紹介された。「ロンドン篇(*2)」はイギリス製。

その名を最初に知ったのは『世界猟奇地帯』（67年）の監督として。解説台本担当デヴィッド・ケインが本名で、製作のフェリックス・ロマックスはクレッシーの変名。ニューヨークの売春やロサンゼルスの男娼、ハリウッドのトップレス・クラブなどが紹介されるが、ナチス将校が女たちを責めるハンブルグのSMショウや、レバノンの奴隷市などは現地ロケしたか保証の限りでない。それでも《一〇〇〇ミリの超望遠レンズが初めて覗いた世界の恥部！》というコピーなど、宣伝がうまく、配収一億円のヒットになった。

彼もまた輸入された［裸のロンドン(*3)］（英）【65年】や［黒と白の天使たち］（伊）【69年】——『続・快楽と神秘』（70年）——にエロ場面を差し込む《アメリカ版》も作っている。誉められた仕事ではないが、ヤコペッティの時代から記録映画は見せ場作りのためにヤラセも含めてこういう作業をするのは珍しくない。documentary をもじって“mockmentary”という。強いて訳せば「偽録映画」。アディショナル・タイムはサッカーだけと思っていたが、カットしたり、ベタで潰したりするよりましだ。

一九六八年、ＭＰＡＡは一般映画でも恋人同士や夫婦のベッドシーンが頻繁になり、エスカレートしていく裸と性描写にヘイズ・コード撤廃に踏み切った。これにより、映画は何の規制も束縛も受けることがなくなったわけだが、同時に内容から「G」(General audience＝一般映画)「R」(Restricted＝年齢制限付き)「X」(Adult only＝成人映画)など、観客層を区分するレイティング制を導入した。(＊4) X-Rated の誕生である。由来に諸説ある「X」は単純に十八歳未満の入場は不可、すなわち×《バツ》印と解釈している。

翌年、独立プロのオーナーや製作者、フリーの配給業者や興行主たちが業界の発展と結束をめざしたアメリカ成人映画協会(The Adult Film Association of America＝AFAA)を設立。まだ専門館は少なかったが、成人の、成人による、成人のための映画を自由に作れることになったのは大きい。こうしてアメリカはソフトポルノに移行。そして、七〇年代初期からハードポルノの時代に突入していくのである。

一九五五年から一九六九年までの外画成人向及び成人指定映画は一七六本。

(＊1)フロストの大半の映画に出演も。一九六六年、ピンク映画『変態』(65年)をニューヨーク地区に配給した。タイトルは"Hentai"

(＊2と＊3)製作・監督はイギリスのSEXプロイテーションを開拓したアーノルド・ルイス・ミラー。他に「魔女狩り将軍」(【68年】製作)「性教育への新アプローチ」(【71年】製作&監督)など。

(＊4)「X」はAFAAのトレード・マークの如く定着し、ハード性の等級(XX、XXX)にもなったため、MPPAAは一九九〇年の年齢細分化の際に十七歳以下禁止の「NC17」と変更した(NC＝No Children)。

ニューヨーク
世界12都市
アニマル百年史
郊外夫人の私生活にのぞく性革命の驚くべき実態！
明14日(金)よりロードショウ
《成人向映画》
痴情
キンゼイ報告以来のショック！全米騒然の問題作
盛況前売中
丸の内東宝
SIN IN THE SUBURBS
明3日より
大公開
わたしは夜を憎む
ブリジット・バルドオ
レイモン・ペルグラン
ロジェー・ピゴオ
クロード・ロメン
総天然色
人類最初の性の羞恥を描く詩情溢れる名篇！
アダムとイヴ
一九五三年ミスユニバース クリスチャン・マルテル
話題の新星 カルロス・バエナ
製作・監督 アルバート・ガウト
新宿劇場
浅草大勝館
本所映画
アニマル百年史
アニマル百年史
世界の夜
いながらにして満喫する世界の歓楽
のムード
ANIMA
沈黙
TYSTNADEN
東京・大阪
日本の
東と西で
が作りつつある
果てしない
話題と記録
みゆき座
騒然の話題を呼んで絶賛続映中！
問題の映画
成人向
痴情
愈々17日限り！お早くご覧下さい
丸の内東宝

第二章　花開く洋ピン　（一九七〇〜七四年）

五年間における成人指定は二七八本。洋ピンは大半が一九七四年内に公開され、年間平均五十本を超える大盛況になった。何でも世界一でないと気が済まないアメリカのおよそ百本はさすがだが、これといった話題作やヒット作はごく限られる。むしろ、この時代をリードしたのはヨーロッパ勢だった。

まず、堰を切ったように流れ込んできたジャーマン・ポルノの動勢から。

（1）ドイツポルノの勃興

性医学映画の群れ

それまでのドイツ映画がわれわれに（世代的にという意味で）馴染みがなかったのは同じヨーロッ

パでもフランスやイタリアに比べて輸入数が少なかったからに他ならない。この国もまた敗戦国だが、経済復興計画と共に映画製作も活発になり、一九五〇年代からメロドラマ、戦争映画、ミュージカル、コメディ、犯罪映画、記録映画などが作られているが、それらに邦人系配給会社の触手が動かなかったのは情報不足もあろうけれど、内容や作風から商売にならないと踏んだからではあるまいか。

六〇年代になって、ようやくホルスト・ブッフホルツとかクリスティーネ・カウフマンといった俳優が知られるようになったのも彼らの祖国の資本による映画によってではない。西部劇「ウィネトゥ・シリーズ」――『シルバーレイクの待伏せ』(64年)など四本――や、現代活劇「FBIシリーズ」――『FBIハリケーン大作戦』(66年)など三本)――も輸入されたが、主演者はいずれも外国の俳優で、しかも客を呼べるスターではなかった。何より作風が地味で派手さがない。タイミングも悪く、前者はマカロニウェスタンの、後者はアメリカやイタリアのスパイ活劇に呑み込まれた。ドイツ映画はドイツ語圏でしか通用しなかったのだ(*)。

麻薬で売春婦に仕立て上げた女たちを南米各地の赤線地帯へ売り飛ばす組織の暗躍と破滅を描いたアクション映画『裸のためいき』(68年)が成人指定になったのは麻薬と売春を扱っていたからだが、やはり展開鈍重で、意気が上がらない。活劇に彩りを添える女優も影が薄かった。ドイツ人は何事も見た目のカッコ良さや虚飾を排し、実質一点張りのところがあるが、娯楽映画がこれでは困る。おしなべて興行価値が低いのだ。意味深な題名だった『教室を出たら大人』(63年)は不良少年の更生ドラマだった。

そんなドイツ映画が注目されるようになったのは『女体の神秘』(68年・G)の大ヒットで、『完全なる結婚』『性の報告書』(共に68年)『性の驚異』『新婚における性のハーモニー』(共に69年＝二部作)などの性医学映画が続々入荷してきたからだ。セミドキュメンタリー形式で、女優やヌード・モデルを起用し、演出も加味しているのは観客に敬遠されないための配慮であろう。実写フィルムオンリーで、白衣姿のドクトルがウォッホンと咳払いの一つもして堅苦しい解説を始める純粋な記録映画では集客など望めまい。何かとお堅いお国柄、裸は裸でも映画製作はまず権威ある医学博士のお墨付き(監修)による性医学映画からという形で表われたものらしい。

ドイツ医学は戦前から世界的に有名で、わが国でも明治以来、医学はドイツを範とする政府の方針もあり、有名なところでは森鴎外や北里柴三郎、斎藤茂吉らが留学した。今でも我々が普段使うガーゼ、ギプス、ツベルクリン、カルテ、ホルモンといった言葉はみんなドイツ語だ。性医学映画が戦後しばらくして各国で何本か製作されたのは元はと言えば、感染症(特に性病)や妊娠・出産の知識に乏しい大衆の啓蒙と衛生面、性教育の必要からだった。ドイツの性病ものには医療チームが感染経路をたどる『人肉の市をめぐる 黒い世界』(64年)や『性病の恐怖』(66年)【51年】があった。『誰も教えてくれない』(60年・G)には妊娠した女子高校生の苦悩を描く劇映画の体裁ながら無痛分娩のフィルムが挿入されていた。

いずれにせよ、特殊なジャンルには違いなく、劇映画を基本にしている本書では洋ピンの範疇に含めたくないのだが、ドイツポルノはこれを母胎として一時代を築いたのだから避けては通れない。

（＊）正しくは西ドイツだが、本書ではドイツで統一する。東西統合は一九九〇年。

『女体の神秘』で二億円

魁となった『女体の神秘』は『黒い世界』に出ていたルタ・ガスマン扮するヘルガ（Herga ＝原題）をモデルに性の目覚めから受胎、妊娠、出産へのプロセスを描き、夫との妊娠中の性交、避妊と産児制限なども盛り込んでいた。配収は二億一千万円（年度配収九位）。エリック・F・ベンデルの丁寧でヤラセ臭がない巧みな演出もあって一般映画にもなり、女性客の動員にも成功した。特に未婚女性を対象に売った東京第一フィルムの宣伝も効果的で、女性の同伴として男性客も取り込んだもののようである。

この映画はポルノ・ブームの火付け役とされた。妊娠や子宮内部のリアルさや胎児の成長のどこがポルノ的なのか実に理解に苦しむが、これは当時の映画ジャーナリズムの一般的な呼称だった「セックス映画」の範疇として扱われたためだろう（確かにセックス映画には違いない）。ヘルガの夫との性生活や育児を描いたのが『続・女体の神秘』（70年）、夫婦の危機（お互いの浮気）から脱して愛を再確認するのが三作目『ヘルガの歓び・女体感度良好』（73年）である（「ヘルガ・シリーズ」とも呼ばれる＝二、三作目は成人指定）。

かくてドイツの性医学映画はマーケットにあふれることとはなった。各社は女性客をターゲットとして宣伝に務め、ブームになったのである。これには啓蒙・教育を旨とするドキュメンタリーと商業性の強いSEXプロイテーションがあって、当時の審査基準一項（2）の「性器・恥毛は描写しない」もあり、「学術」か「ポルノ」か、映倫も判断に迷うところが多かったらしいが、大半が成人指定になった。

以下、『THE　SEX』（70年）、『性と愛カラー大百科』『豊かなる目ざめ(*)』（共に71年・G）、『オルガニズム』『新・愛と性カラー大百科』（共に72年）、『原色版女体交情大系』（『新・愛と性――』のパート2）『結婚の創造』（共に73年）など。『愛・結婚』（72年）はイギリス製、『愛の言葉』（72年）はスウェーデン製である。この範疇に入るかどうか、アメリカの『性転換の神秘 ストレンジ・ハー』（74年）は《元男性》たちの記録もの。カルーセル麻紀特別出演。

この分野では『女体の神秘』で先鞭をつけた東京第一フィルムが一人勝ちした。『完全なる結婚第二部』（70年）は一億二千万円、『続・女体の神秘』は八千五百万円、『幸福の条件』（72年）は一億三千万円、イギリスの『THE　BODY・肉体』（71年）は一億八千万円。『映画年鑑』によれば、当時の洋ピン一本当たりの配収は二千五百万円～三千万円が相場だったから飛び抜けている。どれも同じような作品なのに他社作品と配収に差がつくのは宣伝のうまさとセールス担当者の力以外考えられない。アメリカの《動物版》『アニマル・セックス』（73年・G）の一億三千万円は余禄というにはでか過ぎる。

映画は興行的成功があってこそだからヒットは慶事としたいところだが、女性はともかく、こういう映画を見る男性の気が知れない。マイクロ・フィルムによる女性器の構造や胎児の成長過程、出産の瞬間など、ホントは招待券をもらっても見たくない。何も《内部《なか》》まで覗くことはない。しかし、十人十色、やはり好きな人はいるのである。

（＊）審査時は『素晴らしい性教育』の前サブ付き。青少年向き推選映画。

新規配給会社の参入

以上の性医学映画を配給したのは既存の邦人系会社だけではない。『わたしは女』や『女体の神秘』などのヒットもあって、洋ピンのブームを見越して誕生した新会社による配給もあった。冒頭の二七〇本余はこれらの会社の積極的な買い付けの結果でもある。洋ピンの歴史は配給会社の存在抜きには語れない面もあるので列記する。

現代映画——東和の子会社として一九七〇（昭和四十五）年、マルキ・ド・サドを描いた『異常な快楽』（米）でスタート。ポルノ配給は、戦前からの老舗で伝統ある《東和》の沽券に関わるとの声もあったが、それまで東宝系オンリーだった興行が松竹＝東急系に拡大したのは利点だった。『性と愛・カラー大百科』の配収八千五百万円が目立つ。

ミリオンフィルム——映画館や遊技場、飲食店が入る地球会館を都内盛り場に擁していた恵通企業（現・ヒューマックスグループ）のピンク映画製作配給会社だったが、七一年『ワイルド・ベイビー』（米）で洋ピン市場に参戦。七五年、親会社の社名変更でジョイパックフィルムに改称された時期がある（適宜JPと表記する）。七八年途中から再びミリオンフィルム（ピンク映画はずっとミリオン名義）。恵通チェーンと呼ばれる直営館（地球座＝新宿・渋谷・銀座など）を所有していた。

グローバルフィルム――七二年から松竹映配の子会社として生まれたポルノ専門部門。松竹映配は経営不振と合理化で七三年八月解散、新しく生まれた富士映画が一般映画とポルノを配給したのでいったん消滅も、七五年から再びポルノ専門として復活。

東映洋画部――七二年、『性医学　幸福《こうふく》へのカルテ』（独）でスタート。時代劇や任侠映画など、およそ外国映画には縁遠かった《男の東映》の殴り込み（？）。「東映洋画」で統一する。

ニューセレクト映画――七二年、『愛撫するポイント』『人妻ポルノ教室』などで撤退したセレクト映画を同社の名古屋地区エージェント（配給代理業者）だった杉山良吉が引き継いで誕生。七三年に『暴行痴情集団』（以上・米）から出発。洋ピン消滅の一九九三年まで配給を続けた。以後、NSと略。

既存の東京第一、ヘラルド、NCCはお手並み拝見などと安閑としていられなくなった。熾烈な観客の奪い合いが展開していき、やがて倒産する会社も出てくる。

都内の興行事情にも触れておくと、新宿東急（東急系）と丸の内東映パラス（東映直営）が都内のポルノRSチェーンになったのが一九七一年五月（もともとこの二館は『カルメン・ベビー』や『女体の神秘』などで《実績》があった）。配給会社と作品の増加で七二年七月に松竹と恵通企業が提携、新たに銀座ロキシー（松竹直営）と新宿地球座・渋谷地球座（のちに池袋地球座に代替＝恵通直営）のRSチェーンが形成された。通常は二週興行。

この二系統のRS落ちとスプラッシュ（RSされずに封切られる作品）は洋画二本立てのST（松竹・東急）チェーン（上野東急など九〜十館）で公開された。洋ピンのプリントは、こうして各地へ拡散していく。京阪神地区に洋ピンのRS館はなく、関西STチェーン（梅田東映パラスなど五〜六館）で二本立て興行が行なわれた。番組は東京地区と一緒ではない。

女子学生㊙レポート

性医学映画は一九七三年から下火になるが、入れ替わるようにして人気になったのが「女子学生㊙レポートシリーズ」だ。これによりドイツポルノはわが国のみならず、アメリカやヨーロッパ各国でも認識されるようになった。背景には『私は好奇心の強い女』（イエロー編のみ）のノーカット上映（六八年）やポルノグラフィ解禁（六九年）もあろう。国境、宗教、文化、言語を越えてインターナショナル足り得るのは畢竟、女性の裸とセックスに尽きる。

第一作目『女子学生㊙レポート』（71年）は新宿東急と丸の内東映パラスの新ポルノチェーンの柿落として公開された。「ヨーロッパ医学界で権威のある大学教授ギュンター・フノルト博士が十四歳から十八歳までの女性二百人にセックスに関する質問を行なったショッキング・レポートの完全映画化」(プレス・シート要約)で、三週興行。以後一九七九年まで十二本(以下原題“Schulmädchen-Report”から適宜SMRと略)。製作はすべてラピッドフィルム。配給会社(主にグローバル)は《世界最長ポルノ・シリーズ》と謳った。

全話にわたって女子学生たちの様々なセックス体験が綴られていくが、オムニバス形式だからドラマがテンポよく展開して飽きさせない。エピソードすべてが原作(レポート)通りとは思えないが、作風がジメジメしていないのがよかった。北欧から伝播したフリーセックスの風潮下にあった当時のドイツ女子学生たちのセックス観があれこれ出ていて興味深く、「親たちが止められないもの」(No.1)とか「絶望させられる両親」(No.4)、「両親は現実を知るべし」(No.5)「親が知ってはいけないこと」(No.8)など、全話に大人への警鐘や説諭の如きサブタイトルが付されているのもドイツ映画らしい。ウム、ならば参考までに見ておくかというオヤジたちの大義名分にもなる(?)。「大学進学で更なる試みを」(No.11)と煽るような例もある。

レナ・ベルゲン(No.2)、イングリット・スティーゲル(=エヴァ・シュタイナー=No.4&5)、ウルリケ・ブッツ(No.4、5、6)といった女優たちが出ているが、日本では《素人女子学生総動員》が売り文句で、大半は新人女優たち。みんなピチピチして(この形容がピッタリだ)明るいカラーフィルムによく映えていた。肌がザラザラで、くたびれて不健康そうなタイプが出てきたそれまでのアメリカポルノとは段違いの新鮮さで、退屈で暗いというドイツ映画の一般的なイメージも払拭した。

主題曲もおよそらしくない明朗軽快なメロディで、今聴いてもわかる。当初はソフトコアだったし、セックス・シーンもそんなにどぎつくないのが却ってよかったのではないか。『エクソシスト』（74年）のリンダ・ブレアをパロディ化して笑わせたエピソードもあった（№10）。「こうして彼女たちはやがて妻になり、母になっていくのです」（№11）というメッセージもまたドイツらしい。

回を追うごとにマンネリ化してきたのはシリーズものの宿命。監督は主にエルンスト・ホフバウエル。ワルター・ボースが№9、10、12を受け持った。個々の演出に際立った変化が見られたわけではないが、両監督ともソツのない仕事ぶりだった。日本の資料でホフバウエルの単独扱いになっている№3と5は正しくは共同。ボースが監督した№13「新女子学生レポート・愛なきセックスは忘れて」【80年】は未公開。

レポートものあれこれ

オムニバスによるレポートものはドイツポルノの定番になった。タイトルに「報告書《レポート》」という学術論文やお役所の書類のような語彙を選ぶのは「わが偉大なるドイツのポルノはそんじょそこらのいたずらに劣情を刺激するだけの俗悪下劣な映画ではない、綿密なデータと詳細なアンケートや例証を基に女性の性衝動と性行為に至る心理及び過程を科学的に分析検証したものであるゾ」といった、頑固で真面目な国民性が滲んでいるようで面白い。邦題が学術もヘッタクレもなくなってしまったのもまた面白い。

〔主婦たちのレポート〕(Teil.1-4)↓(順に)『人妻SEX行動専科』(72年)『人妻SEX悶絶』『人妻SEX恥態』(共に73年)『人妻SEX3・悶絶夫人』(75年)。〔修道院付属女学園レポート〕↓『西洋尼寺SEX実録』(73年)〔若さいっぱい学園レポート〕↓『番長ポルノ・女辱満開』(74年)。——エーベルハルト・シュレーダー監督。

〔休暇レポート〕↓『休暇中SEX旅行』(72年)〔主婦たちのレポート・インターナショナル版〕↓『世界若妻男欲性書』(74年)〔早熟レポート〕↓『色情狂のぞき魔』(74年)。夫たちを送り出した妻たちが浮気に走る『団地マダム㊙レポート』(72年)の原題は〔亭主たちが止められないもの〕(笑)、『女子社員勤務中　SEXテクニック』(71年)は《OLレポート》といって差し支えない。——E・ホフバウエル監督。

〔看護婦レポート〕↓『看護婦㊙レポート・臨床トルコ秘戯』(73年)〔鍵穴レポート〕↓『女の鍵穴』(74年)〔性夢レポート〕↓『SEXドリーム　淫絶ポルノ大会』(75年)。『濡れた谷間』(72年)の中身は《家出娘レポート》だ。ちなみにドイツでは、ポルノ映画のことを「鍵穴映画《シュリュッセルロッホフィルム》」という。——W・ボース監督。

ドラマの中身は原題から窺える通りと思って差し支えない。わが国では背徳的な匂い濃厚な人妻の浮気ものも、あっけらかんとしているのはやはりフリーセックスの風潮が明らかに影響している。男も女もセックスをエンジョイしているのだ。「SMRシリーズ」同様、建前はセミ・ドキュメンタリーだが、実質的には劇映画であり、こちらは《素人娘》と違ってドリス・アルデン、I・スティーゲル、R・ベルゲン、U・ブッツ、シビル・ダニングらプロ女優が出ている。［誘惑レポート］は『SEX個人教授』(75年)に、［十代娘レポート］は『悶絶課外授業SEX魔』(76年)になった。他に［亭主族レポート］【71年】［初夜レポート］【72年】など、枚挙に暇がない。

退屈なドラマ部分を短縮し、手っ取り早く裸とセックスを提供するオムニバス形式が日本のピンク映画に少なかったのはランニング・タイムが一時間ちょっとだし、エピソードごとに別の女優を起用し、ロケやセットを新たに組むには予算と日数がかかり過ぎるためだった。逆に言えば、ドイツはそれだけ金と時間をかけていたことになる。

ドイツポルノは当初、アメリカポルノを凌ぐのではないかとまで言われた勢いだった。色情狂女がセックス行状の果てに発狂する『激しい女』(69年)が、かつて世界に冠たる名門ウーファ製作と知って嘆いた戦前からの老批評家は少なくない。伝統も栄光も今は昔、戦後の経済の発展と安定の中、ドイツは一大ポルノ帝国と化したのである。

魔女狩りと伝説の世界

五年で実に七十本が公開されたドイツポルノは性医学映画とレポートものに尽きると言ってもいい。他にも劇映画はあったが、どれもこれも、この二つの波に押し流された印象だ。

そんななかで題材的に面白かったのは『残酷！　女刑罰史』(70年)と『美女なで切り　好色性豪伝』(72年)だ。前者は中世ヨーロッパに蔓延した魔女狩りをテーマにエロと拷問――斬首、指切断、火焙り、鞭打ち、釘打ち、舌抜き、焼き鏝押しなどが絶叫と鮮血のなかに描かれた。インチキ告発人を片腕に罪もない人々を次々に魔女と決めつけ、拷問や死刑に嬉々として勤しんでいる魔女ハンターのアルビノ(異相レジー・ナルダー)は、赴任してきた魔女裁判官として有名な公爵(ハーバート・ロム)と対立、「インポ野郎!」となじったことから絞殺される。公爵の過酷なまでの魔女弾劾と犠牲者の金品財産横領を知った部下クリスチャン(ウド・キア)は、愛し合うようになっていた酒場女ヴァネッサを牢獄から救出するが……。

ドイツはイングランドと並んで魔女狩りが盛んな国だったたし、今でもローテンブルクその他にある歴史博物館には中世の武具や処刑拷問道具が陳列されているくらいだから、ここに出てくる諸々の責め具はちゃんと考証にのっとったものと思われる。水滴責めにされる貴族役が製作者のアドリアン・ホーフェンだ。中世の街並み、城塞、処刑場、拷問部屋、酒場や宿屋の佇まいなど当時を彷彿させる背景がいい。しかし、ヴァネッサの煽動で町民たちが反乱を起こす混乱の中、公爵は悪運強くも馬車で逃走し、クリスチャンは処刑され、インチキ告発人が報復を受けないままのエンディングは解せない。ホーフェンは続編まがいの「魔女の誕生と虐殺史」【73年】を製作監督したが、逃走した公爵は出ていない。

監督のマイケル・アームストロングはイギリス人。フランキー・アヴァロンら若者たちが連続殺人に巻き込まれる「恐怖の幽霊屋敷」(英)【69年】があった。ドイツではこのあと水泳のコーチがプールとベッドで社長夫人らを相手にする『金髪夫人　舌ざわり』(75年)をセルジオ・カストナーというイタリア人変名で発表した。原題「ベッドマイスターレポート」。

後者は叙事詩『ニーベルンゲンの歌』から。『大虐殺』(68年)は原典に忠実な絵巻物のような案配だったが、こちらは英雄ジークフリートを稀代の性豪にしたポルノ版。豪剣バルムンクの代わりに股間の逸物を武器に美姫クリームヒルト(S・ダニング)と結ばれるまでをホーフェンが艶笑譚風に仕上げた——ガンサー王の居城に招かれたジークフリート(レイモンド・ハルムストルフ)は姫にゾッコン。結婚の条件は王が惚れているアイスランドの女王ブルンヒルデ籠絡だ。

自分に見合う男かどうかをセックスで試す女王に老王はお手上げで、「何とかならぬか」となり、「お任せあれ」とジークフリートは王に変身。持久力、ラーゲ各種、射精の勢いなどをすべてクリア。かくて二組のカップルが誕生する。ドイツを代表するポルノ女優になっていくS・ダニングが断然いい。その美貌と肉体を新宿東映パラスで見て、一発で悩殺された。英題"The Terrible Quick Sword of Siegfried"の sword(剣)はペニスのスラング。

A・ホーフェンは一九二二年オーストリア生まれ。俳優出身で、戦後ほどなくからテレビを含めて出演作品百本余。スペインとの合作「西部の冒険」【65年】でワイルド・ビル・ヒコックを演じた。製作者としては六〇年代末、恐怖・怪奇ものを得意とするスペインのジェス・フランコに出資。ストリッパー(ジャニーヌ・レイノー＝フランス女優)の幻想と現実のセックスを描く『濡れた恍惚』(69年)など三本を任せた。自らもレイノーを起用し、マッド・ドクター(ハワード・ヴェルノン)が死んだ愛娘再生手術のため、若者たちを犠牲にしていく「血まみれの城」【68年】(V『ターヘル・ア

ナトミア　悪魔の解体新書』)をパーシー・G・パーカー名義で監督。設定やキャラクターの一部はシェイクスピアの『リア王』から。

「鍵穴映画」監督ミニ列伝

主な監督たちについてざっと触れておく。

E・シュレーダー――一九三三年生まれ。五〇年代から現代活劇や西部劇の助監督として修業を積んだ。監督作品十四本と少ないのは四十歳の働き盛りで亡くなったから。『西洋尼寺SEX実録』は修道院の寄宿舎生活における思春期の娘たちの家庭環境を説明し、彼女たちの性衝動や性モラルを修道女たちの古臭い性教育を皮肉りながら描いた。演出は極めてスピーディ。生徒役の女優はいずれも清純そのもの。ラスト、神父が売春婦の娘を特別に給付生にしてやる件《くだり》は感動的ですらある。荘重なオルガン演奏に幼女の愛らしい顔が浮かび上がるエンド・シーンは深い余韻を残した。存外真摯な内容なのに、かかる邦題にしたのは、さすが『尼寺㊙物語』(68年)があった「トーエー」傘下の東映洋画だけのことはある。

ジャーナリストがタイ式や日本式ソープランドのサービスを受ける「マッサージサロン」は『世界悶絶トルコ風呂』(73年)の「欧州篇・昇天マッサージ」として公開。「日本篇・泡吹き失神」との二部構成にしたのは配給元(これも東映洋画)の意向で、日本編はピンク・プロの買い取り。『人妻専門サービス　女体トルコ責め』(75年)は上流夫人たちに大学生たちが小遣い稼ぎで猛サービス、そこへ彼らのガールフレンドが絡んで大騒ぎとなるコメディだった。
E・ホフバウエル――一九二五年ウィーン生まれ。ドイツポルノの代表的な監督の一人。［サンタフェの黒鷲」【65年】（西部劇）や『裸のためいき』といった活劇を作っていたが、ポルノ・ブーム到来で、これ専門のようになった。SMRシリーズの合間に『性医学 幸福のカルテ』、《女性飼育レポート》のような『女体飼育48態』（73年）、SMRの亜流『残酷！ 処女地獄』（75年）もあり、こぞとばかり稼ぎまくった。初期のドキュメント『㊙ガイド・ヨーロッパ穴場地図』（71年）は《売春レポート》で、これも絡みの大半に俳優を起用している。
ラピッドフィルムが香港ショウ・ブラザースと合作したポルノ&カンフー活劇［カラテとキスと金髪の牝猫たち」【74年】は東和が買い付け、『ガリア秘録 女奴隷船』とタイトルも決まっていたが、とても残念なことに一九七五年七月に配給中止。一九八四年に亡くなるまでにおよそ四十本。遺作は［ラスプーチン・宮廷の乱交」【83年】（V『ミラクル・ヒラー 魔僧ラスプーチン』）。
W・ボース――一九二八年生まれ。監督デビューまでにイタリアとの合作である探偵アクション『カラカス12時5分前』（68年）やSMRシリーズ（№1、2）などの助監督をしていた。ポルノの傍ら、テレビドラマの演出もこなしている。『立体ポルノスコープ 先天性露出狂』（74年）はスウェーデンの人気女優、クリスティーナ・リンドバーグを担ぎ出した3D映画。ミヒャエル・ワルター名義の『ヘルスネーク』（75年・G）は『エクソシスト』のエログロ版。神父の代わりに精神科医の教授が登場、少女の体内にいた邪悪な蛇を口から排出させるまで。《史上最悪の超ショック残酷編》と謳われたが、せっかくの場面をアドやポスターで露出させた宣伝は疑問だった。木戸銭を払う前に手の内を見せる見世物小屋の親方はいない。

イリヤ・フォン・アヌトロフ――一九三三年生まれ。ラルフ・グレーガンの変名。六〇年代から俳優を続けながらの演出だ。原題を「セールスマン・レポート」という『淫欲夫人』(75年)は、雑誌の定期購読を勧誘するセールスマンたちが訪問先で女性と関係を持つエピソードの積み重ねで、出色の場面がなかったが、パーティに集まった夫人たちの過去のセックス行状記『回転ポルノベッド秘態』(75年)は各ドラマがしっかりしており、ポルノ・シーンだけが浮き上がることもなかった。ボカシも少なく、女優たちも美人揃いなのがいい。シャンパン風呂のシーンは見ものだし、吸われた乳首が勃起していくサマを丁寧に捉えたカメラワークも素晴らしかった。マイクロカメラで胎児を観察するよりよっぽどいい。由緒ある年代もののベッドで戯れる数組のカップルを描いた「罪深き寝台」【73年】を最後にテレビ映画に転身し、アヌトロフ名義は一切使っていない。そこでも脇役ながら出演も兼ねたユニークな人物だ。

二大ポルノマイスター

『新・性と愛カラー大百科』と続編の監督ミヒャエル・トーマスは『幸福の条件』などの製作者エルヴィン・C・ディートリッヒのこと。七〇年代の名うてのポルノ・メーカーとして知られた。一九三〇年スイス生まれ。二十代半ばからドイツでプロデューサー業に入り、脚本、監督も兼ねた。

マンフレード・グレゴリーと名乗ったこともある。ポルノ時代の到来に複数のプロダクションを設立し、配給にも手を染めた辣腕家で、二〇〇〇年までにおよそ百本を放った。ドイツのEX&SEXプロイテーションの帝王などと言われる由縁である(こう形容される御仁は各国にいる)。

トーマス名義の監督作品(製作も)としては他に《スチュワーデスレポート》と形容して差し支えない『スチュワーデス㊙SEX　花弁地帯をむしる』(72年)、生徒たちが性教育を実践に移す『乱行!　女子学生寮』(72年)、フレッド・ウィリアムズ名義でグルーピーたちの《性態》を描いた『獣色乱行』(76年)など都合四十五本。[三銃士のセックス大冒険]【71年】などという作品もある。ただし共同が多く、その際はクレジットに名前を出さず(Uncredited　=以下UCと略)、無名の監督をトーマス名義にした例もあるというから本数には疑問符がつく。[熱くて若いマッサージ嬢たち]はやはり二部構成だった『世界昇天トルコ風呂』(74年)の「西洋篇・マッサージ48態」として公開された。(*1)

ドイツを本拠にしていたのがラッセ(ラスとも)・ブラウン。アルジェリア出身のイタリア人で(本名アルベルト・フェッロ)、イタリアで教育を受け、長じてスウェーデンやオランダ、フランス各国でブルーフィルム(8ミリ映画)を作っていた。ヨーロッパのポルノ産業をまとめたイギリスのドキュメンタリー[ポルノ業者たち](*2)【73年】にメインで登場したよう、その方面ではつとに知られていた。

一九七四年、スタッフや出演者(ブリジット・メイヤー、クローディーヌ・ベッカリーら)のインタビューも交えて（プロデューサーとして自らも登場）、ポルノ映画製作の実態をあからさまに描いた［フレンチ・ブルー］を引っ提げてカンヌ映画祭に乗り込み、話題となった（監督名ファルコン・スチュアート）。二人の男優が汗だくになってメイヤーのアナルに同時に男性自身を挿入するなど撮影の苦心惨憺ぶりはよくわかったが、生々しい舞台裏は見てはいけないなという感じも持った。邦題『ライブ・フィルム　絶頂』（78年）。公開が遅かったのはアメリカ版“Penetration”［挿入］を輸入したからだろう。オリジナル版は九十分だが、日本では六十六分。場合によっては二百万円以上の経費がかかる修整より、カットを選んだらしい。

翌年の同映画祭にはB・メイヤーが冒頭からラストまで——文字通り全編にわたってスペルマを浴びる『センセーション・淫溺』（76年）を出品（日本ではこちらが先に公開された）。特に画廊での乱交シーンは圧巻。共演ヴェロニク・モネが金属製の義手で自慰を見せる奇怪な場面がある。以後はドイツを中心にハードポルノに取り組んだ。フィルモグラフィに載っていない短編多数。『ゴールデン・ポルノ　穴場地帯』（74年）は、セックス解放国デンマークに撮影スタッフと共に乗り込み、ポルノ地帯を探訪した記録映画。

（＊1）もう一本は「東洋篇・泡出し赤線地帯」。東映洋画は先の『世界悶絶トルコ風呂』と本作及び『世界淫欲トルコ風呂』（75年「アメリカ篇」「日本篇」）三本を「世界トルコ・シリーズ」と銘打った。

（＊2）監督ジョン・リンゼイはスコットランド出身。六〇年代からのブルーフィルム・メーカー。

（2）奇跡の早熟女優と白夜の妖精

マリー・フォルサとJ・サルノ

ドイツほどの大量入荷はなかったが、北欧――特にスウェーデンの作品もマーケットに拡散した。世界的にポルノ時代に突入した状況を鑑み、海外市場を視野に入れて商業性の強い娯楽本位の――セックス映画から本格的なポルノ映画製作にシフトした製作会社や監督が増えたためと思われる。女優もほぼ一変した。

まず《スウェーデンが生んだ奇跡の早熟女優》マリー・フォルサを軸に、アメリカからたびたび出張していたJ・サルノ作品から（公開順に）述べたいが、その前に『私は好奇心の強い女』（71年・イエロー編）に触れておくなら、あれはスウェーデンが抱える政治や社会の矛盾を突いた一種の問題提起映画で、セックス映画ではない。筋らしい筋もない展開は早い話が何が何やらわからない。

「過激な裸体・性愛描写が各国で検閲論議を巻き起こすなど、世界中にポルノ解禁をもたらす引き金になった曰く付きの作品」（『映倫50年史』映倫管理委員会）とされ、大阪の万博（国際映画祭＝一九七〇年）で上映されるに及んで、いよいよポルノ解禁かなどと騒がれたが、ベタ加工（そこに削除の由を字幕で挿入した）と修整で見えないものは見えない。作風からも洋ピン史の範疇には入らないので、さらに修整がプラスされた一般公開では東京地区だけで配収が一億二千万円あったことのみ記すに留める(『続・私は好奇心の強い女 ブルー編』は翌年公開)。

ちなみに、この映画の公開が洋ピン配給会社増加の一因とする説には素直に与し得ない。作品個々の売り方と観客層に明らかな相違があるからだ。

さて、フォルサ&サルノ・コンビの『熟れすぎた少女 Bibi16才』(74年)は、ビビ(フォルサ)[*1]が性体験を積んでいく内容で、さしてボカシが気にならないのはポルノ非解禁国への輸出を意識しているかのようなカメラ・ワークのおかげ。特に、こってり描かれているレズ・シーンが堪能できる。サルノが最初のスウェーデン出張の際に作ったのはレスビアンものだったことを想起されたい。乱交やSMシーンも用意してサービス満点。女優も少女から年増、痩身からグラマー、金髪黒髪と取り揃えている。

これより先に作った『オカルトポルノ 吸血女地獄』(74年)は冒頭、古城で半裸の女たちが舞い、巨大な男根像を使った儀式が行なわれる怪奇ムードがいいが、遺産相続のためフォルサが訪れ、さらに女性心霊学者が登場してからがよくわからない。その昔、殺された女吸血鬼(男爵夫人)を女中頭が復活させようとしているらしいのだが、中世から続いている登場人物たちの縁故関係――例えばフォルサは男爵の、心霊学者は吸血鬼ハンターの子孫といった――が、しばらく不明のままドラマが進んでいくからである。

出没する霊魂の処理や女中頭の透視能力はいいかげんだし、ニンニクの十字架は効いたり、効かなかったりだし、あれこれ用意されているエピソードもいたずらに混乱を招くだけだった。ノートに「てんで要領を得ない物語ゆえ、ヒマなのを幸い、もう一回見て字幕を凝視熟読してもダメだった。怪奇ポルノというせっかくの素材なのにと舌打ちして銀座ロキシーを出た」とある。サルノ自らの脚本がゴタゴタし過ぎたようだ。

三本目『巨大なる男とバタフライズ』(75年)にはアメリカのハリー・リームズをぶつけた。[*2] フォルサは家出する田舎娘役だが、映画はクラブの経営者にして女には不自由していないプレイボーイ、ハリーの好色ぶりを描くだけ。相手にされない失意から去っていくフォルサに、ハリーが清々したような態度のまま終わるのは不自然極まりない。主役が二人いるような映画で、奇跡の早熟女優と巨大なる男の共演は今から思えば特筆ものだが、作品は凡庸だ。

サルノは初期から多作派だから数を作れば好・不調の波はあって当然だが、これは劇映画のテイを成していない。失敗作だろう。冒頭しばらく、野原と屋内でフォルサと絡むのは帯同したエリック・エドワーズ。本名ロバート・エヴェレッツからロブ・エヴェレッツとクレジットされた。

フォルサは『インモラル物語』(75年・仏)に出ていたがチョイ役だし(UC)、観客より批評家相手の映画しか作れない欠陥を持つ監督の退屈なだけの作品なので触れない。

(＊1)宣伝キャンペーンで一九七四年十月に来日。
(＊2)本作以前には『続・変態』(75年・米)があるのみ。『ディープ・スロート』を東映洋画が買い付けたことが話題になっていたが、ハリー自身の知名度はまだそんなになかった。

白夜の妖精と監督たち

フォルサ登場前に注目されていたのが《北欧の白夜が育てたポルノの妖精》クリスティーナ・リンドバーグ。海外では男性雑誌のヌードモデルとして表紙やグラビアを飾り、人形のような顔立ちとは裏腹の見事なボディが早くから評判になっていた。一九七一年のカンヌ映画祭出品作にして日本デビュー作が『露出』(*1)（72年）。両親がヴァカンスに出かけた間、一人ぼっちになった十七歳のレナが変態性欲者に執拗に迫られるサスペンスもの。ラスト、彼女は男の背中にナイフを突き立てる。それが夢か現実かわからない作劇法は意図したものだろうが、却って物足りなさが残った。

同年公開『情欲』は週末を利用して田舎から姉の住むストックホルムに出かけた女子学生が処女を失い、姉と同棲婚の義兄とも関係を持ち、しっかり大人になって帰るまで。本国ではこちらが先に作られた。デビュー作は別にある。(*2) 出資したアミ・アルツィはアメリカの新興製作配給会社キャノングループのプロデューサー。監督フロック・ジョンソンはアメリカ人、ダン・ウォルマンの変名。その後、ドイツで『先天性露出狂』や「ＳＭＲシリーズ」（№４＆７）などに出た。この間、サルノの二本にも出演した。(*3)

『愛の言葉』（72年）があったトーニー・ヴィクマンには『アブノーマルＳＥＸ　異常なる性生活』（73年）『より異常なる性生活　続アブノーマルＳＥＸ』（74年）の性医学ものがあった（本来は別箇の作品）。わが国には、いたずらされた過去から大人たちと関係を持って町の噂や新聞ダネになる女学生を描いた『醜聞』（69年）や、エロ小説の古典という『好色牧師』の映画化——魔女の呪いで慢性勃起症(!)になった司祭と、夫たちが戦争に駆り出されて男日照りになった女たちが巻き起こす艶笑譚『スウェーデン㊙性書』(71年)といった劇映画で紹介されたが、[*4]本国ではドキュメンタリー畑の監督として評価されていたようだ。

アブノーマル・シリーズ一作目ではホモやレズ、ラーゲの数々、女装、お医者さんごっこ(夫が医者で妻が患者役)、人形プレイなどがこれでもかと演じられる(二時間三十分!)。二作目では『愛の言葉』から彼の性医学映画で監修を務めたステン&インゲ夫妻の解説で「世に異常・変態と言われる行為こそ正常ではないか」などと語られるが、個人差のある《性癖》を科学的に分析するのにどれほど意味があるのか疑問だった。何でもかんでも解明すればいいというものではあるまい。

マック・アールベルイのシリーズ三作目『新・わたしは女』(71年)【69年】にも触れておく。スイスの寄宿舎から帰った娘ビルテ(インゲル・サンド[*5])が看護婦の母シヴ(グン・ファルク)と医者の関係を知ったショックから家を飛び出すも、病院の黒人勤務医ステファンと結婚するまでだが、ステファンがビルテを好きになる過程があやふやなままでシックリこない。男が女を好きになるのに理屈はいらないけれど、字幕だけでは理解できない。ディスコや路上で騒ぎを起こすヒッピーや暴走族、それを見て見ぬふりする警官、市民の黒人差別やヴェトナム戦争への感情など、当時の世相が垣間見えるのが面白い。

クレジット・シーンは女体に蛇が絡む怪美なもの。シヴと医者の愛欲場面もあるが、ドラマ的には世間知らずの純情にして我儘娘に手を焼いていた母親が安堵する家庭劇のようだった。スウェーデンにはフリーセックスとは縁のない女の子も存在するのである。ビルテがステファンとのみならず、彼の従妹とも肉体を重ねて恍惚となるなど、白人と黒人との性愛がこれだけ明瞭に描かれた例は、ヘイズコード廃止後のアメリカ映画にもしばらくなかったのではないか。


（＊1）一九七二年一月、宣伝キャンペーンで来日。

（＊2）コメディ調の［真夏の日々］【70年】。温泉を利用したセックス・サービス施設を開設した夫婦の娘役。

（＊3）娼婦姉妹の物語 "Every Afternoon"【72年】（英）は脇役ながらビデオで名前が冠された（『クリスチーナ・リンドバーグ in スウェーデン』。娼館のマダム役はかつてイギリスのマリリン・モンローと呼ばれたダイアナ・ドース。同年の "Young Playthings" は若い娘たちのレズや乱交模様（V『濡れた牝猫たち』）。

（＊4）20世紀ＦＯＸには同監督の『スウェーデン㊙エロ・ミステリー 淫欲魔女』【70年】（映倫審査一九七三年三月二十二日）が入荷し、ポスターも完成していたが未公開。七二年から八〇年までローカル配給を委託されていた東和にも記録がない。

（＊5）『ただれた関係』及び日活が現地俳優を使って製作した『淫獣の宿』（73年）にも出た。

おまけとしてのデンマーク作品

『新・わたしは女』でシヴと肉体関係にある医者をして「世界で最もリベラルな国」「特にセックスに関しては先進国だ」と言わしめたデンマークだが、映画はドイツやスウェーデンのおまけのように輸入されたような印象で、これといって見るべき作品はないし、数も少ない。

『クレージー・パラダイス』があったG・アクセルにはアダムとイヴの時代から貞操帯が流行した中世十字軍時代を挟んで、アメリカの禁酒法時代のブルーフィルム紹介まである『性暦２０００年』（73年）、自国の性風俗ルポ『秘技ポルノ性史』（73年）など。これらは時流に乗っての諸作で、本領は老夫婦の若かった頃のセックス回想譚『アムール』(71年)のような劇映画にあったようだ。それはやがて『バベットの晩餐会』(89年)が証明する。

独り暮らしの未亡人が泊めた男と性交渉を持ち、愛情さえ抱くが、その意外な正体に殺意が走るハンス・ヤコブスン監督の『その瞬間』(70年)が一九五九年製作の古物だったのは内容から海外へのセールスを控えていたためという。ヤコブスンは一九一二年生まれで、アクセルと同じ長老格。戦後公開デンマーク映画第一号『都会の旋律』(51年)の監督でもあった。『悶絶色情狂』(73年)はスウェーデンのＨ・アブラムソンの出張作。妻との生活にウンザリした実業家が若い女に手を出すが、彼女にとってはただの遊びと思い知らされる悲喜劇だ。

Ｊ・Ｒ・ララートの『痴情の沼』(70年)はポルノ映画として売られたが、猟奇スリラーの系譜に入れるべきであろうとの判断から除外する。スウェーデンで撮った『陰獣の館　性狂い』(71年)も同じ。ララートはスペインのホセ・ラモン・ララスの変名で、ハンス・ブルマン(バーマン)の名で撮影監督を兼任することがある。

いち早くポルノグラフィを解禁した国だけあって、コペンハーゲンの出版社や書店、ポルノ・ショップ、ライブショウ、ブルーフィルムやポルノ映画撮影現場などを紹介する『ブルーＳＥＸ大全集』(71年)や、『悶絶ＳＥＸ市場』『Ｘ』(共に74年)などのドキュメンタリーがあったのは不思議ではない。『キングポルノ』(73年)はアメリカの撮影クルーが乗り込んで、ヌード写真で世界的に知られる『プライヴェート』編集部を取材したものだ。(*)しかし、ラッセ・ブラウンの『穴場地帯』もそうだったが、これらのドキュメンタリーは退屈だ。外国のオープンな状況と、画面のポルノ雑誌の写真にすらベタやボカシがかかる自国の後進ぶりを比較し、嘆息するだけだからである。

特に『X』はヒドかった。レオ・マッドセン社発行の『カラークライマックス』編集部探訪、ライブショウの楽屋など、別にこれといった視点もないままの映像の羅列で、ノートに「超愚作である。これがポルノチェーンの正月第一弾とは情けない」などとある。ヨーロッパではロング・セラーになっているというブラウンの[カサノヴァ]の紹介に興味を持てた程度である。

(＊)ワンマン社長にして編集長だったジョン・ミルトンを中心に編集方針、ヌード撮影、写真の選択、社員たちのセックス観が紹介された。

(3)アメリカポルノ上陸

七〇年代初期のアメリカポルノはレイティング導入でソフトコアからハードコアへの過渡期にあり、独立プロのプロデューサーたちがボナンザを掘りあてようと量産を開始した時期である。日本に入荷するのは本国公開から通常一～三年遅れになるから、ソフトとハードが混交していたわけだが、税関と映倫が待ちうけるポルノ《低国》ではどちらであろうが関係ない。いずれにしろ、こうしたアメリカの動向にヨーロッパ映画中心だった邦人系配給会社も反応し、買い付けを活発化させ、我々も未知だった監督や女優を大勢知ることになる。まず、前章で触れた監督たちから。

リー・フロストの軌跡

「アニマル・シリーズ」で当てたリー・フロストは変質者やギャングを主人公にしたクライム・アクションに切り替え、エロとヴァイオレンスをぶち込んだ。『セックスファイター』（71年）は、賭博場の上がり百万ドルを二人の女の色仕掛けで奪われたトニーとフランクの奪還と背後にあるシンジケートのボスの罠を見破るまで。女たちとのセックスと彼女らへのリンチが凄まじい。

『淫欲野獣《アニマル》SEX暴力団』（72年）は脱獄囚の逃避行と末路。州外に逃げようとしたハリスとマイクは、不能の老農夫が若い妻をサディスティックに虐めていた農家に侵入。老人を縛り上げ、妻を交互に犯して欲望を満たすのだが、思いがけないドンデン返しが待っている。

途中から同行したハリスの恋人が逃げ出したり、農家を出発した二人が警戒厳重で再び戻ったり、展開はあまりスマートでない。二本とも、これまた製作脚本出演何でもこなす商売人、ウェス・ビショップが出資。フロストとは『禿山の館』（脚本）からの付き合いで、『セックスファイター』では堂々主演（トニー役）。ボス役がボブ・クレッシーだった。

変名での作品が三本。日夜クレージーなパーティを開いて遊興やセックスに耽るハリウッド人種たちを憎悪する男がライフルでファック中の人間の脳天をぶち抜く『色情狂ライフル魔』（72年）はレス・エマーソン名義。主人公は童貞コンプレックスとセックス恐怖症から女が抱けない偏執者の設定で、ダンサー（ドゥナ・ラー＝ドナ・ヤング）を銃で脅して裸にし、いざ……というとき勝手に果ててしまうだらしなさ。屈辱と憤怒から次の獲物は彼女と決め、銃のスコープを覗いた目に入ったのは……。グローバルフィルムの第一回配給作品。
オートバイ・レーサーたちの争いを暴力とセックス絡みで描いた『淫獣の群れ　性私刑《セックス・リンチ》』(72年)はエロフ・ペテルソンという北欧系の名前。《アニマル爆走篇》といったところで、D・ラーが乱交シーンのみに助演。アメリカで撮影されたものだが、スタッフ、出演者も北欧風の変名になっていて、配給元はデンマーク映画として売った。プレス・シートには「監修R・L・フロスト」とある。『色情狂ライフル魔』で撮影監督としてクレジットしたロバート・リー名義の製作・脚本・監督作品『欲情アニマル』(72年)では、その昔、奪った百万ドルの金袋を埋めた土地に建てられた住宅に乗り込んだ元ギャングたちが床に穴をあけ、露出した地面から穴掘りを開始する。

これがスコップや鶴嘴などでは埒が明かず、仲間を呼んで削岩機まで運び込む大仕事になり、住人の新婚夫婦の狼狽やギャングと情婦のセックス・シーンなんかより、こっちのほうが面白かった。作業に駆り出された夫が金袋を発見するも「あったぞ!」と、わざわざ悪党に報告するバカでなし、こっそり着服を企むのは当然の仕儀。その内、欲の皮の突っ張り合いから殺し合いが始まり、さて、最後に笑うのは……という、なかなか凝った作品だった。

ところが、移植手術で科学者の首が二つになって大騒動になるAIPのホラーコメディ『双頭の男』[*1]【72年】が珍作とも怪作ともつかぬ失敗作に終わったのが祟ったか、それからの二十年余で作品は十本にも満たず、商業映画を離れた時期もある。この間、ピーター・フォンダ主演の一風変わったB級アクション『悪魔の追跡』(75年)がW・ビショップとの共同脚本によるものであることはあとで知ったこと。やる気をなくしたか干されたか――掃いて捨てるほど映画監督がいる国だから、そのまま消えてもおかしくはないが、後年、イタリア人の如き変名で再登場する。

ちなみに、「日本篇」と「アメリカ篇」がセットされていた『失神痴態モーテル』(73年)のアメリカ篇の監督としてクレジットされたロバート・リーはリー・フロストにあらず、『多淫マダム』や『淫欲㊙地帯』(共に72年)があったA・C・スティーヴン[*2]の別名。怪しげな夫婦が経営する宿に泊まったヒッチハイカーが即席売春婦となって金を稼ぐ話である。日本篇はピンク映画[*3]で、こんな二部作はサービス満点か、一本では商売にならないと配給会社が踏んだか不明だが、いずれもホテルを舞台にしていて、いいかげんに組んだものではない。

(*1)テレビ放映タイトル(一九八三年一月=TVK)から。老優レイ・ミランド哀れ(V『Mrオセロマン　二つの首を持つ男』)。
(*2)ブルガリア出身で正式名はスティーヴン・C・アポストロフ。[死者たちの狂宴]【65年】は『死霊の盆踊り』(87年)という傑作タイトルになった。
(*3)岸本恵一名義の本木荘二郎監督(ミリオンフィルム)。

メイヤーとメッガー

ラス・メイヤーには田舎の町からロサンゼルスに向かった三人の女(ロック・バンドのメンバー)とマネージャーが酒と麻薬とセックスに翻弄されていく『ワイルド・パーティ』(70年・G)があった。メジャーのFOX映画の依頼と出資にも拘わらず、設定は同社の『哀愁の花びら』(68年)からだし(「この作品は続編ではない」とわざわざ冒頭に出る)、タイトル(原題)[*1]も然りで、このあたり、メイヤーに遠慮はない。メンバーはZ《ジー》マンと呼ばれる遣り手のプロモーター、ロニーの肝煎りで一躍有名になるが、その代償もまた大きかったという物語。細かいカットで繋いでいく演出はスピーディで、遺産を狙う弁護士や、弁護士志望の黒人青年、ポルノ俳優など、多彩なキャラクターも楽しめた。

ロニー主催のパーティが突如として虐殺の修羅場になる展開は冒頭のクレジット・シーンで予見されてはいるが、男の首が《エクスカリバー》でチョン斬られたり、女(E・ギャヴィン)が口に銃身を突っ込まれて惨殺されたりするのは見せ場たり得ているけれど、唐突さに戸惑った。頻繁に挿入されるロック・ミュージックには正直、ゲンナリした。もっとも、これは好き嫌いの問題だし、殺人劇の不可解さと併せ、そこがいいという人もいただろう。生首チョンの際はFOXのトップシーンの派手な音楽が流れた。まさに遠慮なしだ。

メイヤーは基本的には自分の金で自由に——有体に言って好き勝手に映画を作ることを旨としている。その作劇姿勢はメジャーのスポンサーがついても変わらない。この映画のキャラクターたちは言わば原題にある"Dolls"(人形たち)であり、彼らをマリオネット師の如く自在に操った芸能界風俗ドラマと言うべきであろう。遠慮なしとはそういった意味である。製作費九十万ドルの映画は十倍の興収を稼ぎ出したとかで、FOXを喜ばせた。メイヤー自身も「私を有名にした作品で、文句なしの出来だった」[*2]と、自画自賛している。

この前後に『真夜中の野獣』(70年)と『恍惚の7分間 ポルノ白書』(71年・G)が出た。前者はストリップ酒場の経営者夫婦と店の金庫を狙った二人組の強盗とのもつれと顛末。これにバーテンダーや売春婦が絡んで、殺し合いが始まる。後者は犯罪(レイプ)の引き金になった小説が猥褻か否かを問う退屈なドラマで、『ワイルド・パーティ』の成功に二匹目の泥鰌を狙ったFOXの目算狂い。そもそも、コメディ志向が強く、巨乳女優と愛欲をセールス・ポイントにする監督に似つかわしい題材ではなかった。メイヤーも多分、魔が差したのだ。

メイヤーはハードコアが当たり前になってもソフトコアを撮り続けた。この分野では同じ古株であるJ・サルノも最初はしばらく抵抗があったらしいが(初期の作品や北欧での諸作にレズ・シーンが多いのはそのせいかもしれない)、メイヤーは信条にしていた。自分の映画は単なるポルノではないといった自負も感じられる。知名度は十分の監督で、野《や》にいて我が道を行ったのだが、惜しむらくは日本では作品が興行的にさほどウケなかったことだ。「自分は巨乳マニアだ。それが私を刺激し、興奮させる[*3]」と自ら公言して憚らないのは自由だが、ポスターを見て目を丸くする人間すべてが金を払って映画館に入るわけではない。次のデカパイ映画が入荷するのは六年後になる。

ラドリー・メッガーの作品は『夜行性情欲魔』(72年)が入荷した(独・伊合作)。不能の夫、不感症の妻、魔術に凝る息子――尋常ならざる家族が住む古城に招かれた女が彼らを次々に性の深淵へ追い落としていく幻想的な物語で、女を男に置き換えれば、P・P・パゾリーニの『テオレマ』(69年・伊)の設定を想起させる。無論、あそこまでの宗教臭はないが、いささかパンチ力に欠けたのは、おそらくアメリカとは全く異質なヨーロッパの気候、風土――何より、時間がゆっくり流れる環境が影響していためと思われてならない。謎の女のシルヴァーナ・ヴェンチュエッリは『炎』で牢獄パーティの主人オリンカ役だったイタリア女優。このあと、メッガーは帰国し、ヘンリー・パリスの名でハードポルノへ転身する。

サルノには『セクシカ』(70年)と『獣欲集団』(71年)があった。いずれもアメリカでの諸作で、前者はウブな女学生がカーラ(Karla ＝原題)というセックス・カウンセラーの指導宜しきを得て《性長》していくまで。後者は夏の休暇中にセックスに耽る大学生たちの生態。女子大生役のシェイラ・ブリットは当時のサルノ映画の常連女優。スウェーデンでリンドバーグやフォルサの作品を撮るのはこのあとになるのだが、よく考えれば、母国と異国を往復してポルノ映画を作るのは大変な労力で、製作費も嵩んだはずだ。限られた予算と日数で年間何本も作った複数のピンク映画の監督のエネルギーも凄いが、それとはちょっとスケールが違う。

(＊1)"Valley of the Dolls"(『哀愁の花びら』)のアタマに"Beyond the"を置いた。beyondには「より優れている」の意もある。
(＊2と＊3)特別出演『Playboy のダイナマイトボディ1&2』(V・97年)からのコメント(字幕要約)。

悶えるクレオパトラ

百本近いなかで面白かったのは伝説や歴史から材を採ったコスチュームもののパロディである。有名なキャラばかりだから物語は大体想像がつく。要するに主人公がやたらセックスに耽るのだ。

『陰獣の森』（71年）――中世イギリスの伝説的義賊にして英雄のロビン・フッドのポルノ版。ロビンは宿敵ジョン王の娘をいいように嬲り、恋人マリアンともお楽しみ。シャーウッドの森に淫風が吹く。リチャード・カンター監督。

『セックスアドベンチャー　女淫の館』（74年）――ジョンストン・マッカレー原作の『怪傑ゾロ』からロバート・フリーマンが監督。カリフォルニアがスペイン領だった時代、黒マスクのヒーローが圧政を敷く市長の妻や娘に股間の剣できついお仕置きをする。ヒップに刻まれるZのマーク。以上二本はデヴィッド・フリードマンのプロデュース。

『ロミオ㊙ジュリエット』（71年）――十五世紀のヴェローナの町。仲の悪い両家の息子と娘が出るのは一緒だが、ロミオはプレイボーイで次々に女たちを誑かす。ジュリエットはレズ症に加え、家臣とも関係し、ワン公まで愛でる始末。召使いたちは乱交を開催。墓の下で沙翁、絶句したかニヤニヤしたか。

『猛女クレオパトラ』（73年）――ナイルの黒い美姫をめぐる男たちの思惑と情欲。アントニー、シーザー、ブルータスからキケロまで登場する古代ローマ秘録。サミー・デイヴィス・ジュニアの最初の妻だったローレイ・ホワイトがソノラの変名でヒロイン役。以上二本の監督A・P・ストォーツベリーはアメリカには珍しい記録映画『世界禁断地帯』（68年・G）があったピーター・ペリー・ジュニアの変名。(*1)

コスチュームものは衣装や道具立て、セットに金がかかるので低予算のポルノ業界では敬遠されがちだ。背景にしても、ヨーロッパには観光地でなくても郊外には城跡や廃城が点在しているスポットがあり、城壁や遠景だけでもカメラに収めればカッコはつくが、悲しいことにアメリカにはない。ただ、パロディ映画そのものはヒット作や話題作を茶化しながら、あるいは小説や戯曲からエッセンスをいただいて連綿と製作されていく。

その傾向はちらほら見られ、売春と麻薬をめぐるセックスと殺しを描いた『淫獣マフィア』(72年)の原題は"The Godson"という。『狂淫地獄』(74年)は『俺たちに明日はない』がなかったら製作されたかどうか。『極道ポルノ女獄責め』(74年)は『イージーライダー』ポルノ版と形容して差し支えない。モデルたちがヌード撮影のためやってきた山小屋で惨殺されていく『痴情グループ』(73年)はアガサ・クリスティの『そして誰もいなくなった』のプロット寸借。死んだ精力絶倫男のペニスを移植した不能者が死人の好みだった女たちをレイプしていく『猟奇性犯罪秘録』[*2](73年)は『オルロック氏の手』[*3]の換骨奪胎。『猟色! 餓狼のえじき』(75年)【72年】はジキル博士がハイド嬢に性転換する変わり種。

(＊1)初期の sexploiter の一人。『グラマー大行進』や『新婚の夜』など、作品ごとに名前を変えるヘンな監督だ。
(＊2)女流プロデューサー、ドリス・シルヴァーマンがルイス・シルヴァーマン名義で監督。
(＊3)フランスの作家モーリス・ルナールの小説。事故で両腕を失ったピアニストが殺人者のそれを外科医に移植されて……。

ハリー・ノヴァックの作品群

P・ペリーの三本を製作したのはハリー・H・ノヴァック。一九二八年生まれで、七〇年代におよそ四十本を放ち、アメリカでは知られたポルノ・メーカーだ。兵役後、RKO(*1)のプログラム編成やセールスを担当。同社が潰れると配給会社に転職し、六四年(三十代半ば)にボックスオフィス・インターナショナル・ピクチャーズを興し、低予算映画の製作配給を開始。レイティング制がSEXプロイテーション量産の契機になった。

実際、この時期に公開された彼のプロデュース作品は少なくない。シャロン・ケリーの主演作は二本。日本初登場『秘密ポルノ放送　ダーティサリー』(73年)は、配給元が原題"The Dirty Mind of Young Sally"から「ダーティハリー」を連想させる命題をし、何より、彼女を宣伝キャンペーンで来日させたこともあり(七三年十月)、その名は一気に高まった。監督ベセル・G・バッカリューはペリーのコスチュームものを手伝っていたことがある。

映画は電気商会の仕事の単調さに飽きたサリーがラジオの海賊放送で自分のオナニーやセックスの際の喘ぎ声を流し、これを警察が取り締まろうと躍起になるという、いかにもアメリカらしい能天気なコメディ。性犯罪事件の通報が入る度にロス市警の無線係ジェニーが興奮して署内の男たちとしまくる『ポルノ捜査局　シャロン・ケリー』(74年)では名前がメイン・タイトルになった。この映画も警察をからかっているようなところがある。ケリーのブロンドにコケティッシュなマスクと白く輝く肉体は日本の興行者にも買われ、集客が期待できる女優の一人になった。

ノヴァックの商売っ気は『ラストタンゴ・イン・パリ』(73年)をもじった『ラストタンゴ・イン・アカプルコ』(74年)というタイトルだけで十分わかる(邦題は原題ママ)。中身はパロディでも何でもなく、近親相姦《インセスト》まで描かれる。父と行き掛り上(成り行きと言うべきか――そういう演出なのだ)、関係して売春婦になった娘(ベッキー・シャープ)と、闘牛士ミゲルとの愛と別れと再会まで。ミゲルはアクシデントで男性機能を失ってしまう。アメリカへ戻った彼女は彼の子を宿していると判明、再び機上の人となるというポルノらしからぬ物語だった。闘牛のプロモーター役で出てきたのが監督のカルロス・トバリーナ。名前と風貌からラテン系と思われる。

女諜報員を主役にしたコメディ仕立ての作品が『絶倫』(75年)――この邦題!――と『淫獣女スパイ』(76年)。ヒロイン(マリア・ピア)がアメリカとは何かと摩擦を起こすソ連(当時)の女スパイという設定が面白い。前者はタヒチで開かれる西側の軍事秘密協定を探らんとする設定だが、眼目はもちろんセックス。《トランスデューサー》とかいう盗聴と透視ができる秘密兵器(そんなモンあるのか)をSONYに売ろうとする件《くだり》がある。七〇年製作の古物だ。後者はタヒチを香港に置き換えただけ。同じ秘密兵器がまたお役立ち。協力者はスージー・ウォン[*2](ニーナ・フォーズ)という、ふざけた命名だ。これらもトバリーナが演出した。

先の『淫獣マフィア』や、バッカリューの『陰獣裸女』[*3](73年)なども製作。ちょっとSFがかった題材で記憶に残るのが『SEX工場　肉欲地獄』(73年)だ。秘密組織が意のままにできる新人類を創生しようとする奇想天外な物語。もっとも、雇われた大学生が女たちと次々に《交配》し、ヘトへトになって逃げ出すのは当たり前だ。

(＊1)一九二八年創立。『キングコング』【33年】『市民ケーン』【41年】やB級映画で知られた。一九五七年倒産。
(＊2)『スージー・ウォンの世界』(61年・米)でナンシー・クワンが演じたヒロイン名。子連れ売春婦と香港にやってきた画家との恋愛もの。
(＊3)アメリカには珍しい農村ポルノ。養豚場の娘と都会からきた化粧品セールスマンが結ばれるまで。

C・トバリーナとドン・エドモンズ

トバリーナは演出にこれといった冴えを見せたわけではないのだが、ラス・メイヤーさながら製作・脚本・監督の一人三役をこなし、時に出演もしているワンマン映画があるのは、やはり異色の存在と捉えるべきであろう。穏やかならざる父と娘の関係は日本初登場の『リオの性獣』(73年)でも扱い、その父親に自ら扮していた。リオ(デ・ジャネイロ)にやってきたアメリカ人の実業家クロードは懇ろになった高級売春婦ソニア(フィリス・クレア)のペンダントを見て、彼女が昔別れた妻との間にできた娘と知って愕然とする。罪の償いの意味で連れて帰ったアメリカには嫉妬深い愛人(M・ピア)がいて波乱が起こるもの。近親相姦は観客の興味を強くかきたてる一方、そこまでやるかという意識も働く。エロが売り物の劇映画だと割り切っても、やはり暗く重い二律背反のテーマではある。

『性獣　セクソラマ』(74年)はワンマン映画の典型で、忠実な執事《バトラー》やお抱えの理髪師までいる大富豪――イタリアの大プロデューサー、カルロ・ポンティをもじったようなマルコ・ポンティを演じ、カメラの前で人妻役マーシャ・ジョーダンら複数の女優とウハウハやっている。いい気なものだが、出資者はご本人だから文句は言えない。セックス場面は疑似演技がモットーというが、プールでの場面はとても信じられない。迫真の演技である。もっとも、ストーリーも登場人物のキャラクターもおざなりで、前二作ほどの興味は惹かない凡作だ。

まだソフトコアながらアメリカポルノの赤裸々な性描写に息をひそめたのはドン・エドモンズの『ＳＥＸ女王蜂　痴女絶叫』(72年)と『ＳＥＸ女王蜂　痴女失神』(73年)である。共にドナ・ヤング主演で、田舎娘が大都会に出てきてセックスに溺れて破局を迎えるというプロットも一緒。前者は「鞭で百ドル、黒い下着で二百ドル」(主題歌より)の売春婦にまで身を落とし、最後は黒ミサの儀式で黄金製の男根像に股間を貫かれる。

後者は看護婦役で、医者、インターン、患者との交合頻繁。麻薬ネタもあって陰惨なところもあるのは、あっけらかんとしたＳ・ケリーの二本と好対照だ。ノートに「やたら音楽が入るが、何の印象も残らない凡作」とあった。後年、「悪魔の生体実験」(75年)で名を高めるエドモンズは長くテレビ俳優やスタント演出をやっていた。『痴女絶叫』は監督デビュー作。

ヤングもケリーも初登場の際に《マリリン・モンローの再来!》と銘打たれた。ケリーは本国でもそれで売り出されたからともかく(そんなに似ていないと思うが)、日本でもとっくに死んだ女優の名を宣伝に使用したのは不思議でならない。その名に反応する世代がまだ多かったものか。

立体ポルノとピンク・プロ

一九七三(昭和四十八)年二月公開『淫魔』は3D映画【69年】。スチュワーデスたちの次のフライトまでの十八時間の《性態》。《乳房が！　太股が！　女体が全裸で飛び出す！》というコピー通り、確かに迫力あるが、特殊眼鏡をかけての鑑賞は疲れた。《世界初の立体ポルノ登場》は、既に(これはヌード映画だが)『パラダイス』があったから割り引きたい。

この年はどういうものか、ロンドンで行方不明になったドイツの留学生を追いながら彼女の性遍歴が暴露されていく『立体ポルノ　グレタの性生活』(五月・英)や、刑務所から特別に外出を許可された女囚六人(M・ジョーダン、ウシ・ディガードら)が制限時間内に抑圧されていた性欲を思いきり発散させる『女囚残酷性地獄』(八月)もあって、ちょっとしたブームだった。

立体映画は戦後、何度かブームを迎えたが、定着しなかった。その数本には平版(2D)やビデオでも接したが、効果のほどはそんなに変わりはない。一度見れば、あとはみんな同じという感覚があるからではないか。それが証拠にというわけではないが、右のなかで一番配収があったのは先陣を切った『淫魔』だ(一億二千万円)。映画興行は早い者勝ち。残りものに福はない。ドイツの『先天性露出狂』は翌年公開になる。

ところで、リー・フロストの『セックスファイター』はピンク映画の日本シネマが配給した。六〇年代初期からの老舗で、NYで公開された『変態』の製作会社である。洋ピンの配給には一時的ながらピンク・プロも参入したのだ。本数は微々たるものながらブームを物語る事例であろう。

封切り日の確たる資料を持たないので（ピンク映画の併映としてローカルに出回ったと思われる）、審査年を〈　〉で括っておく。

『激しい行為』〈72年〉（日本シネマ）は奇怪なセックスの妄想——不気味な数人の侏儒に責められ、調理中の魚でオナニーをするといった——に取り憑かれるヒロイン（リンダ・ボイス）の物語。精神科医の要請を受けたボーイフレンドが乱交パーティに誘ったり、レズ症の女と絡ませたりして、ようやく自分との愛を回復させるまで。監督ヴィクター・ピータースは六〇年代からセクスプロイテーションのカメラを回していた。ギリシアものも配給したが、別項にて。

『激しい痴態』（73年・国映シネマ）[*1]も独身女性の妄想と現実。不意に聞こえる囁き声（原題は「欲望の声」）に催眠状態となった彼女は誘われるようにアパートの一室に入り、待機していた男と女にいいように弄ばれる。ふと気付くと、彼らは全員惨殺されている。茫然として街をさまよう彼女にまた聞こえてくる不気味な囁き……。昔の殺人事件がトラウマになっていたかのような物語だ。

やがて、実力を発揮するチャック・ヴィンセントのマーク・ユーベル名義作品。ポスターにはその監督名がない（！）。ヴィンセントの日本初登場は一九七四年九月封切り『狂淫夜行獣』[*2]とされているが、配給会社が一年近くもストックする悠長なことをしたとは信じ難いので、初登場はこちらかもしれない。

他に創映が『ＳＥＸゲリラ』と『肉』〈71年〉を買い付けた。ワールド映画のドイツ製『好色ベイビー』（70年）は松竹映配に委譲。邦題は偽りありで、正しくは《好色ワイフ》。

ピンク・プロがあっさり手を引いたのは字幕や修整でよけいな経費がかかり、三百万円そこそこでペイできる自前の映画のほうが安全と考えたからかもしれない。大手では七二年に日活が『歓びの悶え』(『激しい行為』の監督&主演)『情痴の罠』、ドイツもの『色情旅行』をロマンポルノの番線内で封切った。

では、再度ヨーロッパに目を転じる。

(＊1)合理化でセールスマンを減らした日本シネマと国映の一時的な共同配給組織。買い付けは日本シネマ。
(＊2)倦怠期を迎えた夫婦が別人になりすまし、お互いの正体を知ってか知らずか接近して……。しゃれた佳編だった。妻役レベッカ・ブルークは二年後にマリー・メンダムとして再登場。

(4)ヨーロッパ各国の諸状況

サンドラ・ジュリアン旋風

フランスではマックス・ペカスがサンドラ・ジュリアンを擁し、『色情日記』(71年)と『サンドラ・ジュリアン 変態白書』(73年)で存在を確かなものとした。前者はエレベーターから落下して色情狂と化した(そんなことがあるのか!)ヒロインが肉体の疼きと衝動に我慢できず、行為に及ぶ。レズに誘うマダム役に妖艶ジャニーヌ・レイノー。情人役ミシェル・ルモワーヌと一緒に彼女を悶絶させる場面がある。ペカスの演出はもったいぶったところもあるが、ジュリアン売り出しに大いに功があった。

配給会社は《ポルノ界に登場した新星》として徹底的に売りまくり、封切りに合わせて来日させた（一九七一年八月）。宣伝キャンペーンでポルノ女優を招く先駆である。スポーツ紙の記事や写真、雑誌のヌード特写もあって、サンドラ・ジュリアンの名は知れ渡った。日本で《ポルノ女優》として認識されたのは彼女が初めてだろう。後者は逆に不感症という設定で、これも相当悩むのだが、最後に愛していた男性と結ばれるプロセスは同じである。

この間に出たウィリー・ロジェの『サンドラ・ジュリアン 色情狂の女』（72年）はヒッチハイカーに扮し、車に乗せてくれた人々を乗せるロード・ムービー。前サブながら主演女優の名がタイトルに組み入れられた洋ピンの嚆矢でもある。原題"Dany la Ravageuse"は［旋風娘ダニー］といった意味だが、ravageuseはセーヌ河の屑鉄拾いを指す俗語でもあり、ここはその昔『ビキニの裸女』（59年）【52年】で無名だったB・バルドーを起用したこともある老監督（当時七十一歳）ロジェの、拾った男は屑ばかりといった暗喩と見るのは穿ち過ぎか。

もっとも、美形女優によくありがちな表情豊かならざるタイプなので演技力は――観客はそんなものに期待していなかったが――皆無に近い。(＊1)

東映での『現代ポルノ伝 先天性淫婦』（71年）と『徳川セックス禁止令 色情大名』（72年）に出演したことも人気に拍車をかけた。後年、C・リンドバーグとS・ケリーでも映画を作ったのはさすが東映だが、(＊2)出来栄えはジュリアンの二本には及ばない。監督の力量の差である。

ペカスには他に『花弁のうずき』(70年)があった。年上の女とのレズに溺れるスウェーデン娘と、老画家とホモ関係にある青年が初めて異性との愛に目覚めるまでの葛藤と、ようやく肉体を重ねるまでが描かれた。レズはともかく、ホモに無関心な身にはピストルまで持ち出す画家の嫉妬と激怒は理解し難い。

ジョゼ・ベナゼラフは『フレンチ・ラブ』(73年)と『絶倫SEX女修業』(74年)の二本。いずれも妻ある中年男が主人公で、女房の乱交に立腹したり(前者)、浮気相手が《両刀遣い》と知って逆上したり(後者)——といった内容。洋ピンの邦題は内容と関係ないのが大半にしても、これらは命題に窮したような印象だ。テーマは別にして、こうした夫婦ものはフレンチポルノの特質になっていく。ベナゼラフはビデオも含め、生涯ペカスの三倍近い九十本余を放ったのだが、輸入されたのは最後になる。

(*1)DVDで『変態潜入捜査官』【74年】や『エロチカウェスタン　色情狂の館』【75年】で演技力の拙劣さを再確認した。監督たちの無能さを差し引いてもひど過ぎる。
(*2)リンドバーグ『不良姉御伝　猪の鹿お蝶』『ポルノの女王　にっぽんSEX旅行』(共に73年)、ケリー『色情トルコ日記』(74年。)

ベッドで夫婦共艶

ミシェル・ルモワーヌは『人妻ポルノ　慢性発情女《めす》』(73年)で、主演と監督を兼ねた。作家志望の男(ルモワーヌ)が妻を抱きながら「君を心から愛しているが、精神と肉体は別だ」などと囁き

（そんなことを言ったらフツーなら張り倒されそうだが）、夜毎バーに出入りして女漁りをしていくもので、入れ替わり立ち替わり出てくる女優のなかではジャニーヌ・レイノーが格段にいい。妻はその素行を諌めるでもないから正しくは《慢性発情男《おす》》。

『性臭めすカマキリ』（74年）でも主演監督。大邸宅に住む有閑淫乱夫人（レイノー）と、彼女のセックス奉仕人として契約をした男（ルモワーヌ）の情痴生活に乗馬仲間との乱交、メイドとのレズが挿入され、男は寄宿舎から帰ってきた夫人の妹の蕾も散らす。やがて、意味ありげにウロウロしていた庭番の過去が判明し、二人は災難に見舞われる。

ルモワーヌとレイノーは実生活で夫婦だった時期がある（ルモワーヌが八歳年長）。外国のポルノ業界の話だから、そういうこともあるかと何とも思わないけれど、これが日本で――例えば、有名女優と結婚した監督が記者会見で「次回作は妻子あるトンカツ屋の主人と未亡人との出会いと別れをテーマにした愛欲大巨篇《肉のコリーダ》です。予算が少ないので主役は不肖私が自ら演じ、相手役はノーギャラを承諾してくれた愚妻です。映倫の審査員も観客も総立ちの強烈濃厚な寝室場面に御期待ください」などとやったらどうなるか想像しただけで楽しいが、こんな茶目っけと度胸のある監督は未来永劫出ないだろう。

レイノーは一九三〇年生まれというから、この頃はもう四十歳だが、男好きする美貌と贅肉のない肉体は素晴らしい。外国にはいかにもマダム然とした――四十歳、五十歳になっても色香が衰えない女優が少なくない。メイクのためだけでなく、民族的な骨相とかＤＮＡに決定的な相違があるのではないか。これに対して日本の女優たちの顔の崩れは総体的に早過ぎる。それを壁の如き厚化粧で誤魔化そうとするからよけいひどくなる。「人間はいつまでも十八歳ではない」(『世界女族物語』63年)。もともとファッション・モデルで、映画キャリアはイタリアでスタート。それまでの公開作はスパイもの『殺し屋へ挑戦状』(67年・伊))や先の『濡れた恍惚』。あとはマカロニウェスタン『盲目《めくら》ガンマン』(72年)の売春婦役で垣間見た。ルモワーヌとはのちに離婚。

他にジャン＝フランソワ・ダヴィが『女芯底なし沼』(73年)、ジャック・アンジェルが『女体狂爛』(74年)、ジョルジュ・フルーリーが『人妻ポルノ　淫電性悶絶死』(74年)で登場したが、邦題が凄いだけで、中身は格別書くこともない。看護婦を誤殺した大地主の財産を狙って暗躍するファミリーにヤクザ組織が絡むジャン＝マリー・パラルディの『女売買組織』(74年)がわずかに印象に残っただけである。

一九七四年、フランスでは『エマニエル夫人』の大ヒットがあってポルノ映画製作が活発になった。コストが一般映画の半分以下で済み、安上がりで儲かるので、翌年にかけてブームになった。一般映画からポルノに番組を切り替えていく映画館も増えたという。この活況はフレンチポルノがわが国に定着する要因になった。右に名前を挙げた監督たちの諸作も続々入荷するようになる。

紳士の国のエロ映画

『グレタの性生活』があったよう、イギリスからもポルノ映画がやってきた。昔から紳士の国と言われているが、これはイメージであって、先祖代々からの家と財産があって一生働かなくても食っていけるハイクラスの方々もいらっしゃるが、ヤクザもいれば売春婦だっている。ストリップ劇場もあれば映画館もある。だから、ポルノ映画があってもおかしくない。ドイツほどの大波ではなく小波程度だったので、ここでまとめる。

まず、デレク・フォード監督の二本。『夫婦交換』(71年)は親切な邦題で中身は書くまでもない。MGMの配給網に乗った『色情9～5式』(72年)は新聞社の婦人記者の取材のかたちで、旦那の出社から帰宅までの《九時から五時まで》における妻たちの情事の数々。原題は[郊外妻たち]――と書けば、サルノの『痴情』を思い出すが、あれほどシリアスでなく、ユーモラスな展開はいかにもイギリス映画らしい。貴族の伝統のお遊びである狐狩りを茶化した女狩りも用意されている。検閲が緩やかになったとはいえ、まだソフトポルノが主流だった時代の作品である。

イギリス映画は六〇年代初期、大会社アーサー・オーガニゼーションの破産もあって低迷期入った。一般的にはイギリス映画の危機と呼ばれた時期だが、一方で映画法の規制が緩やかになり、遠慮がちながらエロをまぶしたハマーフィルムやアミカス・プロの怪奇映画が興行的成功を収め、同時に裸とセックスを売り物にする映画も小規模なプロダクションで作られていく。ロンドン市民の誰もがデヴィッド・リーンやキャロル・リードの映画に唸っていたわけではないのだ。『ミス・キーラーの情事』(64年・G)はベタなタイトルだが、政財界のお偉方とクラブのホステスとの実話スキャンダルの映画化で、エロが売り物ではない。

D・フォードはそんな時代に脚本家として出発し、『十六娘の非処女グループ』『港の売春街』「裸のロンドン」や、ホラーもの『狂ったメス』(69年)などがある(多くは共同)。コナン・ドイルの『緋色の研究』をもじった「恐怖の研究」【65年】は《シャーロック・ホームズ対切り裂きジャック》とでも言うべき内容で、エラリー・クイーンが翌年ノヴェライズした。監督デビュー作はロックバンドの追っかけ女の子を描いた「グルーピーガール」【70年】。「ドイツポルノの勃興」で記した「ポルノ業者たち」のジョン・リンゼイは彼の下でスチルマンをやっていたことがある。

他にドイツ、スウェーデン、デンマーク、中国と国際色もにぎやかにロンドンにやってきた女たちが秘書になったり、メイドの職に就いたりしてのセックス劇『痴情の舌』(73年)の監督が五〇年代からハマーのSF怪奇ものや原始恐竜映画を得意とし、番外編のパロディながら『007カジノ・ロワイヤル』(67年)まで手掛けたヴァル・ゲストなのには驚いた(共同)。ただ、オペア・ガール(原題=英語習得のため渡英して働く女性)のチャッカリぶりを描くコメディスタイルなので邦題ほどのいやらしさはない。デンマーク娘役のガブリエル・ドレイクはパキスタンのラホール育ちで、『色情9~5式』やD・フォードの未公開作にも出ていたキュートな感じの女優。チャイナ・ガール役のミー・ミー・レイは父がイギリス人、母がミャンマー人の混血。やがて、イタリアの複数の食人映画の犠牲者になる。これをしも国際女優と呼ぶべきか。

『グレタの性生活』の監督、ピート・ウォーカーも六〇年代末からセックスものを手掛けていた。この頃(一九六九年)作られた一本、ドノヴァン・ウィンター監督『エロフェッショナル』(72年)はプレイボーイが肉屋の店員だったという夢オチが待つ。

一九七六（昭和五十一）年、その名など忘れた頃に公開されたのがD・フォードの『ポルノ超特急 女囚残酷列車』。手錠で繋がれた女が列車で護送中に見る回想と妄想が次々に展開される形式で、処女喪失、レイプ、顔面放尿、ナチ女将校とのレズなどに加え、生理や男根切断の生々しい流血もある。女囚と見えたのが実は……というラスト。陰惨な被虐シーンの連続は妙にリアルで、あまり楽しいものではない。輸入されたのは国内用のソフト版ではなく、海外用のハード版だから、なおさらそう映じた。この一編をもって紳士の国のポルノ映画は洋ピン興亡史における役割をあっけなく終える。フォード自身はイタリアで仕事をし、［蘭の館］(＊)【83年】などがある。

（＊）タイトルは患者をあらゆる抑圧から解放し、セックスを満喫させる治療院のこと。アメリカ資本が入っている海外向けポルノ。ロッサナ・ポデスタが出ている。イタリアの批評に「あけっぴろげな裸体と様々な性交を提供するためだけの映画で、このクリニックに本気で予約することはない」とある（V『誘惑の香り』）。

情炎のエーゲ海

それまで地味目だったギリシアのセックス映画も変容を遂げた。六〇年代の暗くシリアスなムードが一変、淫臭ムンムンたる愛欲と情欲の世界が展開したのである。本数も少なく、特段に話題にもならず、女優も誰一人注目されなかったのは悲劇だが、ポルノ映画がヨーロッパに拡散していった証明にはなる。本項での四本はいずれもオミロス・エフストラティアディスの監督である。

『ザ・クライマックス』(70年=日本シネマ)は純朴な恋人に飽き足らず、島に遊びにきた金持ちグループのプレイボーイに夢中になった娘がアッサリ振られるまで。彼女の母は盲目にして唖者だったと記憶しているが、『欲望の沼』で殺される女中も唖者だったし、『春のめざめ』で、いたいけなクレオパトラ・ロータをレイプする牧人も同じ障害者ではなかったか。偶然にしても目立つ設定ではある。

以下三本は七三年公開。ヴァイオレンス調、人妻もの、青春版とヴァラエティに富んでいる。『淫欲強奪ホテル』は一千万ドル相当のダイヤをめぐる肉と血の争い。情夫をそそのかしてシンジケートからダイヤを横取りした安ホテルの女主人ベラは乗り込んできた組織の男たちを色仕掛けで仲間割れさせ、死に追いやる。海外へ飛ぼうとした二人は警官隊の一斉射撃で一巻の終わり。血が噴出する銃撃戦や乱闘の小道具に熱く焼けたアイロンが使われるなど残酷な見せ場がある《また肉体が欲しがっている！　昼は貴婦人、夜は娼婦》――実業家の妻エレアーナ(アンナ・フォンソウ)が夫への性的不満から夜な夜な厚化粧の娼婦に化けて欲望を満足させていく『淫情妻』の設定は、ドイツがI・チューリンを大使夫人役にアテネにロケした『恍惚』(66年・G)さながら。セックス場面は濃厚で相当えげつない。幼女時代にレイプされたヒロインのトラウマの心理描写が脆弱なのが惜しい。

閉鎖的な村の暮らしに嫌気がさしたカップルが駅舎の金を奪って警察に追われながらアテネに向かうまでの道中もの『ヤングポルノ　性感地獄』は、ジゼラ・ダリやA・フォンソウ共演で、レズ、ホモ、変態プレイなどが展開。憧れの大都会を目前に検問所を突破しようと別々のルートを選んだ彼らに待つ永遠の別れ……。

『多情な女』の製作&監督コンビによる『わたしを女にして』(72年)は、海綿(スポンジの原料となる微細な海洋生物)採りの若者二人が未亡人船主の娘ダイアン(エリ・フォティア)をめぐって争うもの。邦題は海外用の英題直訳で、ポルノとして扱われたが、一般映画。男を寄せ付けない未亡人の信条から、ダイアンの姉たちが近親レズに耽る場面がある。

ギリシアポルノは七〇年代末で終焉するのだが、ギラギラした強烈なエロとバイオレンスに満ちた作品も登場してくる。

イタリアの不作は続く

イタリアでは七〇年代に入って成人映画が何本も興収ベスト・テンにランクされている。ただ、それらは一流の監督、脚本家、俳優によるお色気現代劇とか、陽気な売春婦やカサノヴァのような好色男の行状記で、日本の興行者からは敬遠される内容だ。おそらく英語圏でも同じだろう。これは時にかしましいとも思える言語だけが要因でなく、文化、国民性の違いによる。そんな中で、西部劇の脚本を書きまくっていたフェルナンド・ディ・レオの監督作品が二本入荷した(共に70年・本国でも成人指定)。

『ゲバルトSEX』は世界的にスチューデント・パワーが吹き荒れた時代の産物。学生運動に参加していたカルロが社長令嬢との交際を断り、その社長の秘書（実は愛人）アンナ（ニエヴェス・ナヴァロ＝スーザン・スコット名義）との愛を貫こうとするも結局はビジネス社会で生きていく決心をするまで。セックス・シーンは当然あって、ポルノとして宣伝されたのは仕方がないけれど、ドラマは存外まともで、十分鑑賞に堪えるものだった。アンナがカルロの将来を思い、潔く身を引くのもいい。主人公はヒヨッたとは思わない。社会の荒波の中に出たら青春の夢や理想などどこかに吹き飛んで当然で、カルロの選択は正しかった。

『恍惚の唇』は倦怠期を迎えた人妻クララ（フランソワーズ・プレヴォー）が青春を謳歌している若者とリゾート地で関係する。不倫の情交におののく人妻と、単なる遊びとしか思っていない若者との心のすれ違い――そのコントラストを描こうとしたのだとしても、後悔したクララが死を選ぶのは短絡に過ぎるし、大体古臭い。時代も設定も違うが、映画会社の重役夫人が旅に出て浮気を楽しみ、輪姦されたのにも懲りるどころか、また男漁りに出る『欲求マダム　SEX行状記』（72年・米）のバーバラ・キャロンとは大変な違いだ。訪れた夫が助けようと思えば助けられた妻を見殺しにするラストも不可解だ。

ディ・レオの名誉のために書き加えておけば、本国における興収二十位（一九六九年）は大健闘だ。プレヴォーはフランスの女優で、当時四十歳だったが、熟れきったヌードを見せる。母親《マンマ》離れが遅いイタリア人男性は年増好みと聞いているから、ヒットしたのはこのおかげ（？）。

この国が得意とする残酷趣向にセックスをまぶし、血と肉の大饗宴を繰り広げる映画を送り込んでくるのはもう少し先になる。

大輪の妖花イザベル・サルリ

アメリカのS・ケリー、フランスのS・ジュリアン、スウェーデンのM・フォルサなど、各国の代表的な女優が登場したところで、南米はアルゼンチンに目を向ける。そこに咲いた大輪の妖花がイザベル・サルリ。いかにもラテン系といった美貌にグラマラスな肉体は断然人目を惹くものだった。何よりポスター映えがした。

一九七一年から七四年までの四本は、ことごとく淫乱多情な役どころだった。その第一弾『先天性欲情魔』(71年)は、精神科医が先天性色情狂と診断する女に扮したのだからどんな展開になるか書くまでもない。確かドクターの「トシと共に自然に治癒します」といった台詞があったが(笑)、男漁りの果てに最後は断崖から身を投げるのは意外だった。以後、しばらく《先天性××》といった言葉が流行《はや》った。この奇抜なタイトルは配給会社(MGM)の井関雅夫という宣伝部長自らの命題という。

競走馬を何頭も所有する資産家の妻に扮した『獣欲魔』(72年)では馬の交尾を見ては興奮し、巨根願望に取り憑かれて男を求めていく物語。その行状に夫は自殺、巨根の情人は彼女の猛烈な欲求に心臓麻痺を起こして頓死する(さもあらん)。さらに、弁護士や獣医とも……。動物同士の性交はOKという税関と映倫の見解から納屋での交尾シーンがある。邦題もそうだが、サルリと馬が配されたポスターは獣姦を連想させる意味ありげな仕様になっていた。

『獣欲魔　地獄責め』（74年）は傲慢な大富豪の妻に無理矢理させられたストリッパーが長男や牧童たちを利用して復讐する内容。裸にされたサルリが鞭打たれるSMまがいの場面がある（共にコロンビア映画）。ポルノには縁遠いメジャーの日本支社も思い切った命題をしたものだ。

『水中悶絶狂乱』（74年＝NCC）とはまたずいぶん具体的な題名だが、これは甲斐性なしのダメ男から逃げ出した女と、彼女を匿う大地主のセックス場面がプールや川になっているからだ。どれもこれも似たような物語だが、観客の目的は入荷の少ないアルゼンチン映画への関心より、主演女優の裸にあった。その期待にサルリは十分応えた。淫情高まるや、自らムンズと掴んで揉みしだく両の巨大な乳房。水浴場面は定番のように用意されていた。

サルリはこれらの前に『裸の誘惑』（67年・G）で『女体蟻地獄』以来、五年ぶりの再登場を果たしていた。アマゾン奥地の川辺で葦刈をしている労働者たちの飯場に流れ着いた女をめぐる愛欲もの。男たちが彼女の水浴を覗きながら、あれこれ感想を漏らすのには笑ったが、やがて情欲に狂った彼らの殺し合いが始まる。ノートに「サルリはすぐ全裸になるのはいいが、さして緊張感もないモノクロのダラダラ劇だった。生き残った男が発狂するのがわからない」とあった（一九六七年＝於・新宿地球座）。

全部アルマンド・ボーの監督で、『獣欲魔』まですべてに出演して、サルリの肉体を愛でている。一九一四年生まれで、もともと俳優だった。生涯監督作品四十本余中、［淫らな女神］【63年】［熱帯のエクスタシー」【69年】など二十数本がサルリ主演作。演出の力量不足は否めないが、長く監督業を続けられたのは二十歳も若い女優を妻としたからこそ。

先に述べた『女体蟻地獄』騒ぎで撮影には苦労したらしい。ボーは最初、スタッフを引き連れて人里離れた辺境の田舎にロケしていたが、やがて国内で映画が作れなくなり、ブラジルやパラグアイなどで撮影しなければならなくなった。そうしたなかでも、サルリの映画は南米各地やメキシコでヒットし、アメリカでもヒスパニック系が多いエリアで評判になり、メジャーが配給権を得るまでになったのである。

夫妻は一九七四年に作品の売り込みのため秘かに来日したが、商談はまとまらなかった。七九年にはサルリが豪華客船で世界周遊中、横浜港に立ち寄った。極端なマスコミ嫌いとかで、これも秘密裡だったから数人の関係者しか会っていない。ボーは一九八一年に死亡。サルリは事実上引退した。夫との最後の作品は「大胆な未亡人」【80年】。

ニューセレクト映画
カラー作品■成人映画
STRANGE HER ADAM OR EVE
性転換の神秘
ストレンジャー
オ・ウォルマン
ェルナンデス■特別出演／鷲海正平〈医学博士〉／カルーセル麻紀
性転換臨床
実験レポート
カラー作品
成人映画
PORNOGRAPHY PROSTITUTION USA
界密室性欲史
完全なる密室、カメラがのぞく各国W・Cの中のうごめき！
安心感と解放感が女を大胆にする性の裏面史！
大なる男と
バタフライズ
●カラー作品●
《成人映画》
マリー・フォルサのソコが壊われる！
西ドイツ映画／カラー作品／成人映
人妻SEX3
悶絶夫人
HAUSFRAUEN REPORT
東映洋画 ▶スタッフ◀
監督…エーベル・ハルト・シュレ
脚本……………………W・P・ツィ
撮影……………………クラウス・ヴェ
▶キャスト
ドリス・マリ
レナ・ガー
ヘンドリック・
Schulmädchen-Report
女子学生㊙レポート
欲情する娘
愛する人に犯されて女になったスージー
めぐりあった美貌の闘牛士と
つかの間のしあわせが過ぎ…
又、一人ぼっちになってしまった
ラストタンゴ・イン
THE LAST TANGO IN ACAPULCO
〈カラー作品〉成人映画
ベッキー・シャープ
アカプルコ

第三章　一九七五年の連鎖　（一九七五〜七九年・ＰＡＲＴ１）

成人指定は二二一本。とりわけ、劈頭の一九七五（昭和五十）年は洋ピン史にとって極めて重要な年として位置づけられる。『エマニエル夫人』『ディープ・スロート』『ナチ女収容所　悪魔の生体実験』がいずれも大ヒット。それはエポック・メーキングとして留まらず、様々な連鎖反応を引き起こし、結果として洋ピン史も色鮮やかに彩られることになったからだ。

（1）『エマニエル夫人』の衝撃

エマニエル登場

一九七四年十二月から正月映画として封切られたフランス映画『エマニエル夫人』（Ｇ）は十五億六千万円の配収を記録した（一九七五年度配収三位）。配給したヘラルド映画の社長は最初話があったとき、監督が『リュイ』『ヴォーグ』といったファッション誌のカメラマンで、しかも少しエロがかった映画と聞いて不安だったらしいが「主役がたいへん美しいファッション・モデルというので、これはいいなと思った」(前掲『永遠の青春　古川勝巳』)と、それくらいの軽い気持ちで買った作品がバカ当たりするのだから映画というものはわからない(通説では買い値は三千万円)。

劇場映画第一作となるジュスト・ジェーキンの演出自体は別段どうということもないが、キャリアがキャリアだから、その映像美の見事さは並々ならぬものだった。何より、若妻に扮したシルヴィア・クリステルが初々しくも美しく(オランダ生まれ)、最初は性にオズオズしながらも、やがて官能と悦楽に酔い痴れていくサマがよかった。このヒットによって生まれたファッション・ポルノという語彙は多分に宣伝面での戦略もあるけれど、確実に女性客の動員に繋がった。東京では日比谷みゆき座をRSのメイン館にしたのも大きい。今はシネコンだらけだが、その頃の映画館にはそれぞれ《顔》があって、みゆき座は女性客が安心して(?)入れる雰囲気があった。『沈黙』の配収のうち、五千万円はあのコヤで稼いだのである。

『エマニエル夫人』は夫以外の男性の誘惑に戸惑い、揺らめき、やがて崩れて官能と恍惚の虜となる既婚女性の行為をあたかも肯定するような社会的雰囲気——エマニエル現象とでも呼ぶべき一種の心的ムーヴメントさえ醸し出した。それは甘いオブラートで包まれたような不倫への誘いであり愉悦であり、おそらく未婚女性の胸もブラジャーの下で妖しいように疼いたのではないか。

本国では七四年七月に公開され、一年以上の超ロング・ラン。七五年のポルノ映画(ハードコア)

解禁と外国ポルノの輸入自由化の引き金になった。人妻の浮気物語やセックス行状記は過去にもあるが、これほど話題になり、興行的にも突出した作品はない。これは音楽の効果や撮影の技法を含め、エロチシズム描写には昔から定評あるフランス映画の産物だからであり、端的に言えば、主演者の魅力に尽きる。

国内では一九七四年から七五年にかけてポルノ映画ブームを引き起こした。この期間だけで百本以上が製作されたという。わが国への入荷は七〇年からの五年間で二十本にも満たなかったが、七五年からの五年間に四十五本になった。エマニエル効果に他ならない。買い付け時期の関係でソフトポルノも若干見られたものの、ほとんどの作品がハードポルノで、アメリカ並みにスペルマ描写が頻繁にあった。アナルセックスも少ないながら描かれている。

審査(レイティング)は国立映画センター(CNC)が行ない、成人映画(X映画=アメリカ表記を踏襲)の興行には文化・情報省の検査証と同大臣の交付書を必要とした。新しく輩出した監督たちと作品を何本か記す。

新フランス派の台頭

フレデリック・ランサック(クロード・ミィロの変名)の二本。『しゃべる○○○・プッシートーク』(75年=前サブが原題"Le sexe qui parle"の直訳)は、意表を突いたと言うべきか、アホ臭いと言うべきか、女性のアソコがしゃべりだす奇想天外な物語。原因は少女時代のトラウマがあって——

と、一応理屈をつけているが、納得できるわけがなく、また無理に納得することもない。本国ではソコから発せられる台詞に館内爆笑しきりだったというから、そこが狙いなのだろう。後年、『一九三四年冬――乱歩』（久世光彦）の作中作『梔子姫《くちなしひめ》』に接し、世の中には同じ発想を持つ人がいるものだと感じ入った。本国にパート2がある【78年】。

『スーパーアブノーマル』（79年）も一風変わっていた。謎の女が自殺願望のある三人の女に近づき、望み通りの死へ誘う。オナニー狂いは股間に挟んだダイナマイトで爆死、強姦願望女は一度に五人のペニスを咥えて窒息死、最後の女は《勃ちっぱなしの絶倫男》の猛攻に昇天。婆さんになった謎の女が彼女らの墓前で自慰《オナ》る摩訶不思議なラスト。奇才と評したい。一九四二年生まれで、都合二十一本ある。

ジェラール・キコワーヌは一九四六年生まれ。ようやく出てきた戦後生まれだ。S（サシャ）・ルダンコの変名で撮った『変態夫婦セックス』（78年）は三〇年代のパリを背景に、マゾ趣味の侯爵夫妻が徹底的に嬲られる。侯爵は貴婦人の前で犬になり、ドッグ・フードまで食べる。妻のソランジュ（ブリジット・ラーエ）はメイドに《格下げ》になって、さんざんコキ使われて被虐の快感に恍惚となる。責め手のなかに盲目のアコーディオン奏者がいて異彩を放ち、ソランジュの秘所に突っ込んだモツの試食会もある。演出も最後までダレることなく、飽きさせなかった佳作。ドラマがしっかりしていれば、ボカシなんか気にならない。日本初登場作品『ブルーSEX　看護婦欲情』（79年）には遺産狙いの連中に雇われるナイチンゲールが出てくる。その使命は余命幾許もない病人をセックスで文字通りあの世へイカせることで、彼女の名はフランス語で「天使」を意味するアンジュ（Ange）だから人を食っている。都合三十八本。

ランジェリー・マニアには喜ばれそうだが、ドラマはかったるい『下着売り場の女　変熟』（76年）で登場したジョン・トーマスはセルジュ・コルベールの変名（一九三六年生まれ）。テレビからスタート。劇場映画には「オーケストラの男」[*1]【69年】、「ウルスルとグリュエル」[*2]【74年】がある。ポルノに転じたのは一九七五年。『ウルトラSEX　絶叫』（78年）は『ある愛の詩』（71年・米）のフレンチポルノ版。カップルが知り合うのが図書館、二人だけの挙式、白血病のネタも一緒（診断にはドンデン返しがある）。十本ほど撮ってテレビに復帰した。ドイツのイリヤ・フォン・アヌトロフの例を見ているが、いったん、ポルノの世界に身を投じると難しいと言われる転身や元のフィールドへのカムバックを果たした数少ない監督の一人。

クロード・ピエルソンは一九三〇年パリ生まれ。女子高校生（フランソワーズ・ベッカリー＝クローディーヌの実妹）が不感症の設定で、行為中に口笛なんか吹くものだから激怒した男と仲間たちにフクロ叩きにされるのも無理はない『ハードSEX　激しい唇』（77年）。大女優、その情人、金策に懸命なプロデューサー、女優志願の女というキャラクター設定が面白い『ザ・ポルノ激情の牝犬』（79年）――肛門性交で女優が泣き叫ぶのは演技と見えなかった。背景にカンヌ映画祭があって、『ラスト・ワルツ』『ピンクパンサー4』の看板が見えた。他に夫が早漏という夫婦もの『乱熟マダム』（78年）など。アンドレ・マルシャン名義による『変態家族』（75年）などを入れると七本が公開された。

この監督には際立った演出があるわけでないから、こちらもノンビリ構える必要がある。それが時に退屈さを呼ぶが、これはおそらく彼のスタイルなのだろう。本国では六十本も作っている多作派だ。ANは別にポール・マーティン、キャロライン・ジョイスなど。夢のなかのセックスが現実になる凝った内容の『満たされた欲情』(79年)のビュール・トランバレ(クロード・ベルナール・オーベル)も初登場組だ。


(＊1)ルイ・ド・ヒュネス主演の音楽コメディ。

(＊2)フランスではトップクラスのアニー・ジラルドと渋い脇役で鳴らしたベルナール・フレッソン共演のコメディ。

フレンチ料理を召しあがれ

素材、ドラマに見るべきものがあった諸作は――アフリカのサバンナを背景にした『欲情サファリ ストロングSEX』(77年)。サファリのガイドと変態の夫を持つ人妻の恋物語で、現地人たちの原始的で荒々しい新婚の儀式や絶倫呪術師の登場が興趣を増した。『色情狂の女』の老練、ロジェの遺作である。

アメリカポルノ顔負けの白濁液の大洪水『変態ラブ・ホテル　のぞき』(79年＝パトリック・オーバン)は客たちの嬌態満載。それを経営者がマジック・ミラー越しに覗き、カメラやビデオに収めるばかりか、がまんできなくなってシコシコやりだす。妻のレズを旦那が覗く場面に《同席》し、二人揃ってシコシコやりだし、「ア〜ウ〜」と呻き始め、同時に放出するのには館内大爆笑。俳優が大真面目にやっているのがいい。オーバンはジャン＝クロード・ロイの変名(一九三三年生まれ)で、都合四十八本。多くは八〇年代に公開される。

『牝犬の欲情』(78年＝ラズロ・レナート)は船員ヤンが行方不明になった恋人レナを探す内に遭遇するセックスプレイの数々。見ものはC＆F・ベッカリー姉妹のレズとジャングル・パーティなる大乱交。ラスト、ヤンとレネの駅舎でのすれ違いは印象的だった。

ドラマがよくできていたのは車椅子の身の男の後妻(クリスティーナ・シャノワーヌ)が先妻の息子と関係する『アニマルテクニック』(78年＝アラン・ノーロイ)。夫はわざと交通事故を起こして運転していた執事を道連れにする。これは若い二人の将来を思ってのことであり、同時に妻を狙っていた執事を始末するためとわかる。衝突音と絶頂の声がダブっての終幕である。

前章で名前を出した監督と主な作品は——。

ジャン＝フランソワ・ダヴィ——一九四五年生まれ。C・ベッカリーの半生をインタビューと、そのセックスぶりで見せた『露出　エキジビション』(76年)はハードコアとして本国でヒットしたが【75年】、わが国では《露出》など望むべくもない。連作「エキジビション2」【78年】(上映＆輸出禁止措置)、「エキジビション79」【79年】がある。売春婦へのインタビューや、安ホテルでの仕事ぶりを描いた『ブルーSEX　売春』(79年)は、この国のドキュメンタリー作りの未熟さを忠実に引き継いでいた。たまに長髪髭面で出演もした。

ジャック・アンジェル——一九三四年生まれ。本名エディ・マタロン。『ハードポルノ　悶絶女狼』(78年)はヒッチハイクの二人の女が逗留した屋敷でのセックス行状記。ベッド・シーンはうまいが、物語は間延びしている。『激情の女　ダブルSEX』[＊1](78年)は平凡な夫婦ものだった。

ジョルジュ・フルーリー——一九三一年生まれ。本名ジャン・デスヴィル。『ブルーSEX　歓ぶ女』(77年)は、精力絶倫で漁色ぶりを発揮する夫が性に未熟な妻にセックス訓練を施す夫婦もの。単純なストーリーを豊富な趣向で繋いでいく手法は悪くなかった。会社の上司が出張を利用して部下の妻を狙う『ブルーポルノ獣色』(79年)は冗長。七八年に業界を去る。

ジャン＝マリー・パラルディ——一九四〇年生まれ。『高級売春75』(75年)はノーベル賞を受賞した大科学者が、のどかな田舎の森林地帯を一大売春基地に仕立てようとするふざけた話だった。樵《きこり》たちと女たちのおおらかなセックスが描かれ、噂を聞きつけた警官隊まで乗り込んできての大騒ぎ。売春婦に化けた婦警役ウィルケ・フォン・マリルロイ[＊2]が好ましかった。

彼らに先行していたM・ペカスは『売春夫人　淫美な悦しみ』(75年)と『好色スロート夫人　白昼の欲情』(76年)で健在ぶりを示した。前者は男が売春マンションに恋人を発見して激怒するも縒りを戻すまで。巻中、客たちが身分を変えて小芝居のように振る舞うのは一種の変身願望だろう。秘密クラブで男たちが仮面をつけ、十字軍の騎士の扮装をするところなどはフランスものらしい贅沢さだ。アメリカポルノは衣装すら用意できまい。

後者は保養地のホテルで新婚カップルに刺激された《お金があってヒマばかり》の人妻がセックス

にのめり込んでいく。回想や幻想シーンで周囲の人間たちが人形と化している演出は新しく輩出した監督たちとは一味違うところだ。

（＊1）撮影監督ジェローム・バルタールはアラン・ドロンの『フリック・ストーリー』（75年）や『ル・ジタン』（76年）があるジャン＝ジャック・タルベの変名。他にピエルソンの夫婦もの『乱熟マダム』（78年）などを担当。
（＊2）一九四四年、オランダ生まれ。俳優兼任のパラルディ作品にはエロコメ西部劇［ＯＱ牧場の決闘］【74年】など五本に出演。所謂ポルノ女優ではない。マダム然とした風情がいい。

女優の存在

フランスポルノは圧倒的に夫婦ものが多い。倦怠期あるいはセックス観の違いから波風が立ち、亭主の仕事過多や不能から妻の浮気が始まるが、結局は元の鞘に収まるというパターンの連続だ。多分に道徳的なのである。主人公たちが（男も女も）あれこれ悩み過ぎるのも古いと言えば古いが、これはジェンダーフリーの風潮がある現代の目から見ての感想で、まだそんな作劇法が通用していたのだろう。

男性も女性も大体がエレガントで、シックな装いで登場する。ラフなジャンパーやジーンズ姿の粗野な遊び人みたいな連中や、蓮っ葉のヤング・ガールや、ときにくたびれたような中年女優が出てくるアメリカものと大変な違いだ。イメージだけだが、パリとニューヨークの違いでもあるかもしれない。緑したたる田園地帯や田舎の城館《シャトー》、年代物の立派な家具調度類が並ぶ居間や寝室——これもアメリカポルノにはないものだ。ロケもセットも一般映画と比較して遜色ない。少なくともそこらで撮影されてはいない。ドイツ同様、それなりに金も時間もかけている。

ただ、わが国で興行的に弱かったのはストーリーが平版だからだ。ポルノに波瀾万丈のドラマなど求めはしないが、結果として盛り上がりに欠け、それが冗長になる。退屈とか、つまらないのではない。テンポがのろいのだ。

それを何とか救っているのが女優たちの美しさだ。『アニマルテクニック』のC・シャノワーヌは抜群によかった。フランスのポルノにはこういうハッとするような美女が何気なく登場するからパスできない。それが倦怠期を迎えた夫婦もの『過剰セックス』(78年＝J・トーマス)では脇に回り、ヒロインのレズの相手役をこなしただけだ。本国ではたった四本で消えている。『HARD LOVE　性欲魔』(79年)に出ていたロール・コトローだけで美少女ポルノの二本や三本すぐ作れそうだ。

ジャニーヌ・レイノーは『悶絶！　アニマルレディ』(77年＝ダニエル・ダカール)で久しぶりに登場。浮気ばかりしている旦那に愛想を尽かし、N・ツァイガーをレズに誘うのはいいが、彼女を旦那に与えるのがわからない。M・ルモワーヌとの『性臭めすカマキリ』より一年前に作られた古物のソフトポルノで、アドに「ジャニーヌ・レイノー15歳」とあったのにはひっくり返った。

この頃、名の通った女優はC・ベッカリー、B・ラーエ、エリカ・クールくらいだろうが、S・ジュリアンほどの知名度はない。配給会社も女優をセールス・ポイントにしなかった。カティ・ストゥワルト、エマニエル・パレッツ、マルティーヌ・グリモーらを省略したのは脇役が主だからというより、顔がすぐ浮かぶまいとの判断からだ。変名使用も多々見られるが、これはこの国に限ったことではない。

ポルノ・ブームは一九七六年には早くも下火になっていた。七五年十一月、政府の方針がコロッと変わり、ハードポルノへの規制が強まったからである。上映館は限定され、一般映画館より高い通常の二倍の入場税が課せられ、おまけに館主は興収の二〇パーセントの国庫納入が義務付けられた。それでも中・高年の固定客がいて集客はあったし、経営に支障はきたさなかったようだ。製作本数が減っていくのは仕方がないが、ジャンルとして定着し、さらに新しい人材も生まれてくる。

偽エマニエルが誕生する

『エマニエル夫人』は多くの私生児を産んだ。父親は多くがイタリア人だった。すなわち、亜流物真似映画王国が製作した"serie apocrifa di Emanuelle"(偽エマニエル・シリーズ)である。

アダルベルト・アルベルティーニ監督の『愛のエマニエル』(76年)の原題は「黒いエマニエル」。褐色のフォト・ジャーナリスト、メイ・ジョーダン――通称エマニエル(ラウラ・ジェムサー)が取材で訪れたナイロビで白人の男女や現地人からセックスの洗礼を受けていくものだが、物語はつまらない。現地ロケでキリマンジャロやゲディ遺跡、民族舞踊、自然公園などが紹介されるのはお約束の観光案内で、眼目は連続するヒロインのヌードとセックス場面であることは言うまでもないが、夜行列車のなかでサッカーチームのガキどもの性欲処理を一手に引き受けるシーンは明らかにやり過ぎだ。観客へのサービスか見せ場のつもりだろうが、必然性がない。

ラスト、去って行くときの「私には新しい世界が待っている」「愛はまだ十分じゃない。別の仕事、別の生活の始まりよ」(字幕)といった台詞も取ってつけたようで説得力がない。脚本もおざなりなうえ、それまでのセックスを通して新しい人生をめざそうと吐露するほどの演出がなされていないからだ。「セックスはまだ十分じゃない」がホンネだろうが、この世にはタテマエということもある。

それまでジェムサーは『続エマニエル夫人』にマッサージ嬢役で出ただけで、本作は配給会社が修整を施し、一般映画にしたのも裏目に出て、興行は一週間で打ち切りとなった。ただ、彼女自身はもともとモデルだから演技力は割り引くにしても、インドネシア生まれという顔立ちは妙に糸を引くタイプとして印象を残した。スクリーンの世界には大半の人は忘れても、その面影が消えることがないタイプの女優がいるのである。

同じエマニエルでも職業を与えて役柄を変え、肌の色も違う女優を起用したのはアルベルティーニのひと捻り。これならどこからも文句はこない。キャラクターのパクリは『三人のスーパーマン』【67年】がある前科持ちだ。それに、「こっちが元祖さ」とは誰も言ってないようだが、この国にはとっくに『私はエマニエル』(*1)【69年】がある。

本国では一九七五年十一月に封切られ、同年度興行収入十六位に入った(18禁映画トップ)。日本とはえらい違いで、イタリアの観客にはアングロサクソンやラテン系にはないエキゾチックな容貌

――ズバリ言って、男をそそる好色顔と均整のとれた褐色のヌードが新鮮に映じたものらしい。これはシリーズものになり、ジェムサーはたちまち売れっ子になった。一作目でエマニエル歓迎パーティの席上、酔っ払ったスコットランド人を演じて以来、常連となったガブリエレ・ティンティ(*2)とは七六年に結婚した。

(*1)グラツィエラ・デ・ペトローニの短編小説からチェーザレ・カネヴァリが脚色・監督。夫と別れて複数の男たちと関係を持ったエマニエル(エリカ・ブラン)が不慮の死を遂げるまで。
(*2)五〇年代からの俳優で専ら現代劇に出ていた。一九九一年死亡。

マカロニ・エマニエル

以後続々と作られた偽エマニエル映画を挙げる。ジェムサーが世界各地で取材がてら性体験をするジャーナリストの役柄を踏襲している主演作は、バンコクでの乱交やレイプがある「黒いエマニエル　オリエント・ルポルタージュ」【75年】、NYからヴェネツィアまで飛び、スナッフ・フィルム挿入まである「アメリカのエマニエル」【76年】、世界的な売春組織を追う「エマニエル・なぜ女性虐待を?」【77年】、アマゾン奥地での残酷編「エマニエルと最後の人食い族」【77年】(『猟奇変態地獄』82年＝後述)。原題に名は出ていない「売春への道」【78年】も売春ルートを追う内容。すべてアリスティーデ・マッサッチェージが監督した。

ジュゼッペ・ヴァリ監督「修道女エマニエル」(*1)【77年】は、一生を神に捧げんと決意して(!)修道院に入ったエマニエルと、寄宿している品行よろしからぬ娘の確執ドラマ。ここに脱獄犯が逃げ込んで、エマニエルの淫蕩の血が騒ぐ。この間、ギリシアとキプロスの合作――エマニエルが束縛から逃れようと夫を殺すため雇った殺し屋から脅迫され、純真な継娘までピンチに陥る「サドの女王エマニエル」[＊2]【76年】にも主演。監督はイリアス・ミロナコス。

ブルーノ・マッテイ監督の「エマニエルとポルノの夜」【78年】は自身の「世界ポルノナイト」【77年】と、マッサッチェージの第二部【78年】――共に世界の歓楽地を紹介したかつての夜ものの焼き直し――を再編集、ジェムサーを案内人に仕立てた。こういう寄せ集め映画をグァッツァブーリョ(guazzabuglio ＝ゴタ混ぜ)という。新作と見せかけるのも商売だ。

ジェムサーをマッサッチェージに拉致された格好のアルベルティーニは、やむなくシャロン・レスリー(シュラミス・ラズリ)を起用し、「黒いエマニエル・第二部」【76年】を作った。精神分析医が記憶喪失に陥ったエマニエルの深層に潜むトラウマを分析しようと問診を繰り返す内に彼女のセックス体験が描かれていく趣向。翌年「黄色いエマニエル」[＊3]まで放っている。

マリオ・ピンツァンティ監督の「エマニエル　白・黒」【76年】は南北戦争前のアメリカ南部(ルイジアナ?)の奴隷農場が背景。大農場主の高慢で冷酷な娘エマニエル(マリサ・ロンゴ)がフィアンセと黒人奴隷娘の関係を知って、嫉妬から虐待。エロチシズムとサディズムをまぶしている。この監督は同時期に自国の大製作者ディノ・D・ラウレンティスが作った『マンディンゴ』(75年)から図々しくも「マンディンガ」(Mandingo の女性形)も発表している【76年】。「エマニエル　白・黒」は、言わばそのポルノ版。俳優は違うが、製作会社も背景も同じ。これを一石二鳥（イタリアでは「麦一粒で小鳩二羽」）という。

マッサッチェージの「エマニエルとフランソワーズ」【75年】は妹を自殺に追い込んだカルロ（ジョージ・イーストマン＝ルイジ・モンテフィオリ）に姉のエマニエル（ローズマリー・リンド）が報復せんと地下室に監禁。虐待拷問、セックスまで見せつける。ギリシア映画の項で記したパクリ映画がこれ。『愛のエマニエル』より早く封切られたが、興収は月とスッポン。

何もエマニエルでなくてもよさそうな映画が多いが、このタイトルでどこかの国の配給会社が買ってくれれば儲けもの。事実、商売上手なイタリアはこれら以外の映画にも「エマニエル」を組み入れた別題で海外に発売した場合が少なくない。輸入した外国映画も同じで、例えば日本では『シビルの部屋』（G）と命題されたフランス映画"Nea"は「エマニエルへの手紙」に化けた。

これらの諸作でアルベルティィーニはアルバート・トーマスの、マッサッチェージはジョー・ダマトの、マッテイはジミー・マシューズの変名――プセウドーニモ（pseudonimo）を使った（以下PNと略）。本来は輸出用（英語版＝アメリカ映画に見せかけるため）に使われたのだが、ポルノの場合は何かと差し障りや体面もあったのだろう。俳優もしばしば使っているのはテレフィルム（テレビ映画）の仕事がこなくなる懸念もあったからだ。ちなみに、アルベルティィーニのPNには他にアル・アルバート、スタンレー・ミッチェル、アルバート・J・ウォーカー、ベン・ノーマンがある。他の二人に至ってはこんなものではない。

（＊1）Ｖ『シスター・インモラル 背徳の讃美歌』（ＰＮ＝ジョゼフ・ウォーレン）。
（＊2）Ｖ『エマニエルその愛 いばらの日々』。共演はＧ・ティンティ、アメリカ俳優ゴードン・ミッチェル。
（＊3）［エミィ・ウォンの官能の世界］【77年】の英語圏発売用タイトルの一つ。香港の女医（チャイ・リー）と事故で入院したイギリス人パイロットの物語。やがてポルノ国会議員で売り出す前のチチョリーナが出ている。

シルヴィア・エマニエル

その後もエマニエルものは数えきれないほど作られたが、このキャラクターは永遠にシルヴィア・クリステルのものである。彼女をＧＩ級のオープン馬とすれば、後続したあまたの女優たちは未勝利馬みたいなものだ。世に魅惑的な女優は数えきれないが、誰が一番「美しい」か、と問われれば躊躇なく彼女を挙げる。

娼婦役だった『夜明けのマルジュ』（76年）ではヌードも見せるけれど、ゴンクール賞受賞の小説の映画化ということから文芸ロマン調で売られたのが失敗で、そもそも演技者として未熟な彼女には無理な役である。物語もおよそ退屈極まるもので、ＲＳは二週で打ち切られた。文芸調で売ることと自体は悪くないし、日本の配給会社の得意とするところだが、原作者の知名度もなく、大体ゴンクール賞など、わが国の映画興行に何ほどのことはない。配給元は口落ちのＳＴチェーン公開の際に一転、文芸もクソもないベタベタのポルノ映画として扱った（＊）。これをあとの祭りという。

シルヴィア・クリステルは生涯エマニエルのイメージから脱却できなかった。幸か不幸か、エマニエル役がハマり過ぎた。そのイメージが強烈に過ぎた。だから、娼婦を演じようがスチュワーデスに扮しようが、そこにいるのはエマニエルなのである。これを両刃の剣という。女優として書いてきたが、正直なところ、そうは思っていない。映画で有名になったことは事実だが、演技者としては二流だろう。だが、その類まれな美しさは超一流であり、強く魅せられたことに変わりはない。
ロジェ・バディムは十九世紀のフランスの政変を背景にした人妻の不倫もの『華麗な関係』(77年)で彼女を実に美しく撮っていた。彼女を売り出したジュスト・ジェーキンはリメイク版『チャタレイ夫人の恋人』(82年)で、三十歳の女盛りの美貌と色香を画面いっぱいに捉えていた。反面、この女優は裸にならないと興行価値がないことも再確認させてくれた。『プライベイトレッスン』(81年)のようなつまらない映画も多々あるが、その後も年相応の美貌に痴呆のように見惚れていた(以上G)。二〇一三年、その死を知った。

(＊)《巨大なる男にむせび泣くシルビアの燃える肌!》《世界のトップSEX女優シルビア・クリステルがうるむ夜明けのハードポルノ!》(アドより)。いやはや。

(2)『ディープ・スロート』狂想曲

『ディープ・スロート』上陸

洋ピンの興行が定着すると、観客はボカシやカット、トリミングといった処理を当たり前と思い、どうせ肝心な箇所《ところ》は見えないという半ばあきらめの気持ちで接し、別に怒りもせず、まあこんなものかとちょいと舌打ちするくらいで映画館を出ていたのだが、それでもストーリーが面白かったり、好みの女優が出ていたりすれば、いくらかの慰めにはなったと思う。洋ピンの画面全体が何となくボヤけているのは現像所で修整用や字幕用にオリジナル・フィルムから二度、三度と複製ネガを作るからなのだが、皮肉なことにそれが妙なリアル感を与え、《ハードコア》の実態を表しているかのような印象を持つこともできたのである。

一方で、ある配給会社の元営業部長が述懐するに「(洋ピンの)商売をずっと続けられたのはボカシがあるからや(この人は関西育ちである)。全部見せたら、おまんまの食い上げでっせ。そら、解禁になったら最初はええやろけど、せいぜい半年かそこら(で飽きられるの)と違いますか」「出張(アメリカ)や保税(試写)でナマのシャシン見ますがな、あんなモン、日に四本も五本も見たら、アンタ、いいかげんゲンナリしまっせえ」——ゲンナリするくらい拝見したかったが、そんななか、名のみ知られていたジェラルド・ダミアーノの『ディープ・スロート』【72年】が公開された。

『ディープ・スロート』(以下略『DT』と表記する場合がある)についてはは知れわたっているので詳細は省くが、要はクリトリスが喉にある「世にも稀な障害を持った」(字幕より)女性リンダ(リンダ・ラヴレース)が、ソコに男性を受け入れて初めて快感を知るという物語。奇抜なアイディアには違いないが、ネタが割れたら、あとは《治療》してくれた精神科医ヤング(H・リームズ)が看護婦と、彼の助手となったヒロインが複数の男と絡むだけで、そこらのポルノと変わらない。

アメリカでヒットしたのはクリトリスが尋常ならざる場所にあるのを嘆くリンダに「ないよりま

しだ」とヤングが言うと、「ペニスが耳にあったらどうするの？」と返されたり、彼女を金で抱く男やもめが「支払いは大丈夫、年金があるから」と言ったりするやりとりが笑いを誘ったせいもあったからだろう。絶頂に達すると鐘が鳴り響き、ロケット発射のショットが挿入され、セックス場面に陽気な歌が流れるといった効果も大きい。アメリカの観客は、このコミカルな映画を屈託なくエンジョイできたのだ。

だが、そうしたダミアーノの演出も観客の反応もハードコアをナマのまま見られる国だからであり、すべからく《洋ピン》と化す日の丸ニッポンに住むわれわれはカルト映画とか政治的な映画とさえする評価をスンナリ受け入れるわけにはいかない。そんなに騒ぐほどの作品ではない、なに、ただのポルノではないかと淡々とした態度を取りたいところだが、半分くらい《自由の国》アメリカへのやっかみはある。ダミアーノはジェリー・ジェラルドとクレジットされ、珍妙なヘア・スタイルをしたオカマ役で登場する。

もともと、この映画は日本での上映は無理と言われていた。当初はニューヨークやサンフランシスコなどの大都市以外では上映禁止になっており、海外配給もポルノ解禁国たるスウェーデンとデンマークに留まっている。それを敢えて東映洋画が買い付けたのは新興の会社として業界にひと泡吹かせてやろうという意気込み、あるいは一か八かのギャンブル精神もあったろう。これもバックが東映という大会社であったればこそ。

輸入したのが海外向けのソフト版にせよ、それが税関を通過したことに既存の配給会社が驚いたのは東映が見せ場であるフェラチオシーン（七分間）を予めカットしていたからという。しかし、それ以外にもセックス場面は相当あるし、まともに上映できるのはたった十五分かせいぜい二十分。ウ〜ム、さすがはハードコアだと唸ってばかりいたら、もともと七十分ちょっとしかない映画のRS興行など不可能だ。

日本版『DT』の顛末

そこで窮余の一策、ダミアーノの『ミス・ジョーンズの背徳』【73年】を加えてPART1とし、ピンク映画の代表的監督だった向井寛に『DT』のカット分を《補塡》する作業を依頼し（場面のオリジナル・サウンドは生かされている）、これをPART2『喉の奥深く』とする二部構成にした。外人女性を使って追加撮影をして編集した向井寛は書いている。

「（ラヴレースの）横顔、頭髪、耳、乳房、足、手、背中などが似ている女性を七人集めた。中には米軍の下士官も含まれていた。それらの女性の部分の絵をモンタージュしていくのだ。何日徹夜しただろう。一時はギブ・アップしそうになったこともある」(＊1)。東映がダミアーノとエージェントの了解を得ての作業で、向井は一カ月かけて一時間のフィルムを撮影、各ショットを繋ぎ合わせて仕上げたのである。この東映版（「向井版」というべきか）の記憶はほとんど失せているのだが、修整はあるにしてもアメリカ発売のビデオのほうがまだ見られるのではないか。

向井寛の苦労はさておき、ストーリー的にはPART1のほうが奇妙で面白かった。――バス・

ルームで自殺したオールド・ミスが地獄行きになるまえ、生前思う存分果たせなかったセックスの快楽を味わう物語で、主演のジョージナ・スペルヴィンがH・リームズを相手にアナル・セックスまで披露して歓喜するサマをこれでもかと見せた。怪奇的な幻想ムードと、気味悪い蛇との戯れもこなした彼女の熱演は光る。これにも出演しているダミアーノによって語られる地獄の在り様は哲学的抽象的で、字幕だけではわからない。

それはそれとして、一億五千万円とも一億七千万円ともされる配収は作品の知名度と大宣伝ゆえである。この数字は確かに大きいが、そんじょそこらのポルノではなし、総原価も不明だからうっかりしたことは書けないけれど、収支決算での純益はさほどでもなかったのではないか。スポーツ紙、夕刊紙への出稿量は並みでなかった。向井の撮り下ろしと加工には二千万円かかったという。(＊2)本国では製作費が二万五千ドル、興収は五億ドルとも六億ドルともとされるが、出資者が悪名高いニューヨークのコーザ・ノストラの一つ、コロンボ一家のメンバーだったため、収益の大半は組織が吸い上げたともいい、ダミアーノ自身が大儲けしたわけではない。

さあれ、この大ヒットでダミアーノの名は広く知られるようになり、以後、作品が公開される度に配給元は《あの『ディープ・スロート』のダミアーノが……》云々の宣伝文句を繰り返した。本国ではJ・サルノの「ディープ・スロートⅡ』(＊3)【74年】など、複数の続編《シークエル》が作られたが、ダミアーノ自身には二組のカップルが性に飽くなき試みを挑む「ディープ・スロート12年後」【84年】があるだけだ。

連鎖は続く。商才にも長けた向井寛は東映側のプロデューサーと組んで『東京ディープスロート夫人』(75年)を製作、自らメガフォンを取った。クリトリスを喉に移植する怪手術を受けた人妻の復讐劇である。それだけではなく、東映がハリーを招いた『生贄の女たち』(78年)に企画者として名を連ねた。ハリーを《短小》にした設定は面白いが、コメディ仕立てにしたのが失敗で、山本晋也の演出も不発で面白くも何ともない。ハリーが芸達者なところを見せたのが救いだった。

イタリアにはグイド・ズルーリがアルバート・ムーアのPNで監督した「黒いディープ・スロート」【76年】があった。音楽を聴くと色情狂と化す黒人女ジャーナリスト、アジタ(アジタ・ウィルソン)のトラウマを婚約者や精神分析医が解明するまで。アジタは性転換したニューヨーク出身の《女優》。有名になったのはイタリアでのデビュー作「裸になった王女様」【75年】でタスラミアなる独裁国家の王女ミリアムに扮したからだった。

ミリアムはウガンダの《食人大統領》アミンの娘バガヤがモデルで、映画は彼女がミラノ空港トイレ内に男を引っ張り込んでセックスしたというスキャンダルを《再現》。チェーザレ・カネヴァリの、いかにもイタリアらしい際物映画で、《彼女》はこれ一本で売れっ子になり、スペインやフランス、ギリシアで都合四十五本。黒人はアメリカではポルノですらめったに主役になれないから、ヨーロッパに稼ぎ場を求めたのは正解だった。

ラヴレースの自伝から作られた『ラヴレース』(14年)は、ご本人より彼女をスカウトしたチャック・トレーナー[*4]と、ポルノ映画をしのぎにしている裏社会の存在に興味が持てた程度。実伝の意図はともかく、主演者に女優としての魅力がまったくない。演出も凡庸だ。『インサイド・ディープ・スロート』(05年)のようなドキュメンタリーもあるのは本作へのアメリカ人の関心の深さを示すものではあろうけれど、これもオリジナル版に接しての話。

一九七五年は洋ピン業界の節目の年でもあった。「アニマル・シリーズ」で当てたこともあるNCCが倒産したのである。小規模ながらこまめに稼いでいた会社の破綻はミリオンフィルムや東映洋画の参入で洋ピンがマーケットに氾濫状態となり、配収がダウンしたのが原因だ。映画人口の減少も考慮すべきだろうが、(＊5)結局は過当競争に巻き込まれたのだ。『ラ・スクムーン』(73年)買い付けの際、五千万円の手形詐欺に引っ掛かった失態もあり、負債はトータルで四億円という。配収と原価のバランス・シートが崩れると、こういう憂き目にあう。

現代映画は東和の東宝東和への社名変更と共に消滅。前年から一般映画配給にも乗り出していた東映洋画は『最後のブルース・リー　ドラゴンへの道』が七億円の大ヒットになり、ポルノ離れの契機になる。恵通＝ジョイパックグループも一般映画に手を広げた(第一回配給はピーター・フォンダ主演の『ダーティハンター』)。NCC倒産は翌年、負の連鎖反応を起こした。東京第一フィルムが同じ道をたどるのである。

(＊1)『別冊スクリーン』一九七七年六月臨時増刊号所収(要約)
(＊2)『報知新聞』(当時)による(一九七五年五月二十九日)
(＊3)看護婦ラヴレース担当の入院患者が握っているコンピューターの機密データを入手せんとFBIとKGBが暗躍するコ

メディ。院長にH・リームズ。
（＊4）『DT』のクレジットはプロダクション・マネージャー。ハワード・デイルの名でサルノの『セクシカ』など数本に端役で出ていた。
（＊5）全国映画館入場者数は七〇年二億五千万人、映画館三千二百館。七五年一億七千万人、二千四百館（『映画40年全記録』キネマ旬報社）。

閉じた『グリーンドア』

チャック・トレーナーがラヴレースの次に目をつけたマリリン・チェンバース[＊1]主演の『グリーンドア』（76年＝東京第一フィルム）は、『イブの復活』【74年】と『グリーンドアの中で……』【72年】の二部構成になっているが、そんなことはどうでもいい——と、いささか捨て鉢になるのは、カットが甚だし過ぎたからだ。スクリーンはやたらベタで覆われ、これは『DT』どころではない。覚えているのは黒人の精液が空中にスローモーションで飛ぶ場面だけ。とても有料の観客に提供できる代物ではない。義憤——というほどのことでもないが、試写を見て腹が立って仕方がなかった。

詮なきこととは承知しながら宣伝担当氏に「あのまま上映するのはちょっとひどいのでは」と苦言を呈すると、「ええ、まあ……」と口を濁した。思いは同じだったろうが、向こうも商売だし、『DT』の興収も頭にあったと思う。それに画面がベタだらけなのは彼が悪いのではない。最後は「料金は半額にしたら？」と冗談めかしたものの、素人なりに興行を危ぶんだものである。記憶ではマスコミ試写は一度しか行なわれなかったと思う。あれでは映画記者も書きようがあるまい。

同社は前年から業績が悪化し、出資を仰いだ東海観光の傘下に入っていた。『グリーンドア』は言わば起死回生の一発たるべき作品で、主演者と製作・監督のミッチェル・ブラザース[*2]（兄ジム、弟アーティ）を来日させ、話題作りに懸命となった。チェンバースは記者会見でパンティ一枚の姿に石鹸を塗りたくった《西洋泡踊り》を見せ、ミッチェル兄弟は賞金一千万円で新作の主演女優を募集するとブチあげたりもしたが、悪い予感ほど当たるのは世の習いでRSは二週。配収六千万円は総原価をはるかに下回る大コケとなった。結局、これが最後まで祟り、実績あった性医学もの『人工授精』（G）も失敗に終わり、事実上業務を停止。翌一九七七年五月に不渡りを出し、倒産した。

かつて『映画年鑑』（一九七三年版）に「ポルノ映画の道を開拓した老舗であること、宣伝部がしっかりしている信用で全国興行場のウケがよく、同業他社と比べてポルノに関してはブッキング数でNo.1の地位を占めている」とまで書かれた会社がこうなるのである。興行は水ものとはよく言ったもので、『エマニエル夫人』のように一発当たれば旨味もあるが、逆にコケたら会社の存亡に関わる事態になる。

洋ピン各社はそれまで半年から一年ほどかけてRSからSTチェーンを経て、都内やローカルの下番線でフィルムを回せば、元手はちゃんと回収でき、多寡はともあれ儲けも出た。少なくとも大火傷はしないでいたのだが、潰れたNCCと第一フィルムには共通項がある。ポルノだけでは先行き不安という考えはわかるが、洋ピンの合間に出した一般映画——前者は『ラ・スクムーン』やイタリアのリヴァイヴァルもの『鉄道員』（73年）『道』（74年）など、後者は『狼どもの報酬』（73年）や『家庭教師』（74年）など——が稼働しなかったことだ。香港のカンフー映画ブームに乗り遅れたのも痛かった。NCCは以前のマカロニウェスタン・ブームでも同じ失敗をしている。繰り返すが、早い者勝ちの世界なのだ。二社の倒産は洋ピン業界に初めて生じた翳りだった。それは同時に弱肉強食の時代を迎える予兆となった。

（＊1）日本初登場はアメリカポルノには珍しい性愛指導のセミドキュメンタリー『性戯・秘戯 絶倫ポルノ狂態』（73年＝マリリン・ブリッグス名義）。監督ショーン・カニンガムは『13日の金曜日』（80年＝製作・監督）を、製作補ウェス・クレイヴンは『エルム街の悪夢』（86年＝監督）を生む。
（＊2）ロサンゼルスを本拠に映画館チェーンを有していた製作・配給・興行者。

（3）「イルザ・シリーズ」の総括

淫虐のイルザ君臨

『DT』の一週あとに公開された『ナチ女収容所　悪魔の生体実験』【74年】（米＝ドン・エドモンズ）は、エロと残酷と銃撃戦をミックスさせた快作だった。一九四五年、ナチの収容所（医学用キャンプ）に送り込まれた女たちが所長にして親衛隊大尉でもあるイルザのため、さまざまな生体実験の生贄となるも、最後は囚人たちが反乱を起こす内容。好色そうなマスクとグラマラスな肉体を誇示したイルザに扮したのは『痴情』以来十一年ぶりの日本登場、ダイアン・ソーン。

残虐陰惨な拷問のオン・パレードで、イルザの好色残忍ぶりもたっぷり描かれて飽きさせなかった。鞭打ちなどは序の口で、ペンチで生爪を剥いだり、太腿に蛆虫を培養させたり、耐熱実験として釜茹でにしたり、まさにやりたい放題だ。新しい囚人ウルフが射精を自在に抑制できる〝達人〟で、挑発したイルザを逆に骨抜きにしたり、視察にきた変態将軍が彼女に放尿をせがんだりといったエピソードも面白い。最後の銃撃戦も迫力があり、それまでポルノを作っていたドン・エドモンズ、スローモーションまで駆使して、なかなかやるのである。イルザに去勢されていた囚人が「こんな身では生きていても仕方がない」と、撃ち死にするのもいい。

何より、映画に下手な理屈は無用とばかり、ナチスを徹底して悪逆非道に扱っている単純さが奏功した。これはアメリカが戦勝国だからであり、ドイツは何年たっても悪役だ。畢竟、戦争が起こったら何人犠牲者を出そうが勝たねばならない。必勝あるのみは暴力団の抗争も同じだ。負けたら未来永劫ナメられる。五分と五分の講和や手打ちなど、ありっこないのだ。この映画はヨーロッパ各国にもセールスされたが、さすがにドイツでは公開されていないようである。

イルザに唯々諾々と従う医者や、最後、証拠隠滅のため彼女を始末する将校の扱いが、いささか軽んじられているのが残念だが、面白さが損なわれるほどではない。この業界では珍しい追い広告のコピーに曰く《全都を襲う狂気の大ヒット！》。配収一億五千万円は配給会社にすれば《狂喜の大ヒット》。「イルザ・シリーズ」(「悪魔シリーズ」とも)の誕生である。

ダイアン・ソーンはプラチナ・ブロンドのグラマーで(胸がホルスタイン並み)、一見ミレーユ・ダルク風。女も盛りの当時三十一歳。ふんだんに披露するヌードばかりか下着姿も色っぽく、しかもサディストにして淫乱という役柄は強烈な印象を残した。演技は監督の命ずるままに動いているようで、台詞も簡略。若い頃はモデル業も兼ねていたという通り、「女優」というイメージは薄い。親衛隊の制服を着ているときは巨大なマネキン人形が闊歩しているようでもあるが、その美貌と肉体を眺めている分には飽きはこない。『痴情』のあと、三流ホラー映画の魔女役やSFエロ・コメディの売春婦役などを経て、ようやく掴んだ当たり役である。七〇年代初期にはロザリー・スタインの名を使っていたことがある。

製作者ハーマン・トレージャーはD・フリードマンの変名。女囚役のポルノ女優、サンディ・デンプシー、U・ディガード、S・ケリー、D・ヤングらは全員UC。ケリーが登場したときは配給会社スタッフも試写室でビックリしたそうだ。珍しく女性だけの試写会が開かれた(七月二十二日・虎ノ門ニッショウホール)。

アラブ版酒池肉林

二作目『アラブ女地獄　悪魔のハーレム』(76年)は、アラブの首長《シーク》の宮殿を舞台にイルザが守備隊長兼女奴隷調教人として登場する。前作にはイルゼ・コッホというナチス時代に実在したモデルがいたが(収容所長の妻にして看守)、今回でイルザ＝ダイアン・ソーンというキャラ・イメージが確立した。

男が砂漠で馬を駆り、上空にヘリコプターが飛来する冒頭から何やらただならぬ気配。ヘリから下ろされた大きな木箱には拉致されたS・ケリーら三人の女が――。この導入部のリズムは大変いい。音楽の効果もあって、これから何が起こるかという期待を観客に抱かせるのに十分だ。イルザは女たちをアキム殿下のセックス奴隷とすべく、いいように苛み、抵抗する女たちには生き地獄さながらの責め苦を与えるという寸法。乳房プレス、目玉刳り貫き、抜歯に加え、肉食蟻やネズミ、毒蜘蛛が使われ、男が絶頂に達すると爆発する爆弾を子宮に装填した女まで出てくる。核爆弾だ。太った女を飼育する人間養豚場もある。裏切り者はオイルをぶっかけられて焼き殺され、泥棒は手首を切断される。いや、面白い。これぞ、映画である。

石油買い取り交渉のため訪問するのがアメリカの外交官と情報員のスコット。歓迎パーティでスコットに秋波を送ったイルザがベッドでメロメロにされてしまうのは一作目と同じ。ところが、イルザは本気で彼に惚れてしまい、カラテや剣の遣い手である忠実な黒人娘や奴隷たちと反乱を起こすのは意外や意外。拷問から銃撃戦になる展開も前作と同じという印象は拭えないものの、背景が新鮮に映じるのはプラスになっている。特に男たちの頭巾《ヘッドピース》、ローブ(長衣)、女たちのベール、薄物のドレスといったコスチュームが異国情緒を醸し出す。アラブ世界はアラビアン・ナイトの昔から淫靡で妖しげなムードが漂っているのだ。

エドモンズの演出はこれでもかといった案配で、見せ場も豊富だが、全体の印象が散漫なのは女諜報員がスコットより先にハーレムに潜入していたり、正統な世継ぎである王子が幽閉されていたり、奴隷競売があったり、あれこれ盛り込み過ぎたためだろう。しかし、過ぎたるは及ばざるが如しという気はない。残酷ポルノとして十分楽しめる作品で配収一億二千万円。

一作目でイルザから聖水（放尿）を浴びて悶絶する変態将軍役を、二作目でイスラム教徒のあいだで珍味とされる山羊の目玉（実は人間の！）を飲み込む外交官役を演じたウォルフガング・ロームはリチャード・ケネディの変名。ハリウッドの歴《れっき》とした俳優だ。同様に、一作目で収容所のドクターを、二作目でイルザに抱きつく乞食役を演じたC・D・ラフルール（Lafleur）はジョージ・バック・フラワーのこれも変名（定冠詞Laを省いたfleurはフランス語で「花」の意）。テレビドラマからB級ホラー、低予算のSF、ソフトコアながらポルノにも顔を出している。(＊)

独立プロでは脚本も書き、第二班監督や録音係などの裏方までこなして重宝がられていた。都会の喧騒から逃れて大自然のなかで生活する一家を描いた「アドベンチャー・ファミリー」シリーズ（76年、78年）に、気のいい猟師ブーマー役で出てきた時は目を疑った。裸と残酷を娯楽に見事に昇華せしめたエドモンズは以後ポルノから手を引いた。惜しい。

（＊）『秘密ポルノ放送　ダーティサリー』でS・ケリーと絡む電気技師、『SEX女王蜂　痴女失神』でD・ヤングの同僚に迫る看護人。後者の製作者の一人、チャコ・V・リーウェンは元日活のグラマー女優、筑波久子。他に『ピラニア』（78年）など。

舞台はシベリアへ

熱砂のアラブから一転、一九五三年の酷寒のシベリアへ舞台を移し、イルザが四人の獰猛なコサック兵を従え、スターリン体制下の収容所で思想犯たちに強制労働を課し、逆らう連中には情け容赦なく制裁を加えるのが『シベリア女収容所　悪魔のリンチ集団』（78年）。監督はジーン（Jean＝

ジャンとも読める）・ラフルールに交代。前サブに偽りありで、囚人たちは男ばかり。そのせいか、頭を巨大な槌で叩き割ったり、凍った湖にあけた穴から滑車を使って出し入れしたり、チェーンソーで手首を切断したり、サッシャなる名のシベリア虎に食わせたり——女囚に向かない（？・）酸鼻な処刑が連続する。凄惨な場面のあと、何事もなかったような白い雪に覆われた景観が効果をあげている。

シリーズ中、イルザは最も淫乱に描かれ、その豊満な肉体に重なったコザックたちが「ブロンドの女神よ！」「母なる大地よ！」などと歓喜恐悦するサマが笑える。反体制の闘士チャコーリンの洗脳を図るイルザはスターリン失脚の報がもたらされるや、腹心のコザック兵と雪原に馬を駆り、逐電。二部構成になっていて、ここまでが第一部。

一九七七年のモントリオール——チャコーリンがソ連のアイスホッケー・チームのコーチとして、イルザが売春組織のボスとして再登場する第二部は、人間をドラム缶に生きたまま詰めて湖中に沈めたり、除雪車でバラバラにしたりといった趣向はあるものの、コンピュータを使った拷問はちゃちなもの。あとはイルザをずっと追っていたソ連諜報部から派遣された戦闘グループが一味の屋敷に突撃、アクション映画さながらの猛烈な撃ち合いとなって、このあたり、アリャリャといった感じになる。

ラストの銃撃戦は本シリーズの常套手段で、ここはここで面白いのだが、何だかはぐらかされた気分になった。これはチャコーリンが凍結した湖にイルザを追い詰めたものの殺さずにおくシーンも同じ。凍死は免れないと踏んだのだろうが、孤影悄然とした彼女を夕陽が照らすラストは甘い。情けは娯楽映画のためならず。

興行は低調で、三匹目の泥鰌はいなかった。ラフルールはD・クローネンバーグの亜種吸血鬼ホラー『ラビッド』(78年・G)で助監督を務めていた。G・フラワーの変名ではないようだ。

「イルザ・シリーズ」番外篇

『女体拷問人グレタ』(77年・ドイツ)は南米コロンビアのラス・パロマスの山奥にある性的異常者収容施設でソーン扮する所長が看護師たちを顎で使い、患者たちに治療と称する拷問を加え、徹底的に虐待する。監督はジェス・フランコで、グレタのキャラクターはイルザの、背景と設定は自身の『女刑務所発情狂』(73年)のまま。それはそれで面白ければいいのだが、ドラマが一本調子のままなのはいかにもフランコらしい。製作はエルヴィン・C・ディートリッヒ(*1)。

収容されていた姉の消息が不明になったことから患者に化けて潜り込んだ妹のアビィは新入りとして嬲られるばかりで、グレタのスパイ、ファナの糞便まで舐めさせられる。かねてから、とかくの噂のある医療施設を暴こうと、彼女を送り込んだドクター(フランコ自演)もなす術なく、あっけなく殺され、実態を調査にきた人権委員会の連中もおとなしく引き下がる始末。一体、この先どうなっていくのか、やはり、アビィの決死の逆襲しかないのかと思っていると、彼女もまた拷問の末、廃人同様にされてしまうではないか(!)。一体、この映画の眼目は何なのだ。

グレタの腹心と見えたレゴーは患者たちの性態やレイプの一部始終を隠し部屋から撮影したフィルムをエロ映画のブローカーに売っており（せこいなあ）、これがラストの伏線になっていると言えば言えるが、脆弱なものだ。そのラストもそろそろフィルムが残り少ないからカタをつけるかといった案配で、実に唐突に決起したファナたちがグレタに襲いかかって《グレタ・ハンティング》（彼女を食い殺す！）になるのには唖然とした。スゴイ脚本である。

グレタにはイルザのような悪女やサディストとしての魅力も個性もない。ソーンも海外での仕事は不慣れだったのか、今回の動きは木偶人形のようにぎこちない。政府高官とのセックス・シーンはさすがに（?·）見せるが、お腹に贅肉が付いたようで、フィルムの画質のせいか肌もザラザラである。異国の監督との意思疎通がいかほどのものだったのか想像の他ないが、結果、完成したのはてひどい三流作品だった。配収六千五百万円は宣伝が効いたからだろう。アドに《告！（中略）写真はあまりにもドギツイとの申し出により、残念ながら掲載できません》などとあった。(*2) アメリカではワンダに、北欧ではイルザに改名されている。

『悪魔のハーレム』以降の三本はR指定（一九七六年四月制定）。保護者同伴なら未成年者でも観覧OKというアメリカのレイティング・システムに倣った制度だが、どう考えても親子揃って見る映画ではない。こういう映画は一人でこっそり見てこそ楽しいのだ。

（＊1）当時はフランコの『女体拷問人アマゾネス』【75年】『女体拷問人リタ』【77年】（いずれもV）などにも出資した。
（＊2）七七年十月から『スポーツニッポン』は宅配読者の要望で広告規制を強化していた。それへのあてつけ（?·）。

ジェス・フランコのポルノ映画

六〇年代から『美女の皮をはぐ男』(伊)『悲しい奴』(共に64年・仏)などのホラー映画で頭角を現したフランコは、やがてサドの『美徳の不幸』から『マルキ・ド・サドのジュスティーヌ』(69年＝伊・独)を、『閨房哲学』から『悪徳の快楽』(70年・独)を作ってエロとサディズムを描き、著しくポルノ化していく。国外での作品が多いのは検閲に厳しかった当時の独裁者《カウディリョ》フランシスコ・フランコ政権下では自由に映画が作れなかったためと思われ、同時に低コストと早撮りで矢継ぎ早に作品を量産する彼の資質は各国のプロデューサーたちに重宝がられてもいた。ジョン・フランク、アンリ・バウムなどANが多いことでも知られる。

ポルノは七四年に『獣色の匂い』(仏)と『肉欲魔女』(仏・ポルトガル)が公開された(共にクリフォード・ブラウン名義)。かつて自分をレイプした男をホテルに誘って殺害した娘の日記を元に彼女のセックス遍歴を追う前者はノートに「ミステリ仕立てで興味を惹くが、演出が三流なので実にかったるい」「淡々というか、ダラダラというか、ヤマ場がないままドラマが終始する」「銀座ロキシーはガラガラだった」とある。

後者は中世ヨーロッパの魔女裁判という素材に興味があったから勇んで見たものの、これも一本調子のダラダラ劇だった。魔女として焚殺された女の娘二人が処刑宣告をした連中に復讐する内容で、修道院でのレズ、SMタッチの拷問は定番としても、オリジナル通りか不明だが、不自然な場面転換が頻発して一向盛り上がらない。娘たちと交わった男女ことごとく白骨と化す趣向はいいが、それが学校の理科室にある骸骨の標本然としていたのには失笑した。
二本とも初めに観客に興味を持たせるのはいいが、それが持続せずにダレてくる。三分でいい即席麺を三十分も煮ているようで、どんな具を入れたってうまいわけがない。これはポルノではないが、第二次大戦中にドイツ軍が隠したという金塊を手に入れようと、北アフリカの砂漠に向かった一行がゾンビ襲われる『ゾンビの秘宝』[*]【82年】(V)も同じで、人間たちはいたずらに犠牲になるばかりで、お宝探しは途中からどうでもよくなる。致命的なのは起承転結の「転」の欠落で、ここぞという場面がない。

未公開作がたくさんビデオ・リリースされている反面、劇場公開が少ないのは配給会社が二の足を踏む作品もまた多かったからではないか。そういう意味ではイタリアのルチオ・フルチと似ている。ただ、フルチには過剰なまでの残虐性を打ち出した『サンゲリア』(80年)があった。観客に不安と恐怖をジリジリ小出しにして興味を持たせ、今にも今にも!……と怖いもの見たさの心理を否応なしに惹起せしめる展開と見せ場の執拗さはどうして尋常でない。巧みな宣伝もあったが、この映画は実に四億四千万円を稼いでいる。実際、フルチの名はこれ一本で高まり、その後に輸入されたV・タイトルの何本かには「ルチオ・フルチの」と組み入れられているのに、フランコにはこれがない。

フランコと作品については木野雅之氏がこってり書いている(『異形の監督　ジェス・フランコ』洋泉社)。こちらはそれほど執心しているわけではないけれど、その名やタイトルを聞くと今度はどんな映画を作ったのかと興味(期待ではない)を持たせたことは間違いない。この点もフルチと共通している。そういう意味では妙な存在感があった監督だ。

(*)パッケージの監督表記はクレジット同様、A・M・フランク(ANの一つ)。ジェス・フランコでは売れないと思ったのではあるまいが。

マカロニ・ナチス物語

イタリアの亜流映画はエマニエルものに留まらない。この時期には並行するようにナチスプロイテーションが続々と作られた。輸入されたエドモンズのヒット作の影響もあろうが、リリアーナ・カヴァーニの『愛の嵐』(75年・G)が国内で興収九位(一九七四年度)になったことも関係しているかもしれない。

JP(ジョイパック)が配給したC・カネヴァリの『ゲシュタポ卍《ナチ》収容所』(77年・R)は、その『愛の嵐』のキャラクター――ヒロインの女囚と収容所の所長――と設定をまんまといただいている。「拾った物は自分の物」はフランスの諺だが、イタリアでは「誰でも泥棒になれる」。展開する血と肉の饗宴は集団レイプに火焙り刑、食糧難に備えて幹部たちによる胎児の煮込み料理やスープの試食会もある。これを見て失神したメイドにはコニャックをふりかけ、丸焼きにして喝采狂笑。したり顔したグルメも真っ青の地獄絵図だ。所長の拷問に最後まで音を上げなかったヒロインは生き抜くために彼の女となり、やがて廃墟と化した収容所で再会。そして響く一発の銃声――。

本国では興収百位にも入っていない映画は一億五千万円のヒット。ＲＳは六週。一般映画へのシフト化へ動いていたＪＰは『Ｆ１グランプリ　栄光の男たち』(76年)が一億円を稼いだが、方針を簡単に切り替えられなかったのはこういう例があるからだ。『悪魔の生体実験』もそうだが、残酷拷問ものが当たるのは怖いもの見たさの興味より——無論、それもあろうが——過去に数々の残酷時代劇や拷問刑罰史ものがヒットしたように日本人の心には言い知れぬ残酷への憧れや、暗い欲求が流れているのではないかという気がしてならない。

税関も流血沙汰や残酷場面はチェックの対象外だったのか、過度の描写でない限り通過させ、映倫審査に委ねていたらしい。ＰＨ一本も見逃さない映倫もこれには極めて寛容の精神を有していた。「イルザ・シリーズ」など、Ｄ・ソーン主演作四本すべてをＸ映画にしたアメリカとの大いなる差である。

負けじとグローバルフィルムが『ナチ女収容所　続・悪魔の生体実験』(77年、Ｒ＝セルジオ・ガローネ)を、さらばとＪＰは『ゲシュタポ卍《ナチ》ナチ第五収容所　女体セックス実験』(78年、ブルーノ・マッテイ)を出した。前者は女囚たちの焼殺を皮切りに、焼き鏝を恥部に突っ込んだり、巨大なペンチで舌を引っこ抜いたり、圧縮器で頭を潰したりする。冒頭(女囚到着)とラスト(銃撃戦)はエドモンズの作品ソックリだ。女医の名がグレタなのには笑えたが、ガローネの演出は俗に謂うクソ・リアリズムというやつで、残酷を娯楽として昇華せしめていないから陰惨なだけ。ＲＳ三週は健闘したほうだ。

後者のハイライトは冷凍しておいた男をセックスで蘇生させる珍にして怪なる人体再生実験。成功させるのは売春婦で、見守っていた将校たちはヤンヤの大喝采。いくら何でもバカバカしいが、これがイタリア映画なのである。毒ガス実験に子宮移植手術、ホモに色情狂、絞首刑に輪姦もあるが、マッテイはゴタゴタ並べているだけで、ドラマは平板なまま。この監督の終生の悪癖である。

第二次世界大戦中、ドイツはイタリアにとって盟友だったのだが、戦後も三十年以上を閲したとはいえ、これらのナチスプロイテーションは面の皮の千枚張りもいいところだ。しかし、これくらいでないと、イタリアのマイナーな製作所はすぐ解散に追い込まれ、強力な金主《スポンサー》を持たない有象無象の監督は食っていけなかったのだ。

配給会社の応酬はグローバルが出したS・ガローネの『ナチ卍第三帝国　残酷女収容所』(80年)で終わるのだが(本国ではこちらが先行公開)、これがまた凄かった。世界映画史上初の(多分)ペニス移植手術が克明に描かれるのである。収容所を牛耳る大佐殿には女にシンボルを噛み切られたおぞましい過去があり(ご丁寧に回想シーンがある)、若い軍曹のソレを下半身に移植しようとする。リアルさを意図したか、モノクロ処理がなされる手術シーンでは下腹部から腸がニュルニュルはみ出し、茹で玉子みたいな睾丸がニョッキリ出てくる。その薄気味悪さ、生々しさ。コトを知った軍曹、大逆上して、以下、これもお定まりの血しぶきと絶叫の修羅場。

ティント・ブラス監督の「サロン・キティ」に大胆不敵にも『ナチ女秘密警察　SEX親衛隊』(79年)と命題した東映洋画の度胸は買うが、作風から洋ピンの範疇には入れない(八一年、原題で再映)。ナチスプロイテーションは本国でなお製作され、何本かはV・リリースされた。

先に応酬と書いたのは邦人系配給会社にはまだ対抗意識、すなわち活気があったからだ。メジャーや邦画各社に比して、どうしても日の当らないポジションにあった洋ピン業界にとって、NCCや第一フィルムの消滅は他人事ではなかった。八〇年代に突入して、グローバルが息切れしてくると、地道に商売をしていたニューセレクトが存在感を増し、洋ピンはマーケットに絶え間なく供給されていくことになる。

満員御礼
絶賛上映
この未曾有の
恐怖と戦慄！
●もうご覧に
なりましたか？
ディープ・スロート
DEEP THROAT
成人映画
悪魔の
生体実験
前代未聞！
がしゃべる！
ヤクザな
が
取りついた！
女主人の性体験を
勝手にしゃべら
男と見れば欲情し
かたっぱしから食え込む！
成人映画
欲魔女
イーストマンカラー／シネスコ
渋谷
新
本
姉妹は
男たち
しゃべる
プッシー・トーク
体に力を込めて
に酔い
を求めて…
絶賛発
ミリオンフィルム

第四章　USAポルノの成立　（一九七五～七九年・PART2）

（1）女優の時代がくる

線香花火マリー・メンダム

一九七五年に公開されたアメリカポルノは二十五本だが、『DT』と『悪魔の生体実験』以外に特筆すべき作品はない。あとはみんな屑ばかりなどとは言わないが、この二本は話題的にも興行的にもそれだけ突出していたのである。トピックとしては、シャロン・ケリー主演作が三本公開されたくらいだろう。全部タイトルが名前込みなのは人気と知名度による。この内、『ベッド・テクニシャン　シャロン・ケリー』は二部構成だから、正確には四本になる。

翌年になると、『狂淫夜行獣』のレベッカ・ブルークがマリー・メンダムとして『イマージュ』で登場した（同年三月、宣伝キャンペーンで来日）。ヘンリー・パリスが以前のメッツガー名義で発表したのはパリで撮影したからか。中年作家と昔の女、その女が囲っているアンヌ（メンダム）の三人が動機も理由も曖昧なままＳＭセックスに耽る内容。アンヌは二度も放尿を強制され、秘所に薔薇の枝を指し込まれる苦痛と恥辱の果て、快楽にむせぶ。放尿はカメラの接写からホントに果たしたと思われ、このシーンに満員の館内には咳《しわぶき》一つ起こらず、異様な静寂が支配した。ラスト、乳房や腹に針を刺された彼女の絶叫は演技を超えているような迫真さで、最後まで興味を持って見た。

　それが後年、ＤＶＤで再見すると、ダラダラした展開にイライラした。少なからぬ映画体験による刺激への麻痺や、加齢による鈍感さも影響しているとは思うが、アンヌのキャラクター性がまったく描かれていない。まるで人形だ。鮮やかなカラー撮影による裸やＳＭ趣向はふんだんながら、ドラマ性がないのは劇映画として大欠陥ではないか。リアル・タイムでの感慨を大事にしたい半面、それが正しいとも思われない。ヨーロッパでは長い間公開されず、二〇一三年になって各地の映画祭で上映されたくらいだという。(＊1)

　メンダムは来日もあって注目されたせいか、名前が前サブになった主演作が同年に二本、翌年に一本と相次いだ（以下、前サブはＭ・Ｍと略す）。すべてＪ・サルノがアメリカで撮った諸作である。好色な人妻に扮した『Ｍ・Ｍ　若妻の欲情』はスワッピングやレズにのめり込む。これだけなら何ら新鮮味がないが、古い道徳観念に凝り固まっている母（ジェニファー・ウェルズ）を《洗脳》。その変身ぶりが面白く、若妻と熟女の淫乱ぶりが楽しめた。母と娘が罪の意識から懊悩した『痴情』から十数年、舞台は同じニューヨーク郊外。《続・痴情》とでも言うべき本作で時代は確実に変わったことがわかる。ちなみに、《あ、コーラ屋さん、お願い！　中に入って、がまんできないの！》というコピーには思わず笑ってしまった。、宣伝部では最初、牛乳屋か酒屋にしようと思ったものの、アメリカ映画にはそぐわないのでコーラになった由。

『M・M　ハードテクニシャン』では、妻のメンダムが貞淑、伯母のウェルズが淫乱と役割が逆になっているのがミソ。若い情人を囲い、乱交からレズまで楽しむ伯母にメンダムは煽られて……。貞節な女が崩れていくサマをジックリ描いているのはアメリカポルノには珍しい(以上76年)。

海辺の田舎町を舞台にした『M・M　セックス・プロ』(77年)はサルノの好きなレズ・シーンばかり目立った。昔、別れたままの母に会いにきたという女(メンダム)をめぐって、J・ウェルズら様々な男女が絡む物語は登場人物の関係が不明瞭ゆえ、要領を得ない。もっとも、判明したところで、どうなるドラマでもない。要するに、何もかもあやふやなまま終わるのである。"Misty"(原題)はメンダムの役名(ミドル・ネーム)だが、このあやふやさから「霧が深い」「漠然とした」という形容詞として受け止めたほうが正解かもしれない。

メンダムはどの映画も一緒に見える。共演者もほぼ同じだから作品も混同する弊害も生まれた。シカゴ大学で人類学を専攻したとかいうインテリ女優、現場叩き上げのポルノ親方と息が合わなかったのか。[*2] 大体、女優としての個性がなかった。むしろ、人気が出たのはJ・ウェルズのほうである(以下、タイトル中ではJ・Wと略す)。

（＊1）フランス映画とされるが、監督と女優からアメリカ映画扱いとした。
（＊2）サルノは気の弱い女科学者が色情狂と化すコメディ調のジキルとハイド女性版『人格転換法』【74年】にもメンダムを主役に起用。J・ウェルズ共演。

貫録のJ・ウェルズ

主演作『J・Wのセックス・キラー』[＊1]（79年）は怪しげなセックス・クリニックを経営している彼女が国連の代表者たちを次々に色罠に陥れ、その痴態を収めたフィルムをネタに集めた金で、モザンビークの町に病院を建設するという人を食った話だ。幼い頃、ハンガリー動乱で、ひどい目にあった過去が政治家への復讐になるという論理はよくわからないが、セックス場面には美容・健康器具を使うなど趣向を凝らし、モザンビークで愛し合っていた医者との意外な再会もある。ラストの台詞は「あのフィルムは友人のポルノ映画監督にあげちゃった」というもので、字幕には出ないものの、発声はこの映画の監督、デクスター・イーグル[＊2]だった。

引退記念作品として喧伝された『スーパー・テクニシャン　J・W』（79年）は凄じいの一語に尽きた（アメリカ公開七七年七月）。彼女自身として登場し、筋は何もなく、性別男女国籍問わず、全編ひたすらファックのオンパレードで、内容など書くだけ無駄だ。濃厚にして、どぎつい描写の連続の前にはおかしな言い方だが、ボカシも全然気にならないほどで、まさにヘヴィー級の出来栄えになっていた。自ら監督したことになっているが、実際はサルノの仕事。サルノがハードコアに抵抗があったらしいことは前にもちょっと書いたが——M・メンダムの諸作もソフトコアではないかと思う――そのためかどうか、名前を出していない。

新宿地球座でのRSは五週のロングラン。《満員御礼！　ジェニファーが最後の精力を振り絞って二十一人を相手に熱演！》――これはスポーツ紙の追加アドのコピー。STチェーンとのトータル興収六千二百万円。翌年の関西STでは『エクスタシースペシャル』（後述）とのセットで四週四千六百万円。他の主要都市封切り分を加えた一億二千万円はビッグ・ヒットだ。

それはそれとして、誰が見たって、あんなおばさん顔の女優がどうして人気になったのか。卑見では貫禄はあるが、プロ女優らしい華やかさが感じられなかった。色気にしても、同じ年増タイプのJ・レイノーやD・ソーンのような婀娜っぽさというか――ゾクリとくるものがない。あまりいい譬えではないが、甲斐性のないダンナのために一生懸命働いている安酒場のマダムみたいな印象だ。何とはなしに生活臭がしたのである。

これら以前に『クライマックス』や『ディープマシーン』（共に77年）があって、古くは『さそり70ざくろの様な女たち』[*3]（71年）に出ていたが、特段に注目されていたわけではない。最初、ダンサーとしてショウ・ビジネスの世界に入ったのは五〇年代初期とされる。映画はポルノ映画がソフトからハードへの移行期にあった六〇年代末からで、最初はUC、やがてリサ・デュランと名乗ったが、本数は微々たるもので（ウェルズ名義は『さそり――』から）、まだステージでの仕事が主だったらしい。メンダムとの共演作が公開された頃は一九四六年生まれという、そりゃないだろうとしか思えない資料があったが、一九三四年生まれだから（IMDb）、七〇年代半ばには四十歳を超えていたことになる。母親役に違和感がなかったはずだ。八〇年代になって旧作が続々と公開され、日本で一時代を築いたことは間違いないが、どこがよかったのか未だに謎だ。


(＊1)ポスター、プレスのカタカナ表記は「ジェニファ・ウェルズ」。

(＊2)中堅クラスのポルノ・メーカー、ビル・ミリングのANの一つ。他にビル・イーグル、フィリップ・ドレクスラー・ジュニアを名乗った。

(＊3)クルーズ船で起きる殺人事件と麻薬密輸を描いたサスペンス。ウェルズは好色な夫人役で、当時はまだ遠慮がちだった黒人とのボイラー室での愛欲シーンがある。アメリカポルノの重鎮になるヘンリー・パチャードがロナルド・ジェイソン・サリヴァンの本名で監督。

ソープとヘヴンとセレナ

アメリカにはケリー、ケーン、ミッチェルの三人のシャロンがいたが、もう一人、シャロン・ソープの存在は蔑ろにできない。取り立てて美人でもなく、若くもないが、好色タイプも被虐タイプもこなせる演技派として貴重だった。とりわけ、抵抗しつつ、やがて恍惚となるといった役柄がよく、『USA　スーパーポルノ』(ロジャー・クレイマー[＊1])で三人の男女に襲われて抗うサマは演技とは思われないほど。これを契機に性に淡泊だった人妻が目覚めるという物語である。『オーバーSEX　禁じられた欲情』も性に潔癖症で、恋人にキス以上許さなかったが、レイプされてから〝変身〟する女の役。ラストの父の葬儀は乱交の場と化し、それまで関係あった男たちの体液の一斉放射を浴びる。物語もよくできていた(共に78年)。

その美貌といい、しなやかな肉体といい、演技力も含め、アネット・ヘヴン(Haven＝邦題中のみヘブン)を一級の女優とするのにまず異論はあるまい。ポルノにはもったいないと思うほどだ。まだ四本と少ない中では母親(G・スペルヴィン)が娘たち(姉にクレア・ディア、妹にヘヴン)を金持ちの御曹司と結婚させようとするが、まんまと失敗して笑わせる『アネット・ヘブンのスパークポルノ』(78年、ラムゼイ・カーソン)(*2)が秀逸だった。俳優序列《ビリング》トップは貫禄のスペルヴィン。

その存在を確たるものにしたのは売春に興味を持ち、きつい化粧をしてその道に入っていく人妻のヴァレリィに扮した主演作『エクスタシースペシャル』(79年)。これにもまず異論はあるまい。撮影物語は平凡だが、入浴シーンにおける肌の輝き、瞑目した恍惚の表情——とにかくよかった。撮影出身の監督ロバート・マッカラムの腕の冴えもある。男漁りで入った映画館で上映されていたのは『クライマックス』。配収は四千八百万円。関西STにおけるJ・ウェルズとの併映は確かに強力な二本立てだった。

セレナはコケティッシュなマスクと細身の体、それにSMまがいの変態《キンキー》演技でつとに知られた金髪女優。俳優とは「顔」であり、演技の前にまず一目見たら観客に強烈な印象を残すマスクを有していなければならないが、その条件に当てはまる稀有なタイプであろう。刑務所帰りの男と弁護士が新しく始めた売春宿の経営にギャングのボスが割って入る『ハードプレイ80　悶絶の女』(79年)は、利権をめぐる駆け引きや市のお偉方のオタオタぶりも描き、よくできたドラマだった。セレナは雇われ売春婦に扮し、顔中白濁液でベトベトになり、アメリカポルノの凄まじさを見せた。話し合いが物別れに終わって両派の対決となった時、彼女のアッと驚く正体が明かされる。その名は本章以降もヘヴン同様、頻繁に出てくるはずである。

アメリカでポルノ女優が一つの職業として確立し、周囲からも認識されるのは七〇年代半ばから。ハードポルノの量産でメンズマガジンやX映画専門誌紙のバック・アップがあって、アダルト映画という限られたフィールドながら表面に躍り出てきたのだ。カメラの前で実際に性行為を行なう特殊な職業だから、それまで履歴は眉唾ものの女優が多かったが、ある程度信用できそうな文字資料も掲載されるようになってきた。

（＊1&2）共に『陰獣の森』のリチャード・カンターの変名。『ベッド・テクニシャン　シャロン・ケリー』の第一部「悶絶ポルノ・ワイフ」はカンター名義。

（2）作品と監督セレクション

快作・異色作

印象に残った作品をいくつか挙げておく。まず、『ディープマシーン』と『ヤングチャタレイ』（共に77年）。前者はヴァラエティに富んだセックス・プレイをこれでもかと見せるオムニバス。童貞を巧みに誘うJ・ウェルズ、レズに酔いしれるバレエ学校の教師（S・ソープ）と生徒（セレナ）。テリー・ホール（ナショナル・ヴェルベット）は前と後ろのホールを塞がれて悶絶し、マリー・スチユワートはＳＭ責めと黒人の猛攻に白目をむいて失神状態に。刺激的な場面の連続で、ＵＳＡポルノの強烈なエネルギーが発散されている。

素材はセックス記事やポルノ映画ガイドのタブロイド週刊新聞『SCREW』(一九六八年創刊)に寄せられた読者からの手紙。発行人のアル・ゴールドスタインがチラリと映っている。洋ピンでは珍しく、八四年に『私は変態』と改題され、ＲＳでリヴァイヴァル公開された。監督は『フレッシュ・ゴードン SPACE WARS』(*)(78年)【74年】(Ｇ)を製作・監督した(共同)ハワード・ジーム。

後者はロレンスの『チャタレイ夫人の恋人』を下敷きに、夫人の孫娘シンシア(ハーレー・マクブライド)が登場した。冒頭、有名な元祖の夫人と森番の情交のあとは現代っ子たる彼女の奔放なセックスを要領よく見せた。ラストは抵当に入っていた屋敷や土地が自分の所有となるハッピー・エンド。森番の息子もしっかり出てくる。豪壮な屋敷、田園風景など、アメリカ製とは思えない背景もよかった。監督は大交響楽団をバックにしたセックスシーンが話題になった『パノラマブルー』(75年)のアラン・ロバーツ。同じコンビによる続編がある(Ｖ『ヤングチャタレイⅡ』)。

『レディ・ブルー　グレートポルノ』(79年)は、サウス・ダコタの小さな町の恋人たちが運命に翻弄されながら再会、結ばれるポルノらしからぬ物語。女優をめざした女は虚飾のハリウッドへ。ベトナムの戦場から帰還してタクシーの運転手になった男が乗せた売春婦はかつての恋人だった……。純愛ドラマのような内容と、劇映画としてよくできていたことから配給会社(ＮＳ)は女性客も動員しようと、プレミア試写会を開催。ポスターも通信社のフォトを使ってポルノ色を排した。こうした努力は買われてよい。監督のF・ファブリッツィは元俳優・歌手で、六〇年代初期に『ワンラストキス』のヒット曲があったジェシー・ピアソン。

よくもまあ汚い言葉を並べたものだと感心した(?)『淫売ポルノ　ダーティスワップ』(77年)は、映画は見るまでわからないという好見本。ポルノ女優の道を歩んだ女(ジュリア・フランクリン)がコールガールへ転落、再起をかけたショウで自ら運命を断つという佳編だ。芸能界の実態やポルノ製作現場もバックにからませ、夢を追い、夢を掴み切れなかった女の哀れな一生——セックス場面も豊富でソツがない。監督ルイス・スーの正体は俳優であり、製作者でもあるロイド・カウフマン。後年の怪作『悪魔の毒々モンスター』(87年)や『カブキマン』(91年)などのプロデューサーだ。

(＊)一九三〇年代の人気コミック『フラッシュ・ゴードン』のFlashをFleshに変えたソフトポルノ。配給元が修整を加えて一般映画にし、大宣伝奏功で配収三億円。

スピネリとウェストン

監督では質と量から巨匠と目されるアンソニー・スピネリも登場した。この時期だけで五本。なかでも秀逸なのは、人間が秘かに持っているセックス願望が現実のものになる『セックスワールド』(78年)。その特殊な施設では客たちの好みをコンピュータで解析、お望み通りの状況とパートナーが提供される。レズ、レイプ、スリーサムと見せ場が続き、最後は「『グリーンドア』に出た黒人に抱かれたいワ」というS・ソープの前に、その黒人(ジョニー・キーズ)が現れる……。『ウエストワールド』(73年)を彷彿させるアイディアと、女優はソープを右代表として書くのが精一杯の豪華メンバー。タイトルを連呼する配給会社(NS)の宣伝カーが新宿を走り回った。RS三週。

中国系チン姉妹の、いつ果てるともしれない好色淫靡さをネットリと描写した『エスカレートポルノ』(79年)。特に妹役のティナ・ウォンが可愛い。筋らしい筋はないのに飽きずに見られたのはツボを心得た演出力だろう。助演者の登場も自然で無理がない。巨匠と呼ばれる由縁である(オリジナル版はアーヴィッド・ベラー名義)。

スピネリは一九二九年生まれ。テレビ映画のチョイ役を長く経験したあと、七〇年代からポルノの演出に回った。本邦初公開は人妻がいいように嬲られるウェス・ブラウン名義の『姦婦絶叫』(76年)。粗い画面、暗い色調、お粗末なセット――低予算見え見えの作りが逆にリアルな効果をあげていた。この名で二部構成『グラインドポルノ』(PART1『覗き男』＝77年)がある。『スペシャル・ボディ』(77年)はウェンディ・ライオンズ名義。これら以外にも多くのANがある。

何度かタイトルを出した『クライマックス』はアーマンド・ウェストンが的確な演出を見せた探偵もの。私立探偵が行方不明になった男の捜索を続けるうちに女たちと関係していくスタイルはパターン通りながら、凝ったストーリーと男がなかなか見つからない謎めいた展開で最後まで興味を持たせた。ラスト、彼には女装癖があったというドンデン返しも効いた一編。そう言えば、演じた俳優の名がアダム・イヴになっていた。探偵の前妻を演じていたJ・ウェルズの出演作として語られる場合が多いが、ウェストンの力作と評価すべきであろう。骨子は『さらば愛しき女よ』(74年)

を、原題“Exposed me Lovely”は拳銃作家ミッキー・スピレイン(＊)の“Kiss me Deadly”(『燃える接吻を』)を思わせる。これはヒットして配給元は以後、無関係な作品の何本かにパート2、3としてシリーズもののように売っていく。タイトル勝負の典型例である(全四本)。

挙式間近に二人組の男に拉致され、処女を奪われた挙句、さんざ苛まれた娘が報復する『RAPEレイプ』(78年)も忘れ難い。ポルノゆえ、同じテーマの『リップスティック』(76年・G)のように強い問題提起はせず、『発情アニマル』(79年)ほどの残虐性もないが、恥辱を受けた女の復讐ドラマとして見応えあった。ヒロインは憎い男の股間に銃弾を撃ち込み、雪が真っ赤に染まるラストを迎える。日本初登場の『SEX魔』(76年)は厳格な両親の教育と躾に反発した少女が精神病院や怪しげな私設療養所で施術(催眠術、SM調教など)を受ける一種異様な作風だったと記憶する。スピネリほど多作ではなかったが、一本一本をジックリ見せる姿勢に注目していたが、やがて、早過ぎる死を知ることになる。

(＊)一九五〇～六〇年代にハードボイルド探偵小説「マイク・ハマー」シリーズで知られた。暴力と愛欲描写に批評家は冷たかったが、大衆に歓迎された。

その後の監督たちの動向

ヘンリー・パリスの『淫婦ジリアン』(76年)は、夫の浮気を知った妻が自分も浮気に励み、夫の愛人とレズまで果たすが、結局、愛のないセックスは不毛だと悟り、夫の元へ帰るまで。ダービー・L・レインズが淫婦どころか、カワユイ女を演じていた。ヨーロッパで撮ったメッガー名義での三本など、脚色が多い監督だが、これも『ニューズデイ』誌の人妻の浮気特集のドラマ化だ。暴露本を書いて有名になったバーバラ・ブロードキャスト(A・ヘヴン)の回想話や、レストランの珍なるメニュー(ミルクはスペルマ、フランクフルトはペニス、赤貝のドレッシングは言わずもがな)が披露される『BIG PORNOバイブレーション』(79年)には戸惑った。多分、台詞が面白いのだろうが、字幕頼りには理解に苦しむばかりで、ヒロインのキャラクターが掴めないまま終始した。ヘヴンは着衣のままで、乳房すら見せない。意味まったく不明の邦題は配給会社もどうセールスしていいのか困惑した結果ではないか。

ラス・メイヤーの『淫獣アニマル』(76年)は、ヒステリー気質のガールフレンド(シャリ・ユーバンク)から逃げ出した男の道中もの。人妻(U・ディガード)とのドッキング中に、掘削機のドリルのフル回転がダブり、スナックの経営者(ユーバンク二役。役名はスーパーヴィクセン)の思考が絵になったり、感電死した女が噴煙と共に出現したり、果てはアクション映画もどきの展開になったり――相変わらず奔放に撮っているのが、この監督のいいところで、明るいカラーとコミカルな音楽に楽しくなるが、一番楽しんだのは当のご本人ではないか。

例によって女優は巨乳揃い。ポスターやアドでメイン扱いのS・ケリーは乳房をチラリと見せるだけの端役だから贅沢といえば贅沢なキャスティングで、五〇年代から活動しているメイヤーにすれば、ケリーなどホンの娘っ子。本作の前に公開されたマリファナの密輸をめぐって血と肉の花が咲く『エキサイトSEX』(76年)は、砂漠に裸の女が埋まっているシーンしか記憶にないほど印象散漫。梗概をなぞるのも無意味な気がする。

チャック・ヴィンセントの『ポルノ殺人事件　淫女スカーレット』(76年)は、結婚を控えたスカーレット(T・ホール)が男女七人を屋敷に招き、大乱交パーティを開催した夜に殺される。刑事コロンボを彷彿させるヨレヨレのコートを着た私立探偵が出席者に尋問をしても、全員アイマスクを着用していたから犯人の見当は一向付かない。やがて、探偵は『風と共に去りぬ』のスカーレット・オハラとレッド・バトラーの名から犯人は屋敷の所有者、バトラーだと推理、これがドンピシャリだったという爆笑の結末。

カルロス・トバリーナの二本――『シャロン・ケリーの人妻交換』(76年)は邦題通りのスウィンギング(集団スワップ)もの。クレジットに「シャロン・ケリー、NEWマリリン・モンロー」と出て、トバリーナが登場人物をざっと紹介。三年もまえの映画がRS公開されたのはケリー以外にS・デンプシー、B・シャープ、レネ・ボンドを揃えた陣容のおかげ。物語などなく、俳優たちがひたすらセックスに励むだけ。それも仲間内で和気アイアイ、底抜けに明るい展開はアメリカポルノの一つの本質を見た気がする。

『SEXホワイトハウス　スペシャル夫人』(77年)はウォーターゲート事件をネタに政治家を風刺したような佳作。そう評価したいのは脚本がしっかりしているからだ。上院議員の子を宿し、遺産を手に入れんとするマリリン(N・フォーズ)の策略を軸に、J・F・ケネディの性に関する語録が紹介されたり(トバリーナは『ラストタンゴ——』でもケネディとM・モンローとの関係を茶化していた)、ニクソンの失脚はポルノ規制をしたからだと語られたりするのが笑わせ、ホテル「ウォーターゲート」の一室ではキッシンジャー国務長官のソックリ氏が自慰に耽ったりする。マリリンの策略は成功し、意気揚々と産婦人科を訪れるのだが、大ショックの診察が下ってのジ・エンドだ。トバリーナは本作後、主にトロイ・ベニー名義で三十本余を発表したが、輸入されなかった。

こうした女優たちと監督たちの登場や、スポーツ紙の派手なアド効果でUSAポルノは存在を確たるものにし、マーケットに定着した。台頭した新戦力については次章にて。

女流監督とアワード

女流監督も登場するようになった。『スパークポルノ』に出ていたクレア・ディアは映画製作スタジオで学んでいた時期がある。その監督作『オープンポルノSEX PRESS』(78年)は、売春まがいの営業をしているアスレチック・クラブの取材に出向いた婦人記者コンビが鉄棒器具やらマットやらの虜になっていくもの。年増のケイ・パーカーがあられもなく乱れるサマが抜群だった。

かまってくれない夫へのしっぺ返しのように人妻がセックス・プレイにのめり込む『絶頂夫人』(79年)のロバート・ノーマンの正体はロバータ・フィンドレイ(製作・脚本も)。第一章で名前を出した初期のSEXプロイター、マイケル・フィンドレイの妻で、話らしい話はないが、セックスシーンの繋ぎがうまい。夫のプロダクションで早くから撮影を担当。この夫婦が作った[屠殺者]【71

年】が大ヒットしたインチキ映画『スナッフ　SNUFF』[*1](76年・R)に化けることになる。

連続する輪姦事件の真相は被害者と仲よくなった男が仲間たちを手引きしていたと判明する『ロスアンゼルス暴行事件』[*2](79年)のジェニファー・レイはジョアンナ・ウィリアムスの変名(レイ・ハミルトンの別名もある)。よくできた脚本はウィリアム・ダンサー(製作者名義ダニエル・キャディ)。本国ではこのコンビで五本。名前から夫婦と推測しておく。

アメリカでは一九七五年に『フィルムワールド』誌がブルーオスカー賞[*3]を、翌年にAFAAがエロティック・フィルム・アワード(Erotic Film Awards＝通称エロチカ賞。以下EFAと略す)を設けた。作品賞に限れば、これまで採り上げた公開作のなかでは『スパークポルノ』がダブル受賞(一九七八年＝発表年・以下同)、『グレートポルノ』がEFA(第三回・一九七九年)で選ばれた。後年にはNY(ニューヨーク)アダルト映画批評家賞、AVN賞(『AVN』誌主催)、XRCO《クセルコ》賞(批評家、映画ライター主催)が(順に)八一年、八四年、八五年からスタートした。本来なら参考までに各賞(作品・脚本・監督・主演賞など)を年度ごとに脚注にでもまとめるべきであろうが、未公開作もあるし、後年輸入される受賞作にしろ、われわれは不完全なかたちでしか鑑賞できないから、主にAFAAのアワードをいくつか記すに留める。情報だけならネット検索で済むことだ。

受賞は配給会社が宣伝に謳っても興行にストレートに結びつかなかった。観客は海の彼方のポルノ賞に関心はなかったのである。それはそうであろう、われわれが見ているのはポルノ映画ではなく、《洋ピン》なのだから。ただ、右の二本の受賞はボカシのハンデにもかかわらず、ストーリーの面白さやキャラクターの立て方と演出のうまさから納得できるものだ。これは歴代の作品賞にほぼ言える。映画は何であれ、脚本と演出に尽きるのだ。

(＊1)七五年、お蔵入りになっていた「屠殺者」に配給会社のオーナーが手を入れ、改題して《殺人映画》と巧みにPR。買い付けたJPもセンセーショナルな宣伝を展開し、三億円の大ヒット(R指定公開第一号)。マイケル・フィンドレイは七七年に事故死。

(＊2)RSでは『イマージュ』のダイジェスト版が併映された。「私って○○なんです」という宇能鴻一郎調のナレーションが入った。

(＊3)正しくは「Zキャリバー賞」。アカデミー賞からX映画が除外されていることに反発して設けた。「まだ勃つスケベ爺賞」などあって笑える。

(3)ヨーロッパ各国と香港ポルノ

文学作品のポルノ映画化

フランスとイタリア以外のヨーロッパ諸国の状況を見る。スウェーデンではJ・サルノに代わってバート・トーン(「わたしは女シリーズ」のマック・アールベルイの変名)がフォルサを立て続けに起用した。いずれも小説から素材を得ているのが特徴だが、大幅な改変が行なわれている。

寄宿舎時代を出た少女フロッシー(フォルサ)が有閑夫人エヴァに囲われる身となり、知り合ったフランク(ジャック・フランク)に処女を捧げるまでの『絶頂の女　フロッシー』(75年)は、寄宿舎時代の思い出やエヴァとフランクの過去のエピソードの挿入がスマートならざるため楽しめない。

原作は十九世紀のイギリス詩人、アルジャーノン・チャールズ・スウィンバーン作『フロッシー十五歳のヴィーナス』。

ハリー・リームズを迎えたのは二本。『巨大なる男とジュスティーヌ』(75年)は何度か映画化されたサドの『美徳の不幸』から。舞台をパリからストックホルムに変えて貧しい姉ジュリエットと妹ジュスティーヌ(フォルサ)の性遍歴。面白いのは大富豪(ハリー)が莫大な財産は自分が死んだ時に抱いていた女に与えるという遺言書を持っていることだ。果然——金の亡者の売春婦になっていた姉は彼を腹上死させせんと仲間たちを総動員。そうとは知らぬハリー、猛ハッスルで当たるを幸い、次々に悶絶昇天させていくのが笑わせる。結局、自分も心臓発作で昇天。その最後を腕のなかで看取ったのは——。ブリジット・メイヤーが端役出演。

兵役を終えた男が新聞社に入って美女たちを次々垂らし込んで金も地位も得ていくギィ・ド・モーパッサン『ベラミ』からのプロット拝借がサルノ作品と同題の『エクスタシー』(77年)。出版社に雇われたヘボ詩人(ハリー)は、まず秘書嬢と名刺代わりの一戦をこなし、以下、社長令嬢(フォルサ)、編集長夫人、名指揮者の妻らと汗みどろの大奮戦。(*1) 何より、ポルノ映画に理屈は無用とばかり、濡れ場が快テンポで進んでいくのがいい。

『若草が濡れるとき』(78年)は男から男を渡り歩く女の《一代記》——ダニエル・デフォーの『モール・フランダース』の一節——養女となった主人公が結婚するまでを抽出。キム・ノヴァク主演の『モール・フランダースの愛の冒険』(65年・英)ではヒロインが一家の長男と肉体関係を結びながら、結局弟と結婚するが、ここではフォルサ扮するモリー(Molly原題)が、最後は長男と結ばれるラストになっている。ただ、これも現実と回想シーンの区別が不鮮明なのと、登場人物のキャラクターが説明不足なため――原作を読んでいないせいもある――ドラマは低調なまま。バスタブで貴婦人をメロメロにするフレミング卿役はE・エドワーズに間違いない。

アールベルイは暗く地味目だった自国のポルノを一新させた監督として記憶される。フォルサとの一連の作品は、ポルノは商売と割り切っての仕事と見た。特に『巨大なる男とジュスティーヌ』と『エクスタシー』は、観客にはとにかく楽しんでもらわなくてはといったサービス精神旺盛な演出が好ましかった。文学作品(発禁小説)の映画化には早くから取り組んでいて、『ファニー・ヒル』[*2](69年)や『㊙ナナの欲情記』[*3](72年)があった。スタートはテレビのカメラマンで、撮影監督としてデンマークにも何度か出張している。

T・ヴィクマンには二本あった。C・リンドバーグが《男なら誰でもいい!》なる惹き文句通り、色情狂《ニンフォマニア》として登場した『異常性欲アニタ』(76年)はボカシとトリミングだらけ。買い付けの際、修整度合(と経費)を考慮できなかったのかと埒もないことを考えた。『色狂いの群れ　THEスペシャル』(76年)はフランスとの合作。ヒッチハイク中のカップルがノーベル賞を受賞した老科学者の邸宅に押し掛け、欲求不満の夫人やメイドの肉体を味わう。原題は「侵入者」だが、この場合は「チン入者」。

（＊1）ハリーはこのあと（一九七六年）渡伊し、ホテルのボーイがよろしくやる［蜜月三夜］と、二人の若者が女漁りに走る［ベッド狂い］に出演。ソフトポルノなので股間のものを見せるだけで《本番》なし。二本ともコメディ。

（＊2）原作はジョン・クレランドの十八世紀のイギリス小説。舞台をストックホルムに変え、貧乏娘ファニーが娼婦から身を起こし、最後は船会社の御曹司と結ばれるまで。アメリカにはR・メッツガー［ファニー・ヒル］【64年】、A・P・ストゥツベリー［ファニー・ヒルの悪名高き娘］【66年】、J・サルノ［ヤング版ファニー・ヒル］【71年】などがある。

（＊3）原作はエミール・ゾラ『ナナ』。現代に置き換え、ヒロインはパリのクラブの歌手兼ダンサー（アンナ・ゲール）になっている。

海外からの監督たち

四本あったグローバルフィルム配給の「クライマックス・シリーズ」の『クライマックスPART3』（78年）。夫との生活に嫌気がさしていた妻（バーバラ・スコット）が、財産と名画を狙って近づいた男（J・フランク）[＊1]の正体に気づかず肉体を許し、やはり彼に夢中になった娘に嫉妬して破局が訪れる。豊富なセックス場面と主演者の美貌と肉体は楽しめるが、男はおろか娘まで射殺し、自分は服毒自殺するのは後味がよくない。

スコットは一九四六年生まれで、本名はバルブロ・クリンゲレート。当初はドイツで仕事をし、デンマークのG・アクセルが出張したオムニバスもの『カーSEX大特集』（72年）には花嫁姿で出てきた。ヘンゼルとグレーテルのヤングポルノ版『甘い休暇』（74年）はヘンゼルを誘惑する魔女役で、化粧を落とすと醜悪な怪老婆になる。作品によってバーバラ・クリンゲレート、モード・ハーグベルグなどのANを使った。

監督アンドリュー・ホワイトはルーマニア生まれのアンドレイ・フェヘールの変名。写真家だったが、第二次大戦後のソ連(当時)共産党指導の政治体制に嫌気がさし、七〇年代初期にストックホルムにプロダクションを構え、ポルノ映画製作に乗り出していた。変名はイタリアの監督アンドレア・ビアンキのそれと同じな上、脚本をイタリア風にアンドレア・ビアンキとすることがあり、一緒にしているDBがあるのは無理からぬところだが、別人である。(*2) 以後、本名で記す。

変名といえば、プロデューサーから脚本を依頼された若者がアイディアに困り、彼の私生活を内緒で追うことになり、秘書との浮気や妻とのSMプレイが明らかになるコメディー・タッチの『淫夢』(75年)の監督、ゲルハルト・プールセンの正体はポール・ガーバー。アメリカのポルノ・メーカーの一人、アレックス・デレンジーの助監督やカメラを担当後、一本立ちしたが成功せず、渡瑞しての仕事。若者の恋人役マリー・エコールは「SMRシリーズ」(No.6)に出ていた。

結婚式を控えた女性が婚約者以外の男性との邂逅に揺れる『セレモニー 結婚式』(76年・G)は、ナラタージュ方式の作劇法がいささか複雑で、女性客を取り逃し、興行もサンザン。フィルモグラフィはこれで途切れた。

変わった題材としては『サーカス・ポルノ』(76年)。不入りに悩んだクロンハウゼン一座の団長が犬の交尾を見て、曲芸をすべてセックス仕立てで披露することを思い付き、空中ブランコヌード、美女に大蛇が絡むスネーク・ショウなどを上演するや、連日大入り満員。ただし、わが国での興行は映画のようにはいかず、配収二千万円は当時の洋ピンのアベレージ以下。製作・監督は一座の名になっているエーベルハルト&フィリス・クロンハウゼン夫妻。セックス風俗研究家で、デンマークで撮った『WHY《なぜ》？　獣色』(73年)については章を改める。

スウェディッシュ・ポルノの役割はほぼこの時代で終えるのだが、マリー・フォルサだけは記憶しておきたい。グレタ・ガルボやイングリット・バーグマン、アニタ・エクバーグ、ブリット・エクランド、モード・アダムスなどが海外に去ったなか、健気に大胆に祖国のポルノに体を張った女優として。

(＊1)名前を出しているのは洋ピン業界では北欧のハリー・リームズとされる巨根の持ち主ゆえ。見ていないが。
(＊2)feher と bianchi(原型 bianco)は共に「白」の意。フェヘールの「ホワイト」は"Whyte"。

黄昏のドイツとデンマーク

ドイツものは一九七五年に十四本が公開された。何本かはレポートものを中心に既述したが、加えておくべきは『乱欲SEXドクター』(75年)【70年】くらいであろう。古物の記録映画で、原題は［偉大なるドイツのセックス・レポート］。前衛集団の乱交や、政党ならぬ性党を結成する修道士などが紹介されるが、圧巻なのはオーストリア生まれの奇人、オットー・ミュールの怪パフォーマンスだ。芸術と革命のためにあらゆるセクシャル・タブーを打ち破ることを標榜する俳優にして監督、画家にして糞尿愛好家《スカトロジスト》は観衆が見守るなか、祭壇に全裸で横たわる女性に屠った豚の臓物をブチまけ、放尿する。製作・監督は、後年ルキノ・ヴィスコンティの大作『ルードウィヒ　神々の黄昏』

（80年）【72年】やＳＦファンタジー『ネバーエンディング・ストーリー』三部作（85年）（90年）（94年）を製作（共同）するディーター・ガイスラー。

以後は四、三、三、三本とジリ貧状態になっていき、ＳＭＲシリーズもマンネリ化は免れなくなった。ポルノの製作と実態を紹介したのはドキュメンタリー形式の『虐殺ＳＥＸ現場　スナッフ・ポルノ』（77年）。女優のオーディション風景、監督の汗みどろの演技指導、音楽の入れ方など。スタッフのポルノ観も語られる。「早く安く」が要求されるのはピンク映画と同じ。コンスタンティンフィルム（ドイツ最大の配給会社）の重役氏やロマン・ポランスキーのコメントも入るが、目新しさはない。女性がナイフで腹部を刺され、腸がヌルヌル掴み出される場面があり、最後にそこにありそうな紙袋をかぶった男が「一番残酷なのは観客だ」などと語るのは取って付けたようで、さもしい印象しか与えない。

サビーヌ（原題＝ヒロイン名）と男性の性交渉をメインにした『性医学㊙レポート　悶える花芯』（77年）は性病ものだ。《問題のヘビーストロングポルノ》などと謳ってあるが、さすがに、もういいという感じがする。ラブホテルに住み込みで働く羽目になった家出娘と、入れ替わり立ち替わりする客たちの痴態が繰り広げられる『ポルノ№1　ハードフラッシュ』（79年）は、監督のハンス・ビリアン（クリスチャン・ケスラーの変名）にコメディ・センスがないのが致命的。

『白昼スワップ　午後の欲情』（77年）はデンマーク・ポルノ本邦公開最終作品。別れた夫婦が仲直りするまでと、妻の実家の両親が隣の夫婦とスワッピング。セックスを明るく健康的に描いているものの、ドラマの焦点がぼやけているので凡作の域を出ない。日本人数人が登場する場面があった。

鮮血あふれるギリシアポルノ

たまにしか入荷しなかったギリシアものだが、エロと残酷を明るいカラー画面にこれでもかとブチまけて強烈な印象を残したのが『ハードアブノーマル』(77年、ニコ・マストラキス監督)だ。ミコノス島を舞台にカップルが見境なく繰り返す殺しの数々は、画家の手に釘を打ち込んで海に放り投げるわ、ホモ同士の初夜に乗り込んで花婿と花嫁(?)を血祭りにあげるわ、金持ちマダムに放尿してブルドーザーで首を刎ねるわ——この男女、性格異常にして殺人淫楽症という設定だから理屈もクソもない。おまけに、これらの所業をカメラに収めるあくどさで、ソクラテスもアリストテレスも絶句するしかない。ディオゲネスなど樽ごと焼き殺されそうだ。納屋で山羊相手の獣姦に嬉々とする男まで登場する(この男は両刀遣い《バイセクシャル》でもある)。

スプラッターやスラッシャー映画と呼べるほどの執拗な描写はないけれど、ぎらつく太陽の下に展開された白日夢のような血みどろの世界は尋常でない。どうせフィクションだと徹底している作劇法が心強い。無論、この殺人者たち——あとで兄妹と判明する——には報いがくる。

以下の二本はアクションをミックスしていて新味を狙ったようだが、出来栄えは甚だよろしくない。エロに殺しを交えた金塊争奪戦『多情女集団　ダイナマイトポルノ』(78年、エリアス・マイラー監督)は、二派に分かれた密輸グループのメンバーが多過ぎて、誰がどのポジションにいるのかわからなくなる。女ボスのレズ相手、C・ベッカリーが途中で消えてしまい、ラスト近くに再登場したのはいかにもゲスト出演らしいと苦笑いできても、散弾銃で生き残っていた連中を皆殺しにするのには驚いた。メチャクチャな脚本である。マイラーは［サドの女王エマニエル］があったイリアス・ミロナコスのAN。

ドイツとの合作『アブノーマル 絶倫』(79年)も要領を得ない。武器密輸阻止のため、女諜報員タマラ(A・ウィルソン)が四人の男と行動を共にする内、裏切り者がいるらしく、次々に敵側に殺されていく。これも脚本が杜撰で、物語の中にセックス・シーンがあるのではなく、その逆になっているから犯人は？　内通者は？　という興味が持てなくなる。これではタマラない。良くも悪くも、これがメイド・イン・ギリシアなのだ。監督ソウル・フィリップシュタインはドイツから。

オミロス・エフストラティアディスには七九年公開の二本があった。『欲情エーゲ夫人』は乗っ取り屋と言われる実業家デリーズと財界の大物の娘ティナのロマンスに殺人事件が絡む。写真家がモデルを殺す場面は殴る蹴る引きずり倒すと過激な暴力描写の連続。最後は杭が女の背から腹に貫通し、鮮血が飛び散る凄惨さ。ティナはデリーズ結ばれ、悲劇的結末が多いギリシアものには珍しいハッピーエンドはいいが、主人公がどちらか、ハッキリしていないのはマイナスだ。

イサカ島に遊びにきた大富豪の娘マリアが土地の若者たちを誑かして修道院の聖画像を盗ませ、売り飛ばそうとして失敗するのが『セックス・チャレンジャー　恍惚のテクニック』。島の貧乏娘ではあるまいし、大富豪のお嬢様が金欲しさと贅沢したさにそこまでするかという疑問は払拭できない。おまけに、かかる内容にして、この大袈裟な邦題は何なのか。

前の『淫情妻』のヒロインはタイトルには似つかわしくないラストが待っていたし、『欲情エーゲ夫人』には《夫人》など出てこない。しかし、それをいいかげんだとは思わない。原題は元より、内容や主人公のキャラククター性を無視した命題と売り方は何もギリシアポルノばかりではないし、そういう例はこれまでいやっというほど見てきた。洋ピンとはもともとそういうものだ。これを見続けるためには映画への興味はもちろん、配給会社の営業や宣伝にも関心を持つことが必要になる。

舌を噛みそうな名前の監督は一九三八年生まれ。演出に際立ったところはないが、初演出(六四年)から生涯百本余を手掛けた量産ぶりは評価されなければならない。先のミロナコスはポルノ専門で五十本余がある。どの国でもそうだが、この世界で名を残すには質より量なのだ。映画史に残る不朽の名作など、誰かに任せておけばいい。

ギリシアポルノは物量で押してくるアメリカものにいささか食傷気味だったことも手伝って新風を巻き起こすのではと、七〇年代初期から期待していたのだが、総体的に見劣りするのは否めなかった。小島の漁村を背景に三組のカップルが入り乱れるものの最後は元の鞘に収まる『SEXスキャンダル』(*)(78年)もソコソコまとまっていただけで、強烈なインパクト——売りがない。この国のポルノの未熟さは結局、有能な人材の欠如に尽きる。豊富だった女優も大半は変名だった。


(*)ポスターのメイン写真はアメリカの『淫らな唇　スーザン』(75年)の主演者ショーン・ハリス。

香港三級片が初入荷

香港ポルノが入荷したのが一九七六（昭和五十一）年。『燃えよドラゴン』の大ヒットで香港・台湾のカンフー映画や武侠映画（時代剣戟もの）がどっと押し寄せてきたなかで、たった二本ながら「三級片」（成人映画）が入ってきたのは嬉しいことだった。何より、新鮮さがあった。「三級片」は香港の審査区分で「一級片」が一般映画、「二級片」がR指定作品（当時＝近年は二級片見直しが行なわれて四段階になっているはずだ）。

その上陸第一号が『金瓶梅』（76年）で、原作は明の時代に成立した同名の中国四大奇書の一つ。金と権力に任せて女色をほしいままにしていく豪商、西門慶（楊群＝ヤン・チュン）が因果応報、身を滅ぼすまで。西門慶は正妻（第一夫人）以外に三人も愛妾がいるにもかかわらず、まず題名の元になっている潘金蓮（胡錦＝フー・チン）や李瓶児（タニー・ティエン）の二人の人妻を籠絡。喋々喃々から法悦境へ――。召使の春梅にまで手をつける。《一盗二婢》を実践しているのである。邪魔な亭主は毒殺したり、濡れ衣を着せて憤死させたりのあこぎさだ。

女優たちはいずれも好色そうで、悶え、喘ぐ媚態や恍惚の表情などなかなかいい。衣装、装身具が東洋風エロチシズムを醸し出し、ベッドですぐ裸になる欧米ポルノと断然違うムードだ。もっとも、大半は腹掛け姿で、乳房露出も僅かなもの。それもスタンド・インと思われる。三級片とはいいながら、規制はあったのだろう。

物語もどうということはないのだが、《アラビアンナイトも何のその、カーマスートラは子供用！≪欧米ポルノをせせら笑って日本初登場！≫といったコピーも奏功して、ＲＳ四週のロング・ラン（興収四千二百万円）。原題［金瓶雙艶］[*1]。大会社ショウ・ブラザースの三級片とあって、地元では七四年の興収六位にランクされた。監督のリー・ハンシャン（李翰祥）は名の知れた人物で、後年『西大后』（85年）や『火龍』（87年）がある。本作は中国古典の映画化ということで評判になったもののようだ。[*2] 梨売り役で登場し、西門慶の手の者に殺される若者がスターになる前のジャッキー・チェン（成龍＝この頃の芸名は陳元龍）だ。

『新・金瓶梅』（77年）の原題は［官人我要］（英題の一つは［妾の告白］）で、『金瓶梅』とは関係ない。やはり明の時代、科挙（官吏登用試験）に挑む若者と娼館の娘（ヤム・ヤム・ショウ）のロマンスを軸に色欲の世界が描かれた。見どころは男を歓ばせる性愛秘技の数々（背中で生卵を転がす、腰でチリ紙をより分ける等）と、好色旦那（ヤン・チュン再び＝監督も）の女たちを弄ぶ痴技（小道具に孔雀の羽や生きた亀を使う）。乳房を締め付ける淫具や背に張形を装填した木馬の拷問趣向も面白かった——と、ここまではいいのだが、旦那の急死が殺人騒ぎにまで発展して始まる裁判劇がさっぱり要領を得ない。演出のスタイルも同一監督とは思われないほどシリアスな調子に一変する大破綻ぶりで、ＤＢ（香港影庫）では陳誌華[*3]との共同監督になっていた。

これも香港でヒットして七六年に五位に入った。[*4] 性愛描写は二本とも当時のピンク映画や日活ロマンポルノ以下。それを救っているのが設定、素材、女優の新鮮さだ。

後年（一九八〇年）、当地を訪れた際、［花花公子手記］（スウェーデン映画『エクスタシー』）を見る機会があった。ファックシーンはボカシ処理などせず、情け容赦なくカット。ハリー・リームズがいざ……と体勢を整えるとバッサリやる。どの場面もバッサバッサと切り捨てる。シラけること夥しい。《毛片》(PH)は解禁になっていて、脱衣シーンや入浴シーンでは丸見えだった。金髪フォルサの下はブラックだった。別の映画館では「聲色満堂春」(イタリアの艶笑譚らしい)や「風流女学生」(ドイツの女子学生もの)を上映していた。地元の三級片は映画館の場所がわからず、ウロウロした末、断念した。


(＊1と＊2)原題中の「雙」は「二」の意。ドラマに重きを成す潘金蓮と李瓶児のことと解する。李翰祥の『金瓶梅』のキャラクター拝借作品は「風流韻事」【73年】「金瓶風艶」【91年】(V『金瓶風月』)『少女潘金蓮』【94年】。いずれも三級片。「武松」【82年】は金蓮の夫の弟を主役にした武侠もの。西門慶は四大奇書の一つ『水滸伝』にも登場する。

(＊3)監督作品にジャッキー・チェン主演『少林寺木人拳』(81年)『蛇鶴八拳』(83年)。

(＊4)ランキングは「香港電影興行ベスト10」(伊藤卓＝キネマ旬報一九九七年臨時増刊『香港電影満漢全席』所収)による。

サンユーフィルムという会社

この頃、存在したサンユー・フィルム(・ジャパン)について書いておく。あまり知られていないと思うが、潰れたNCCの残務整理や在庫管理をしていた清算会社で、一度オフィス(NCCと同じ燃料会館内)を訪ねたことがある。手元に二色刷りで判型も同じプレスシートが何枚かあるが、社名入りのものが一枚だけなのは、予め他社に配給を委託する予定でいたらしい。

社名が入っていた『肉体の秘部を暴く』はドイツの医学映画らしく、ローカル先行で封切られ、都内の下番線に出回ったと聞いた。七七年八月に確か銀座名画座（三原橋地下）で見たが、全編これ手術場面のオン・パレードで、眼球が刳り抜かれたり、肝臓がベロリと摘出されたり、脳がドロリと取り出されたりと、気の弱い人は卒倒しかねない。スペイン映画『人間解剖』（75年・G）もリアルだったが、そのうえをいく生リアルさで、さすがに目をそむけたくなるような場面もあった。

こういう映画に接してしまうと、ゾンビものや食人映画など一笑に付したくなる。一応、科学と医学の進歩や人間の肉体の神秘さをテーマにしてはいるが、何やらおぞましさも覚えた。参考までにコピーを引用すれば《肉体をバラバラに引き裂き、秘部の奥底までを白日のもとに晒す！》《肉を裂き腹をえぐる空前絶後のショックドキュメント！》。日本語解説は北村和夫。

STチェーンのスプラッシュとして消化されたのは――。『襲われた熱い肌』（77年）は東映洋画が配給。久方ぶりZ・スリストロフスキーの監督作品。久方ぶりと書いたのは以前に作家（ダール・ポーラン）とモデルが一緒にアフリカに向かってのロマンスと冒険『獣愛　エロチカル・アフリカ』（71年）が公開されていたからだ。ポーランは監督の変名で、しっかりモデルと体を重ねていた。彼女が猿に襲われ、あわや獣姦という場面もあったが、エテ公では……。そのあと大蛇が現れ、今度は《蛇姦》と思いきや、これもアッサリ追い払われる（だったら、出すな）。忘れた頃にポッと作品を発表する奇妙な人物で、これだって『イヴの砂』以来七年ぶりだった。

今回は若い娘アニーがサントロペで知り合ったカメラマンと一緒に向かったブラジルでのエロとアクション。しかし、ヒロインが海坊主の如き容貌怪異な巨大漢にレイプされた過去を持っている設定のため、セックスを忌避しているのが断然物足りない。キャリアがキャリアだから自然の景観の描写には見るべきものがあるが、その分、人間相手の演出はさっぱりだ。

『獣のコリーダ』の正体

以下三本はNCCのフィルムを編集したハイライト集――要するに、ただの繋ぎ合せだ。『《実態》姦婦のヘビーSEX』(78年)はカジュラホの遺跡が映る開巻から深夜の夫婦の交歓、それを覗く子供、ドイツの性教育、レズ、ホテルのミラーSEXなどがさしたる脈絡もなく紹介されたが、《出典》は『カーマスートラ』(69年)しか挙げられない。

《SEXに飢えたテキサスの野獣が人妻の裸体にきり刻んだレイプの烙印!》――『荒野のセックスハンター』(79年)は《西部劇特集》。南北戦争のあらましや、メキシコ人の人妻誘拐と凌辱は『続アニマル』『新アニマル』から、インディアン娘や白人女のレイプは『女狩り』(70年)『女獣暴行』(76年)から抜粋。トップに出る"The Wicked Die Slow"は『女狩り』の原題で、ラスト、恋人を惨殺した悪党どもを次々屠るガンマンの台詞だ。プレスシートにある偽原題は"Wild West"。

『淫獣痴帯』(79年)は奴隷市で売られたり、黒弥撒の乱交に巻き込まれたり、切り裂きジャックに殺されたり、ナチスの収容所で拷問されたりといった女性虐待史。『猟奇! 処女残酷史』や『ラブキャンプ7』などがお役立ち。

『獣のコリーダ』は一九七八(昭和五十三)年、新宿西口パレスで《キャッチ》した。なかなか見応えのある作品で、ギャング団の若手幹部がボスの娘（カティ・ウィリアムス）といい仲になったため怒りをかい、男性器を切断された報復をするまで。一味の根城の地下室ではヘロインを打たれて監禁された女たちが鎖で縛られ、男たちの性奴隷になっている。彼女たちを痛めつけるママ・ルーポ（ベルサ・ビッグ）はボサボサの髪に顔に赤痣があり、太鼓腹をした醜悪な女で、見るからに不気味なのがよい。ヒロイン役は美しく、事件担当の警部もパイプなどくゆらし、ポルノらしからぬ好キャラクターだ。展開がややぎこちない面もあるが、監督のカート・リッチャー、最後まで見せた。

かすかに記憶があった原題“Invitation to Ruin”から、これは七一年十二月に邦画の松竹が配給した『女体責め地獄』【68年】（米）と判明した。ＮＣＣが申請して、同年十一月に審査済みになっている。松竹が配給した事情は不明。「西口パレスは超満員の盛況。併映が『シャロン・ケリーの人妻交換』だったためもあろうが、ポルノ上映館での立ち見は初めての経験だった」とある（ノート＝七八年年一月二十一日）。以上ミリオンフィルム配給。

当時は日曜などにＲＳやＳＴチェーンで見逃した映画を見るため蒲田や錦糸町の映画館に行くと、場内は満員。脇の通路、後ろは立ち見客で溢れていた。ポルノのＲＳ興行がおしなべて不振になっていた時期、料金の安い下番線では着実に客を集めていたのだ。こういう時代があったのである。本項中には各ＤＢに無記載の例がある。それゆえにこそ記録した。

都内の興行事情を記しておく。一九七七年には新宿地球座、銀座ロキシーとＲＳチェーンを組んでいた池袋地球座が一般映画へ切り替え、翌年夏には銀座ロキシーが名画座に衣替え。それまでポルノの合間に一般映画や拡大興行に参入することがあった新宿東急、丸の内東映パラス二館も新しく形成された東急の新RSチェーンに編入された。かくて洋ピンRS館は新宿地球座一館になった。「日本で唯一のポルノロードショー劇場」は全然威張れた形容ではない。集客が見込まれた作品には同じ恵通直営の銀座名画座を加えた。STチェーンは一般映画とポルノの二系統に分けられた週がある。(*)

配給はミリオン、グローバル、ニューセレクト。早くから一般映画の買い付けにも乗り出していた東映洋画は一九七七年、アラン・ドロン主演の『ブーメランのように』が二億三千万円の配収をあげたものの、配給権利金が高くて赤字になる大誤算。一方で外部プロの『宇宙戦艦ヤマト』『人間の証明』二本で三十億円を稼ぎ、蓋を開けてみないとわからない外国映画買い付けを控えるようになり、これが『DT』以来、ヒット作がないポルノ離れに拍車をかける。ヘラルドは『ヤングチヤタレイ』で撤退。そして一九八〇年を迎える。

(*)都内は上野東急、浅草ロキシー、笹塚京王、吉祥寺ムサシノ、江東花月、王子スカラ座。他に横浜西口シネマ、イセザキシネマ、川崎スカラ座(七九年=以後離脱や臨時参入がある)。

ご存じ
ハリー・リームズvsマリー・フォルサ
傑作 巨大なる男と バタフライズに続く
強烈スウェーデン・ポルノ第2弾！
女の匂いがムンムンムン！
遂に映画化なった幻の好色古典―
欧米ポルノを蹴ちらして、明日登場
池袋地
新宿
異常
★オールナイト
性欲
金瓶梅
きんぺいばい
全てを賭けた超ハード引退記念作品！
最も強烈なX級の映画である
スーパー・テクニシャン
ジェニファー・ウェルズ
は、あのチャタレイ夫人の孫娘！多情の血が騒ぐ！
欲しくてたまらない…あの庭師が！
破廉恥な男女たち
アメリカ・ポル
記録を樹立し、
巨大なる男と

第五章　USAポルノの黄金時代（一九八〇〜八五年・PART1）

八〇年代半ばまでを追う。アメリカポルノが質量共にヨーロッパポルノを圧倒。成人指定二九六本中、公開本数二二一本はまさにポルノ・キングダムの観を呈した。

一方で、新風営法によるポルノ規制やビデオの普及が興行に影響を与え、観客減に繋がる結果になった。配給会社では一九七二年から続いていた東映洋画とグローバルフィルムが消滅した。

本章ではまず、『ウォーターパワー　アブノーマル・スペシャル』や『タブー・セックス　恥辱』がヒットし、新しい監督や女優も輩出するなど、話題には事欠かなかったアメリカ映画を扱う。

(1)タブーへの挑戦——浣腸と近親相姦

『ウォーターパワー』のヒット

一九八〇（昭和五十五）年は《浣腸》に尽きる。『ウォーターパワー　アブノーマル・スペシャル』（80年）は、普通の性行為では満足できなくなったバート（J・ギリス）が浣腸プレイを見て異常な昂《たかぶ》りを覚え、自ら実践していく物語。

ポルノ・クラブの一室――口にガムテープを張られた女が手術台にいて、ドクターと看護婦が傍らにいる。アヌスにワセリンを塗り、チューブを挿入。何やら怪しげな溶液が送り込まれ、放出が始まる。ヒップの下の受け皿にシャーッと垂れ流された液状の汚物に興奮したドクターは看護婦に挑み、凝視していたバートは股間に手をやる。

エネマ（Enema＝浣腸）は今までにない趣向で、異様なリアル感に画面に釘づけになった。見てはいけない――そのくせ見たいと思っている情景に息を呑む。ドクター役のE・エドワーズも心なしか、緊張しているように映じた。演技だとしたら一級だ。以下、これに取り憑かれたバートの犯行が描かれる。かねてから望遠鏡で覗いていた女のアパートに侵入。放尿して辱めたあと、突っ込んだゴム管に水道水を送り込み、強制排便させる。浴室では二人の女学生に黄色い汚物を噴出させる。凄絶極まるシーンだ。最後は自分を罠にかけようとした婦人警官を無抵抗の状態にして恥辱と被虐の快感を味わわせる。

ただのエログロ映画ではない。映画館という暗闇の小宇宙に集まった観客の好奇心を十分満たしてくれた点では上出来の娯楽映画になっている。虐待、暴力描写もあるからSMものの一変種と看做したい。完璧なまでの犯罪劇でもある。ギリスはニューヨークに住む鬱屈した一人の人間を好演した。もともと、変態的な性行為のうまい俳優で、適役だった。演出もうまいし、カメラワークもいい――いや、そんな技巧のことなど、女性の体内からの排泄の前にはどうでもよくなってしまう。この映画は本来、密室で果たされるべき生理現象を赤裸々に、しかも強制的に描いたところに価値があるのだ。そういう意味では前代未聞であろう。

エネマ趣向はそれまでのアナル・セックスも凌駕した感がある。以後、亜流映画が数編あるが、ドラマとして最後まで飽きさせなかった例はない。女学生たちの抵抗ぶりは《実録》かもしれないとも思わせた。配給元の斬新大胆なアドもあって、配収九千三百万円は、この年の洋ピンのトップになった。最終的には一億円を突破しただろう。八三年にRSで再映されたほどだ。

長いあいだG・ダミアーノの監督とされていたが、これは名義貸し(というより騙り)で、脚本にアーサー・ディートリッヒとクレジットされたショーン・コステロの仕事【77年】。無数のANを駆使してポルノ業界で飯を食ってきた男で、ガンビーノ一家(NYのコーザ・ノストラの一つ)のエージェントに「エネマものを一本作れ」と依頼されたという(IMDb)。闇社会がポルノ業界に黒い影を落としている現実は『DT』の興行にコロンボ一家が絡んだことや、俳優たちの中に麻薬の常用者や運び屋がいたことで大体わかる。ダミアーノの作品ではないと見抜けなかったのは忸怩たるものがある。

浣腸は翌年のアレックス・デレンジーの『スペシャル・マシーン』(81年)にも描かれていた。事故で記憶喪失になったピーチェス(デジレー・クストゥ)に変態ドクターが「治療にはショック療法が一番じゃ」と、ヒップの奥にゴムホースを挿入する。こらえきれなくなった彼女は凄い勢いで放出する（噴出するのは水）。ただ、こちらはコメディだから、まともにそれを受けたドクターがデーンとひっくり返るお笑いで処理されていた。それでもRS四週で四千万円の興収があり(*)、最終的には同年の洋ピンで一番稼いだ作品になった。浣腸は強いのだ。

時間を一時的に止めることができるストップウォッチを小道具にした――ただし、そのアイディアが全然生かされていない凡作『発情　ダーティグリース』（82年）にはキャンディ・バーバーのヒップにチューブが差し込まれるシーンがあったが、排泄はなかった。見せ場（？）を配給元がカットするわけもなく、オリジナル通りなのだろう。

（＊）洋ピンの年度配収は五千万円以下が大半になり、ほとんど公表されなくなった。本章以降は主に『別冊スクリーン』所収「映画街情報」「おしゃべり映画興行界」（構成・筒井隆二）による興収を適宜概数で記す。RSと東京STチェーン中心なので参考程度と思われたい。

ゴールデンシャワーを浴びて

後ろの次は前――放尿だ。男も女も、金持ちも貧乏人も、誰もが果たす生理現象を描写することには疑問がないではないが、映画はもともと見世物であり、これはこれで容認しなければならない。作るのは自由だし、見るも見ないも個々の自由だ。放尿はこれまではD・ソーンやM・メンダムが見せてくれ、他にも『センセーション　淫溺』『ロサンゼルス暴行事件』などがあった。ドラマのセールス・ポイントとしてではなく、ワン・ポイントして処理されているのは「大」と「小」の差であるが、この時代は量が違う。

グロリア・レナード（レオナルド）はわが国では知名度は低いが、その名を前サブにした『SEXズーム・イン』（80年）で派手なそれを見せた。自身がモデルの編集長（実生活でアダルト誌『ハイソサエティ』の発行人だった）が過去の取材を回想するエピソードの一つで、読者の投書を参考にした自慰をトイレで実践、バイブで絶頂に達したとたん、いきなり、シャーッと……ビックリした。(*1)『ポルノ・アレンジャー　乱熟』（81年）では夫とのセックスがうまくいかない若妻が、G・スペルヴィンの治療を受けて精神的に解放されるまでだが、それを放尿が象徴しているかのようなラストだった。ついでながら、全員がフランス語を話しているのは、エージェントの手違いで配給元にフランス語版が届いたからという。

精神科医と患者の対話で異常性愛の数々が紹介されるオムニバス『アブノーマル　淫妻』（82年）では最後のエピソードとして。酔った女が仰向けになった男に跨って、バシャバシャと凄まじい勢いで果たす。これだけではない、今度はお返しをする男のそれを嬉々として口中へ……。「彼女は正常になって?」という患者の問いにドクター曰く、「もちろん。今は私の妻さ」。ドイツ人みたいな名の監督、オットー・V・ダヤンはアレクサンダー・クベルカの変名。

これを『ザ・ロリータ　姦痛』（84年）で童顔タミー（アメリカでは《バンビ》、十三歳という触れ込みは嘘に決まっている）にさせた悪趣味監督がレオン・グッチで、性具のセールスマンがキャンディをエサにお医者さんごっこを始め、バイブを彼女の口のなかに突っ込み、お股をなぞると、フラスコに黄色い小水が……。ロリコン狙いの命題をされた（中身は全然違う！）『リトルガール　飼育』との二本立ても奏功、STチェーンで三週三千八百万円は異例の大ヒットだ（配給＝NS）。悪趣味だろうが下品だろうが、映画が当たって文句を言う人間はいない。

七〇年代半ばからのヴェテラン、アーニー・スプリンクル――彼女も日本では無名に近いが――はセックス大好きを公言していることで知られる。その淫乱一代記『ディープ・インサイド　失禁！』（85年）で見せた《プッシージュース》（自身の形容）の量たるや並みでなく、まさにスプリンクラー。男の体は水浸しになる。配給会社が題名にしちゃったのも頷ける。放出はホントとは思えないが、レナード同様、そこまでカメラ（すなわち観客）に痴態をさらすことにアメリカのポルノ女優のプロ意識を見ないわけにはいかない(*2)。

糞尿譚はフランスに飛び火する。これは次章で述べる。余談ながら同じ放出では母乳の例がある。『ヒップアップ欲情』（80年）では女優の乳房からミルクがジンワリと、『ストロング・セックス　苦痛』（85年）や、後年の『ブライド・エロトピア　花嫁の奥技』（89年）ではピューピューと迸り出てきた。ママさん女優の出演であったか。

エネマものの出現や放尿描写は、もはや単なる浮気や乱交によるセックスとカム・ショットだけでは保《も》たないとの製作サイドの判断もあって当然だ。ただ、映画の刺激というものは、せいぜい最初の一本か二本がいいところで、見る側はいずれ麻痺してくる。それでも配給会社にとって商売になるのは、この種の映画のファン——マニアと言うべきか——が確実に存在するからであり、ある程度間隔をあければ観客の交代も期待できるからだ。それ専門のAVも出回っているとかで、映像を眺めている分にはいいが、現実に女子トイレで盗撮を行なって捕まる連中が絶えないのは彼らの心の奥底に社会通念や道徳、人倫を度外視した背徳的な愉悦があるからではないか。他人には言えない秘密の快楽。自分だけの蜜の味——。この背徳性を平凡な家庭内に持ち込んで禁断の性の在り様を描いたジャンルが近親相姦《インセスト》ものである。

インセストはルキノ・ヴィスコンティの『地獄に堕ちた勇者ども』(70年・伊)や、ルイ・マルの『好奇心』(72年・仏)、ベルナルド・ベルトルッチの『ルナ』(80年・伊)などで描かれ(いずれも母子相姦)、ロマン・ポランスキーの『チャイナタウン』(75年・米)ではフェイ・ダナウェイのおぞましい過去が明らかになる。本書でもこれまで数編を見てきたが、久々に登場して話題になったのがアメリカの『タブー・セックス　恥辱』(81年)である。

(＊1と＊2)監督は主演女優になっているが、『スーパーテクニシャン　J・W』同様、UCになっているサルノが全面的に仕切った。

母と息子の禁断の秘め事

灯りをつけたままでの夜の営みを拒否したことで夫に去られ、乱交には躊躇し、自慰にも空しさを覚え、悶々としている妻がある夜、寝ている息子ポールの屹立している肉棒《ポール》に我を忘れて一線を超える。「事故だったの。タブーよ。忘れてね」と母は取り繕うが、無遠慮に迫った息子を拒否できず、再び快楽に酔い痴れる――『タブー・セックス　恥辱』は禁忌と欲望に懊悩するバーバラ・スコット役ケイ・パーカーの熱演と、カーディ・スティーヴンスの粘っこい演出が奏功した一級の作品として洋ピン史に残る一編である。

伏線として、ポールがかねてから母に女としての魅力を見出し、挨拶代わりの日常のキスを唇に執拗にしたり、入浴や着替えの様子を覗き見したりと、クライマックスに至るまでのプロセスを丹念に描いているのも印象深いものにした。ポールとガール・フレンドのシェリーなど、他のキャラクターによる絡みもあるが、どれもこれも母と息子の禁断の交わりには敵わない。

ギリシア神話の『オイディプス』は母と息子がお互いそうと知らずに交わり、罪業に慄いた母は自殺、息子は自ら盲《めしい》の身となった。スウェーデンの『断罪』では息子と関係した母親が斬首になったが、それも今は昔、ここでは二人が肉の快楽にドップリ浸かるのだ。二週で興収一千万円以下が多かった同年のRSで、年増女優と無名監督の映画が、三週一千七百万円と健闘したのは、やはりテーマがよかったのである。原題には"Taboo Sex"のあとに"Ultimate Sin"(究極の罪)とある。アメリカでは製作・脚本ヘレン・テリー、監督スティーヴンスのコンビでシリーズものになった。

シリーズものは一作目を超えられないとはよく言われることだが、残念ながら興収も含めて、これもその例に洩れなかった。シェリーの暮らすマクブライド家がメインになった二作目『タブーコ

ア 幼愛ロリータ』(85年)では、まず彼女と兄のグレッグ・ジュニアが関係する。二度目の行為を母のジョイス(ハニー・ワイルダー)に見られたグレッグは言い訳をする内に夫との仲が冷え切っている母に同情し、抱いてしまう。シェリーはシェリーで、パパ(E・エドワーズ)を慰めようとベッドに《夜這い》をかける。その隣にママが寝ているのに……。

一作目が禁断のセックスをジックリ描いていたのに、これはそこまでのプロセスが一本調子なのに加え、各キャラクターの心理描写がおざなりなので俳優たちの絡みにしか映らない。兄と妹、母と息子、父と娘——近親相姦のバーゲン・セールで、大安売りにいい品物があるわけがない。何より、肝心の背徳性が稀薄になっていて、この傾向はずっと続く。

邦題が「パート2」であることを明示していないのはなぜなのか。「幼愛ロリータ」まで入っているのはレズ・シーンにタミーが出ているからとしても、チョイ役に過ぎない。一作目を配給したミリオンフィルムから配給会社(NS)に申し出でもあったのか。古い例で恐縮だが、『荒野の用心棒』(65年=東和)の続きが『夕陽のガンマン』(67年=ユナイト)に変更されたことを思い出した。

タブーからゲームへ

三作目『TABOO SEX 恥情』(86年)——ジョイスは当たり前のように息子と肉体を絡ませている。演じるほうも観客も慣れっこになってしまったのである。一方、一作目のスコット家にはもう一人の息子ジミーがいたという設定で、バーバラは彼にもあらぬ妄想を抱く。ジミーはジミーで母と兄の間に何かあったらしいと薄々察しているようなムードなのだが、インセストはいとも簡単に果たされるので、ドラマは盛り上がらない。予測した通りにコトが運ぶ脚本は見事なくらいだが、こんなことが見事では困るのだ。

四作目『タブー・セックス　錯乱』(87年)は「近親相姦は許されざる行為です」などと、しかつめらしくラジオ番組で語りかけていたセックス・カウンセラーと彼の妻、弟、寄宿舎を追いだされた娘二人にジョイスと息子がまた登場してのバーゲン・セール第二幕。テーマそのものに新鮮さが失われているのは仕方がないにしても、刺激も衝撃もない。大体、この分野の常連たるJ・ギリスやJ・レスリーが出てきたら、ありふれたX映画と変わりがない。タブーがゲームに変じてしまったのである。監督は寡作派だし、間隔もあけていたから期待も注目もしていたのだが、シリーズもの悪しき伝統は払拭できなかった。それでも「タブー」という言葉はアメリカ人にも刺激的らしく、複数の監督によってビデオが作られ、長くシリーズ・タイトルになった。

二作目のあとに公開された『タブー・セックス2　私情』(85年)はややこしいタイトルで、それこそ錯乱ものだが、これはR・マッカラムの"Unthinkable"という別の作品。ミリオンフィルムの配給で、タイトルの命名権はこっちにあるとでも言わんばかりだ。兄と妹がベタベタやって、そこに姉と恋人が躊躇なく参加する。これも背徳感も罪の意識もない俳優たちのセックス・ゲーム。両親が二作目と同じワイルダーとエドワーズなのは故意か偶然か不明だが、この夫婦セックスのほうが楽しめたのは作為的な近親相姦より自然だからである。

他に、探偵のセックス報告書がオムニバスで綴られる『セクシャルガール　もっと悶えて』(81年)では娘(A・クレイトン)と継父が関係。精力を持て余している息子が父親の若い再婚妻に挑むシリアスな『インモラル・ポルノ』(82年)の「PART2・義母篇」は二部構成なので四十分に短縮されたが、A・スピネリのねちっこい演出と描写はさすがで、ニール・ワグナーのカメラワークのうまさも見逃せない。

兄と妹のいけない関係

近親相姦は親と子に限らない。『私情』にあった兄と妹——これを逆手に取ったのが『令嬢物語ハードコア』(83年)。屋敷の当主の娘ヘザー(ヴェロニカ・ハート)と庭師の息子フレデリック(ポール・トーマス)は結婚初夜直前に腹違いの兄と妹だと知らされる。ヘザーの父は戦争で不能者になり、既に息子(フレデリック)がいた庭師に妻を与えて産まれたのがヘザーだという。ヴィクトリア朝のイギリスのような雰囲気で、チャタレイ夫人の物語を発展させたような設定だが、これはこれで面白い。二人は夫婦としての営みを持たない誓約を立て、フレデリックはメイドを花嫁代わりにし、ヘザーには運転手や精力絶倫男をあてがってやる。やがて、死を覚悟してまでベッドを共にしようとした直前(また!)、当主の妻と関係したのは別人と判明。ハッピーエンドと思いきや、フレデリックは妹ではないヘザーに魅力を感じなくなり、性欲も湧かなくなったというオチがある。

この頃のアメリカものでは『アブノーマル・バージン』や『絶頂ハニー　ディープ・ウェット』

(共に81年)に、少し前の『バックプレイ 欲情』(79年)にも兄妹相姦が描かれていたが、いずれも巻中のワン・シーンとしてあるだけで、物語には直接関係なかった。おまけに《相歓》だ。以前の『あに・いもうと 痴戯の記録』(74年)には妹が兄の子を宿すショッキングなラストが待っていたし、先のブラジルもの『禁じられた情事』では罪の意識からヒロインの兄と父が自殺までする。然るに、この三本における描写はセックス場面を増やすためだけの安易な挿入である。何事もあまり深刻にならないアメリカポルノの特質かもしれない。

『セックス・ブラザー〈兄・妹〉』(82年)は家族ぐるみのコメディで、兄と妹は清い(?)関係のまま。『タブー 相姦』(83年)もコメディで、泥棒母子(ジュリエット・アンダーソン&ロン・ジェレミー)が仕事成功を祝してベッドで絡む場面があるが、これまた背徳感ゼロである。邦題に釣られた人は少なくあるまい。ドイツのSMRシリーズ『性感優等生(№4)』(73年)にも挿話の一つとしてあったことを付記しておく(父に乱暴される夢を見たC・リンドバーグが兄のベッドへ逃げ込んで……)。

糞尿譚やインセストものもまた映画には違いない。それを変態だ、異常だとする風潮があるが、なに、たかが映画ではないか。見たくなければ見なければいい。何であれ、映画は集客があってこそ。八〇年代半ば以降、ヨーロッパにはこれも禁忌とされる獣姦ものが登場し、よりアブノーマルな世界を構築していくことになる。

（2）実力者たちのフィルモグラフィ

スピネリの本領発揮

精力的な仕事をしたのはアンソニー・スピネリである。どんな女もモノにすると豪語するジャック（J・レスリー）が人妻（ジェシー・セント・ジェームズ）にダーティな言葉を連発、メロメロにする『私に汚い言葉を云って』（81年）――。見どころはもちろんジャックのハッスルぶりにあるが、自信満々の彼とは逆に、女にはからっきし自信のない相棒レニー（R・パチェコ）を配したコントラストも面白い。EFA（第五回・一九八一年）などで多くのアワードを得た(*)。アメリカ映画の有名な台詞や俳優のパフォーマンスを取り入れていたらしく――らしくとは具体的に蘊蓄を傾ける知識がないからだが――それも受賞の決め手になったのだろう。西部の無法者の名前みたいなJ・S・ジェームズもよかった。崩れた感じのハイミスや人妻を演じさせたら天下一品の女優で、スピネリは以前から度々起用して、その個性と魅力を引き出していた（以後、本作を『風と共に去りぬ』の顰《ひそみ》に倣い、原題“Talk Dirty to Me”略の『TDTM』とする場合がある）。

『先天性　アクメニアン』（83年）はレスリーとパチェコが役名もそのままに再登場、続編のようになっている。ジャックの女《スケ》こましは相変わらずだが、女に関して万事消極的だったレニーは女の子と結ばれ、結婚を決意。「バカな真似はやめろ！」「君には愛情というものがわからない！」――口論の末、相棒は去る。むしゃくしゃしているジャックに移動スナック車の親父(ジョージ・スペルヴィン＝スピネリ)が優しく諭す。この説得にジャックは正装して結婚式に出席し、二人を祝福する。ポルノを単なるポルノにしていないスピネリのうまさ、したたかさ。ここにはちゃんとしたドラマがある。プロデューサーのバーナード・スピネリはサム・ノーヴェルのＡＮ。

二年連続でＥＦＡ作品賞受賞(トータルで七部門)も日本ではスプラッシュ扱い。そして、三流映画のような邦題。アメリカのアダルト映画賞の価値など、何ほどのことはない。前章で軽視した理由もここにある。スピネリは一作目でも同じ芸名(?)でハンバーグ屋の親爺役で出演している。恰幅のいい髭面の男だ。

スピネリのジェームズ起用作品を三本――教師役を演じたのが二本。『エロ・グランプリ　ＰＴＡ』(82年)は、ハイスクールの生徒、両親、教師の乱倫ぶりで、父兄同士の浮気から父と娘の近親相姦や母と娘の近親レズまである。ジェームズは男子生徒たちに輪姦《マワ》され、母親役Ｊ・アンダーソンとＫ・パーカーが乱れるサマはトシの功。演出にはよどみがなく、飽きさせない。『女教師　ハードバック・エロ』(83年)は生徒や盲目のピアノ調律師らを相手にしての淫蕩ぶり。ジェームズの名が初めてクレジットされた事実上のデビュー作だ【78年】。

『ホットライン　下半身物語』(83年)は毛色の変わった一編で、セックス・シーンが最初から最後まで三十五歳の独身女性の夢想になっていた。その分、エロ描写にリアル感に欠けたのは否めない。父と体を重ねるシーンでは変装し(鬘をかぶり、メイクも変える)、絶頂時には離れてカムショットを胸で受ける疑似相姦になっているあたり、スピネリにしては遠慮が感じられた。ただ、ヒロインの誕生日に最初は無関心を装っていた周囲の人間たちが祝福するラストはうまい。ドラマをしっかり帰結させている。さすがはスピネリだと唸った。『スキン・オン・スキン　乱色』(83年)は『セックス・ワールド』の焼き直し——背景をサンフランシスコに移しての《日常生活編》といった趣《おもむき》で、真打ちはレスリーが務めた。

プロ俳優と素人女性を《対決》させたのが『調教実験　アマチュア・スペシャル』(84年)で、スピネリ御大、自らカメラの前に立ち、この新企画についてひとくさり。以下、R・パチェコ、P・トーマス、J・レスリーらが人妻や独身女性と絡み合う。硬くなる彼女らを俳優たちがリラックスさせるが、いざとなると逃げ出す女性もいて、そうしたところは面白く、新鮮さもあるけれど、洋ピンの客はプロの女優を見たいのではないか。プロとアマの絡みなら和製のAV(アダルトビデオ)のほうが上だろう。一九四〇年代の映画の都を背景にした『ハリウッド・スキャンダル　悦楽の昼と夜』【83年】はEFA(第九回・一九八五年)で作品・監督・脚本・主演男優賞など六部門を獲得した。公開はだいぶ遅れるので後述する。

(＊)作品賞、主演・助演男優賞はNYアダルト映画批評家協会賞(第一回・一九八一年)とダブル受賞。同協会で脚本賞も(D・ロジャース&スピネリ)。

変容した『TDTM』シリーズ

『TDTM』は製作者のジェリー・ロスがレスリーを引き続き主役にシリーズ・タイトルにした。相棒役や監督は代えてある。然るに、ティム・マクドナルドの二作目『ブリジット・モネ　もっと汚い行為《こと》をして』(84年)はボルテージが著しく落ちた。テレビ出演している女医の小生意気なコメントにカチンときて、自宅に侵入する百戦錬磨のレスリーと、まだデビューしてまもないモネでは戦う(?)前から勝負は見えている。堕ちて当然の結果を誰が面白がるだろう。手練手管を尽くして人妻を籠絡させた一作目と違い、ジャックは単なるセックスマシーンと化している。

共にネッド・モアヘッドの三作目『アナザー・プッシュ　人魚交愛(*)』(85年)、四作目『ティージャ・レイの獣愛人魚』(87年)ではヒロインを人魚にしたことで、まるで質が変わってしまった。人魚(三作目＝トレイシー・ローズ)が陸に上がると(下半身が)人間と同じになるのは『スプラッシュ』(84年)からかっぱらったアイディアで、出会ったジャックと絡むのはお約束だから別にどうということはない。それがエイリアンだったとわかる四作目に至ってはアホ臭くなる。まさか、《特攻隊》のねじり鉢巻きをし、意味不明な言語を話す奇怪なスシ職人もエイリアンだったのではあるまいが。

邦題は「人魚」と明示したことで好奇心を持つか、最初からパスするかの選択を迫る結果になった。蛇や蜘蛛は誰だって気持ち悪いが、この架空の生き物に対する感覚は国民により様々だろう。そんなことより、二人の監督とスピネリでは土台、力量が違った。

このシリーズも本国でタイトルが定着して一九九六年までに複数の監督、主演者により十本作られ(四作目以降はV＝レスリーは五作目まで)、J・ロスが製作、あるいは監督、脚本ですべて関与した。この間、対抗意識があったのか、スピネリには「TDTMワン・モア・タイム」【85年】と、そのパート2(『もう一度汚い言葉を言って』90年)【87年】がある。再びレスリーを起用し、後者にはR・パチェコも復帰させている。こういうこだわりはあっていい。

(＊)一九八五年八月十二日、STチェーンの併映『三万フィートの快楽 ザッツ・スチュワーデス』を見ての帰宅後、日航ジャンボ機墜落事故が報じられていた。余談ながら。

「名作なんて作ろうと思うな」(ダミアーノ)

しばらく途絶えていたG・ダミアーノ作品は八五年までに六本が入荷した。そのなかでは『スーパー・ラブマシーン ジョアンナ』(81年)が陰湿なSM世界を、おそらくこの監督の特質である濃厚執拗なタッチで描いて見応えがあった。余命いくばくもない富豪(J・ギリス)が街で拾ったジョアンナ(T・ホール)に行なう調教の数々は定番メニューみたいなものだが、執事が「お慰めを……」と、主人の股間のモノを口に含むのは新趣向。いつにない照れ臭そうで、緊張したような表情をギリスが見せる。ジョアンナのPHを剃る場面があって、映倫がツルツルになったそこをOKとしたのは当然か壮挙か。富豪はジョアンナに銃の引き金を引かせて息絶える。

それはそれとして、この映画は妙に重過ぎる。ドラマは完結するが、何かが足りない。奇異な気さえするのはヒロインのキャラクター性が掴みきれないままだからではないか。虐待されながらも最後に見せた意味ありげな微笑みは何だったのか。

ラストの曖昧さはこれより前の『ディープカミング』(80年)にも感じたことだ。監督や俳優、プロデューサーを絡ませてポルノ映画製作の一つの実態を見せてくれたのは収穫で、監督が素人同然の女優に「演技はしなくていい。自然に振る舞ってくれ」と言ったり、プロデューサーがクランク・アップの遅れにイライラしたり、出資したスポンサー(ダミアーノ)がラストの処理に悩む監督に「名作なんて作ろうと思うな」と諭したりするのは面白い。しかし、新人女優がスタジオに現れず、「ラストが決まらない」という監督のつぶやきで終わるのは解せなかった。ダミアーノはそれでオチをつけたつもりだろうが、そのつぶやきがドラマを締め括る決定的な台詞として響かないからだ。その通り、ラストが決まっていないエンディングと解する。

ダミアーノの作風は総じて陰気で暗欝だ。これは資質もあろうが、太陽が輝くウェストコーストとは環境がまるで違うニューヨークを本拠にしていた関係もあると思う。それが欠点と言うのではないが、重厚でリアルな演出もあって、こちらまで陰々滅々とした気分になってくる。夫に去られた妻(G・スペルヴィン)が幻想の世界で様々なセックス体験をして自由な自分を取り戻す『ディープ・アブノーマル 牝臭』(82年)はドラマ的には遜色ない。手術台での剃毛や、恥部に怪しげな器具を挿入する――まったく見えないが――奇怪なお医者さんごっこがあって、最後まで見てしまうのはダミアーノのうまさに違いないけれど、やはり暗く、やりきれなくなる。

スペルヴィンは人気には程遠い女優だし、見終わった直後に抱いたのは――老嬢が若かった頃を回想する初期の『爛れた欲情』(76年)にも感じたことだが――こうした作風は日本人の観客に適《あ》わないのではという危惧であった。エラそうに言っているのではない。試写室と違って、映画館には独特の雰囲気があって、面白い映画には客が画面に見入って息をひそめるムードがあるのだが、それがなかった。ここにダミアーノへの不信が芽生え、この思いはオムニバス形式の『エロコレクション 檻の中の淫虐』(84年)で強まった。複数のカップルが織りなすエピソードの一つ一つが抑揚もなく描かれ、感情移入できないタッチには閉口するばかり。

ドキュメンタリー・タッチで、これまた種々のセックス模様を紹介していく『THEアダルト』(84年)――本国では『DT』製作十周年記念作品とされた――には、のめり込めるシーンが何一つない。なぜか?――ドラマではないからである。"Produced & Documented" とクレジットしているのは「今回は演出なんかしてないよ」とでも言いたげで、結果、事実の羅列――無機質なフィルムの集積になってしまった。

映画はドラマだ。嘘でもいいから人間の、男と女の喜怒哀楽の劇映画を見たい。それはポルノでも変わりがない。《本当のこと》なんかどうだっていいのだ。われわれは虚構の世界にのみ許される快楽を求めて映画館に身を置いているのだから。あの『DT』だって、奇想天外の――臍が背中にあるが如きバカバカしさがあったからウケたのではなかったか。これらのなかでは『ジョアンナ』がSMものということもあって、RS、ST(東京・関西)で七千五百万円を記録したものの、他はおしなべてパッとせず（『牝臭』はRSで一千万円にも満たなかった）、このヒットがなかったら、『DT』だけの《一発屋》として終わったかもしれない。

才気煥発ヴィンセント

鳴りをひそめていたかのようなチャック・ヴィンセントは娯楽色の強い作品で存在感を示し始めた。遺産を手に入れるため「夜空に輝くフランス製の王冠は？」という謎を解かねばならないペニー（S・フォックス）の苦心惨憺『スペシャルハード 濡れたベッド』（80年）。遺言状にはシドニーという男が答えを知っていると記されていて、その名を持つ男たちに肉体を提供するが、ことごとく空振り。やがて、シドニーはミドル・ネームと判明。その男は意外にも……。いたずらにセックス・シーンを重ねるポルノが多いなか、これは必然性があって興味を最後まで繋ぐのにも成功しており、ヴィンセントが決して凡庸なポルノ・メーカーでないことがわかる。

雑誌社の編集長（地で行けるG・レナード）が出す賞金五万ドル獲得のため、ウェイトレス（ケリー・ニコルズ）がパリの画家やロシアの貴族など、世界の性豪十人に挑戦する『下着をつけない女リップス』（81年）。オリジナル通りか、カットされたか、ドイツの醸造業者とラスヴェガスの億万長者とのシーン省略は残念なくらいの見せ場の連続で、十人目はこれも意外と言えば意外な人物になっているが、冒頭にちょっとした暗示があるので、カンのいい人はあまり驚くまい。

ニューヨークを背景にマンションの賃貸しを始めた元・売春婦ビリー（S・フォックス）、そこを借りた女優志願のジョーン（V・ハート）、モデル志願のシェリー（K・ニコルズ）の哀歓を描いた『ブルー・コア　ROOMMATES』（84年）は、第七回（一九八三年）のＥＦＡで作品・監督・主演女優賞（ハート）を獲得した。以前から三人を頻繁に起用していたヴィンセントは彼女らの個性をうまく引き出し、それぞれに過去があり、現在があり、そして未来があるキャラクター像を作り上げた。最終的にビリーは前歴を暴かれ、ジョーンはオーディションに合格し、シェリーは夢破れて故郷に帰る。

本国での評価は評価として、いささか不満が残ったのは、ヴィンセントはここで何が言いたかったのかという疑問符がつくからだ。コピーには《ハリウッド映画並みのドラマ性と本番セックスが見事にクロスオーバーされている画期的ポルノ》とある。クロスオーバー（異ジャンルの混交）とは当時バカみたいに流行《はや》った言葉で、ヴィンセントが本当にそれを意図したかどうかはともかく、結果として、どちらも中途半端に終わってしまったのは否めない。「ハリウッド映画」と「本番セックス」は混交する道理がない。卑見ではクロスオーバーとはどっちつかずのことである。賛成か反対かを求めるアンケートで一番多い「どちらとも言えない」という――アレだ。

この半端さは大ベストセラー作家となる女（K・ニコルズ）とレストラン・チェーンのオーナーになる男（ジェリー・バトラー）の二十年間にわたる愛と性を描いた『IN LOVE　歓痛する女』（85年）も同様で、陳腐なすれ違い劇に終始し、おまけにお互い出世したプロセス（契機と言うべきか）が描かれていないから、空港のロビーで再会して抱擁するハリウッド調の（?）シーンも臭いだけだ。ドラマとセックスの両方を狙う。すなわち、二兎を追う者は……。同じような設定だった『グレートポルノ』のほうが新鮮で数段上と思うのは単に先行したからではなく、明確にドラマに重きを置いていたからだ。配給会社も、なまじ《ハードとメロウがドッキング！》などと謳うから、こっちも妙に構えてしまうのである。(*)

ヴィンセントは八〇年代半ば以降からビデオ撮影が主流になってもフィルムにこだわった監督で、Xレイテッドには飽き足りなかったのか、徐々にホラーものやサスペンスものに移行した。

(*)EFA(第九回)でヴィンセントが脚本賞、ニコルズが主演女優賞。

消えた監督

アーマンド・ウェストンはアメリカポルノが好んで採り上げるパロディもの——しかも《単品》でなく、過去の名作の数々を時代順に追う『メイクラブ』(80年)で才能と存在感を示した。「『ドリアン・グレイの肖像』からヒントを得た」とクレジットに明示、トシを取らないハリウッドの遊蕩児ダリンがレスリー・ボヴェー(パーティの客)に語るセックス遍歴で、肖像を昔の映画フィルムに置き換えている。

一九三〇年代——ハイスクール時代の同級生だった《犯罪王デリンジャー》の情婦(当時の人気女優ジーン・ハーロウのソックリさん起用)とベッド・イン。若い男と絡む老女優は『サンセット大通り』(51年)のグロリア・スワンソンを彷彿させる。四〇年代——ナチスに追われている女(A・へヴン)に飛行機の切符を手配してやるのは『カサブランカ』(46年)。彼女が煙草の火を借りるのは『三つ数えろ』(55年)【46年】から。五〇年代——暴走族スタイルでオートバイ・セックスを見せるのは『乱暴者《あばれもの》』(54年)。『理由なき反抗』(66年)【56年】のムードもありそうだ。六〇年代——ヒッピーたちの麻薬による乱交模様は『白昼の幻想』(68年)がモデルだろう。『私に汚い——』の場合と違って、これくらいはかろうじてわかる。

やがて、ダリンは老醜をさらし、巻中に出ていたG・スペルヴィンも老婆と化し、二人が杖をつきながら去っていくラストは感動的で、ボヴェーが同じように不老不死になると暗示されるところなど、ちょっと怖くもある。クレジットのみならず、原題"Take Off"[物真似]で最初からネタばらしをしているのは茶目っけか余裕か。EFAでの監督賞は納得できるものだ(第三回・一九七九年)。ウェストンが生を終えたのは一九八八年。享年五十六。本邦公開作がたった四本に終わったのは惜しまれる。

ヘンリー・パリスの『マダム3X《スリー》 絶頂の日々』(80年)【74年】は会社の社長から妻(バーバラ・バーボン)の素行調査を依頼された探偵が行動開始。果たして、彼女は行きずりの男たちや売春婦ともお楽しみ。それらの現場を8ミリフィルムに収めた探偵も誘惑されるが、すべてはマンネリ化した性生活に刺激を与えるべく、夫婦が仕組んだ芝居とわかる。第一回ブルーオスカーの作品賞(一九七六年)。シチュエイションは一幕物の舞台劇の映画化『フォロー・ミー』(73年)と同じ。かねてからアダプテイション(改作、翻案)を得意としていて、ブルーオスカー(第二回)とEFA

（第一回・一九七七年）の作品賞でダブル受賞となった［ミスティ・ベートーヴェンの目覚め］【76年】は『マイ・フェア・レディ』（69年）の花売り娘を売春婦に置き換えたものだ（原典は戯曲）。『遺言シネマ殺人事件』（V・79年）は『猫とカナリヤ』（これも戯曲）の改作。アメリカのポルノ業界はこうした作劇法をオリジナリティの欠如などと非難せず、むしろ才能の一つとして評価しているようで、そこには俺たちゃこんな映画だって作れるんだぜという、メジャーへの反骨や諧謔が感じられるのである。これはパロディものに、より強く出ており、ウェストンの『メイクラブ』はその典型だろう。

パリスは祖国のハードコアには馴染めなかったようで、『バイブレーション』は意図不明だったし、高級売春宿を舞台にした『マラスキーノ・チェリー　夢性』（80年）は誰でも作れそうな映画だった。八〇年代は過去の作品の編集もの【81年】と、マーク・トウェインの『王子と乞食』を模したような［王女と売春婦］【84年】があるだけに終わっている。

（3）新戦力の台頭

才人マッカラム

多数いた監督のなかで、長く安定した力を見せたのはロバート・マッカラムである。その才能は『エクスタシースペシャル』で発揮され、以後、続々と作品が公開された。太っ腹の製作者、ハロルド・ライムの眼鏡に叶ったのが大きい。ライムは主演級女優大挙出演のゴージャスなポルノを作ることでも群を抜いていて、マッカラムもその期待とバック・アップに見事応えた。

なかでも市会議員の変態プレイで起きた娼婦殺人事件をきっかけに、アマンダ（V・ハート）以下の娼婦たちや、真相解明に乗り出す刑事（R・ボラ＝好演）、議員と通じている男らが各々の思惑を持って絡み合う『テクニシャン　貴婦人』（82年）は見応えがあった。豊富なセックス・シーンの合間に、また一人娼婦が殺されて、次はアマンダが危ないと睨んだ刑事が彼女の家に泊まり込む場面では二人のセックスが――と、観客に思わせてスルリと肩透かしを食わせるところなど、うまい。配収五千万円。NYアダルト映画批評家協会賞（第二回・一九八二年）では六部門（作品・監督・脚本賞など）を受賞した。

兄弟の遺産争い『USA　セックス・ウーマン』[*1]（80年）、桃色クラブのセックス絵巻『グレート・セックス　淫熟』（82年）、エロ雑誌社と道徳委員会がぶつかる『ナマ・デラックス　見開きの女たち』（84年）など、女優名は省略するが、半端な製作費ではまず実現不可能なメンバーだ。マッカラムは人気や格に配慮し、それぞれの見せ場を心得てソツのない演出ぶりだった。こういうところがライムの信頼をかちえ、また観客も満足させる要因になったのだろう。『サティスファックション　連姦』[*2]（84年）では年増のH・ワイルダー、K・パーカーの魅力をタップリ見せたかと思うと、一転、『ウーマン・キャンプ　腰が浮く女』（84年）は女優の世代交代の予兆のようなフレッシュな陣容で固めた。オーバーワークか、食い足りない作品もあるが、好不調の波は誰にでもあることだ。

カメラマンとして業界入りし、まだソフトコアの時代に監督になり、ゲイリー・グレイヴァーの名でオールド・ミス(G・スペルヴィン)と妹夫婦の三角関係が破局を呼ぶ『淫婦』[*3](75年)などを放った。まさか、ここまでになるとは――という思いは、本名(セオドア・パラモア)をもじったエドワード・パラモアなどの名で『新・裸千一夜』や『陰獣の森』を作っていたライムへのそれでもある。九〇年代以降は再びグレイヴァー名義に戻り、演出から主に撮影監督に回った。独立プロ作品ながら一般映画もこなすようになる。

(*1)『USA セックスマシーン』としているDBは誤記。
(*2)ライムがパーカー経営の酒場のバーテン役で御愛嬌の出演。
(*3)配給会社(東京第一フィルム)がプレスやアドで監督をジェラルド・ダミアーノとした事情は不詳。

商売人パチャード

ビデオも含めて生涯三六〇本余を放ったヘンリー・パチャード。初登場作品『ダイナミックポルノ』(82年)は、しがないウェイトレスのハリウッド出世物語。宣伝マンや批評家や監督に肉体を提供したブリー(ヒラリー・サマーズ)が大スターとなるが、新しいウェイトレスと宣伝マンが登場し、その栄光もいずれ過去のものになることを暗示して……。

テキパキした演出で、ドラマもトントン進んで楽しく見られたのだが、ストーリーや主要キャラクターはアカデミー賞六部門受賞の『イヴの総て』(51年)の《テイク・オフ》。これでEFA(第五回)脚本賞を受けたのだから恐れ入る。部門は別にしてウェストンの『メイクラブ』や、スピネリの『悦楽の昼と夜』の受賞を鑑みると、ＡＦＡＡの審査員諸氏は映画ネタがお好みらしい。本作の批評家の台詞――「女優は三流、監督は四流、脚本家は五流。私は批評家でいい。映画と食事が無料《タダ》だからね」がポイントになったのではあるまいが、少なくとも笑いは取っただろう。ＮＳの創立十周年記念作品として遇された。

この監督の公開作は多いので、勢い絞らざるを得ないのだが、ここでは共にＥＦＡの作品賞＆監督賞受賞となった『バビロン・ピンク』（第四回）と『ミス・ジョーンズの背徳２』（第八回・一九八四年）をあげておく。前者（83年）は、人は様々なセックス・タイムを過ごすというテーマで、女社長と社員、人妻と汗臭い労働者など、身分が違う人々の絡みの連続。ただ、よくある妄想によるオムニバスだから目新しさはない。ＮＹ派の俳優が大挙出演したのは製作者セシル・ハワード[*1]の尽力（金力）だ。

後者（86年）は地獄に堕ちたミス・ジョーンズ（G・スペルヴィン）のそれから。大魔王ルシファーの計らいで地上に戻ることになった彼女の魂が売春婦や女兵士、尼僧に宿り、ことごとく淫乱女に変身するという、陰鬱だったダミアーノ作品とは打って変わってのコメディスタイル。クレオパトラ、マリー・アントワネットらが地獄にいたのが面白いが、神と悪魔、天国と地獄といった宗教的観念が日本人にはピンとこないのは仕方のないところ。役柄は省略するが、Ｃ・ヴィンセント、フレッド（・Ｊ）・リンカーン[*2]が友情（？）出演。パチャードもチョイ役で顔を出している。

連作が多いのも特質で、『バビロン・ピンク』にはジャクソン・セント・ルイス名義での姉妹編

［バビロン・ブルー］【83年】――『ブリジット・モネの私は二度死ぬ』（84年）――がある。ろくに話題にならなかったが、セックス・クラブの経営をリタイアする女とジゴロを切なく描いた佳編だった。V・ハート迫真の（?・）アナルセックスが見られる『アナルージュ　獣咬』（83年）は『バビロン・ピンク』同様のオムニバスだったが、そのシークェル（続編）が"Outlaw Ladies 2"【89年】だ（主演女優は交代し、中身も異質）。それだけならまだしも、「タブーシリーズ」からはスピン・オフ四部作［タブー・アメリカンスタイル］【85年】をものしている。

資産家サザランド一家――父にP・トーマス、母にG・レナード、息子にトム・バイロン、娘にレイヴン――に渦巻く禁じられた背徳の歓びとインセスト数珠つなぎ色模様。ドラマは一家の実権を握るばかりか、ハリウッドの女優を目指すレイヴンを中心に展開。脇役も一貫している。一作目は最後のEFA（第十回・一九八六年[*3]）で作品・監督賞。パチャードにとっては三度目のダブル受賞になる。スピネリの『TDTM』シリーズやマッカラムのシリーズものも拝借しているが、少し時代があとになるのでここでは触れない。

このあたり、著作権はどうなっているのか知識がないのが悲しいが、製作エリアがイーストコーストとウェストコーストに分立してはいても、所詮は狭い世界だし、同じ釜の飯を食っているのだから、《元祖》のプロデューサー、あるいは監督に許諾は得ていると思う。仲がよければ「無償でいいだろ」「OK、その代わり、MASAでスシをおごれ」「あそこはバカ高い」「冗談さ。じゃ、そこらで一杯やろう」くらいで済んでいるのかもしれない。

便乗映画は何もパチャードの専売特許ではないのだが、これは海千山千の連中がゴロゴロいる世界を巧みに生き抜き、なおかつ商売がうまい証左になろう。同時にフィルモグラフィが三百本を超した理由でもある。数々の受賞も無視できない。スピネリやマッカラムと並んで八〇年代をリードした監督だ。

（＊1）中堅どころの製作者・監督にしてビデオ配給業者。日本初登場の監督作品は豪華出演によるオムニバス『プラチナパラダイス』（81年）。快テンポの演出を見せた。グローバルフィルムは創立十周年記念作品としてセールス（ＲＳ興収二千八百万円）。他に『ネオンナイツ』（83年）。

（＊2）『ＵＳＡ　デルタ・フィーバー』（84年）などの監督。俳優上がりで、古くはＡ・ウェストンの『ＳＥＸ魔』に精神科医役で出ていた。妻は女流監督の一人、パティ・ローズ（・リンカーン）。夫婦で九〇年代に「タブーシリーズ」を七本（Ｖ）。

（＊3）ＡＦＡＡは一九八六年にビデオ部門を含めたＡＦＶＡＡに改称。フィルム映画対象のＥＦＡは八五年度で終了。

怪人ピーター・バラコフ

公開本数十本にも満たないのに妙に忘れ難いのがピーター・バラコフ、またの名をテッド・ローター（本名テオドール・ロテールから＝以下、バラコフで統一する）。

最初に、ウン、これは面白いと唸ったのは日本初登場の『女囚ＳＥＸパニック』（75年）のことなど完全に忘却していた頃の『悪徳医　パワーセックス』（79年）。どうせ医者が主役の病院ポルノだろうと高を括っていたら、医者は医者でも、これが催眠術を駆使する精神科医にして悪魔崇拝教団の教祖様。看護婦、患者を意のままに操ってセックス奴隷と化しせしめていたというオカルティックな物語だった。患者だった妹の死の真相を探ろうと看護婦に化けた姉（ジーナ・リー）や潜入した刑事も犠牲になる。特撮稚拙、演出凡庸も怪奇ムード漂う設定と、特異な医者のキャラクター性で見せた。演じたトヴィア・ボロディンはバラコフその人。

精神科医を主人公にしたのはフロイトの信奉者であるかららしい。それは『ベッド狂い』(80年)で、色情狂の気味があるヒロイン(G・リー)に催眠療法を施す精神分析医役で再び出たことでも伺える(トヴィア・イスラエル名義)。学術用語が頻出するのは煩わしいが、従来には見られなかった新鮮な題材だった。やはり精神科クリニックを舞台にした『女体フルコース』(81年)は、ドクターと看護婦が患者を巻き込むお定まりの展開だが、ラストに二人のアッと驚く正体が判明する。

ハリウッドを舞台に業界の裏話を素材にしたのが『悪徳　女プロダクション』(80年)と『リトルガール　飼育』(84年)。前者はスターになるにはセックスが必須というテーゼ(?)を掲げたプロダクションの女社長を主人公に俳優志願の男女、監督、プロデューサーが絡み合う。オフィスに『女囚SEXパニック』のポスターやスチルが貼られ、その撮影現場まで出てきた。後者はスターをめざす三人の女の物語。V・ハートは夢破れて故郷へ帰り、G・リーは「お前はポルノ向きだ」と監督に言われ(笑)、挫折。C・マンチェスターは肉体提供まで含めた契約書に「心までは売らないわ」とサイン。頷くプロデューサーは誰あろう、バラコフだ。こんな題名になったのは先の『ザ・ロリータ　姦痛』の併映で封切られたからに他ならない。

総体的にドラマは平板に流れ、作風も地味なのは演出が下手なのではなく、そういう気質なのだろう。あとで述べるが、アメリカ人の血が流れていないことも関係しているのかもしれない。だからか、ウーマン・リブ運動をネタにした『激女　エキサイト・タッチ』(80年)も、本来はコメディとして徹すべきなのに、そうしていない。ＣＭディレクター役で主演した『悪徳ディレクター　ＳＥＸトレード』(79年)では、同性愛者となった妻と愛人を嫉妬から射殺してしまう。こんなラストはアメリカポルノではまず考えられない。『濡れた女　ブルースキン』(80年)は書くのも億劫な大駄作だし、オムニバス『チェンジリング・パートナー　のけぞる変態』(81年)は、先行したラムゼイ・カーソンの『ローリング・セックス　悶絶』(80年)のネックレスを指輪に置き換えただけだ。

それでもマッカラムやパチャードに伍してここに加えたのは『悪徳医』がゴマンとあるアメリカポルノのなかで断然異彩を放っていたからだ。怪しいドクター役もフィットしていた。たった一本で、次を期待させる監督はそういるものではない。諸作の結果は見た通りだが、その気にさせるだけの個性はあった監督だ。出演も含めて怪人と評した由縁である。

一九三〇年、ベルギーはブリュッセル生まれ。六〇年代にテレビ映画に出ていたキャリアがある。『悪徳医』では「ベルギー料理を食べよう」という台詞があり、『悪徳ディレクター』の主人公はベルギー移民の設定になっていた。画面にアメリカポルノと異質な雰囲気が漂っているのは畢竟、ヨーロッパ人の気質、血のせいかもしれない。女流に化けたようなエリカ・フォックス名義作品は未輸入のまま。アワードには無縁のままに終わったが、ノミネイトされた末に落選するよりましだ。こういう監督がいてもいい。名誉と栄光のためでなく——。

ジョニー・ワッド無頼控

喧騒と雑踏から離れた裏通りの、くすんだ煉瓦造りのビルの一室に小さなオフィスを構える私立探偵がいた。武器は一挺の大型マグナム拳銃。ただし、この拳銃は股間にあって美女を見ると、直ちに反応し、ほどなく相手を昇天させる。そいつの名前はジョニー・ワッド。ジョン・C(カーティス)・ホームズ主演のジョニー・ワッドものは一九七一年から七四年まで五本、七六年から七八年まで六本――都合十一本作られた名物(?)シリーズだ。この生みの親が中堅どころのディレクターであるボブ・チン(ロバート・ヒューソンのANの一つ)だ。五、八作目を除いて九本を監督。日本では再開分から製作順にお構いなしに公開された。それに準じて記していく。

ワッドの日本初登場は八作目――アラン・(B・)コルバーグ監督の『ポルノアメリカ　指を濡らす女』(78年)。男がシンボルを切り取られている猟奇殺人が続発する。事件解明と犯人逮捕を依頼してくるのが犠牲者の一人トム(J・レスリー)の姉のジーン(L・ボヴェー)。「報酬はお金とあなたの望むものを」という言葉にワッドは「ではさっそく」と彼女を抱く。

続いて悲嘆にくれるトムの未亡人(A・ヘヴン)にまで歓喜の声をあげさせる。やがて、売春宿「黒蜘蛛の巣」の女主人(S・ソープ)がサド趣味で、行為中に相手を殺さないと絶頂に達しない異常性欲者と知り、「今度はお前が死ぬまでヨガらせてやる」と、肉のマグナム弾を連射する――。

それまで『パノラマ・ブルー』や『ザビエラの性生活　変態売春婦』(共に75年)に単なるファッカーとして出ていたホームズだったが、この探偵役は飄々とした味がよく出ていて印象を残した。

俳優は主演作あってこそ。コルバーグの演出も力まず、流さず、終始一貫したタッチで進み、女優陣の魅力もあって最後まで飽きさせなかった。これだけで終わっていれば、せいぜい佳作の一本としてしか記憶されなかったろうが、二年後、チンの『ファイヤー・セックス　6人の女』(80年)に同じ探偵役で登場するに及んで、ははあ、これはシリーズものだなと悟った次第(十作目)。

ブロンドファイヤー(原題)なる巨大な宝石を購入する契約を請け負ってケープタウンに赴いたワッドが、宝石や購入用の大金を狙う女秘密工作員や現地の女たちと《肉弾戦》を繰り広げるものだが、J・S・ジェームズ、セカ(シーカとも)、ドロシー・ロ・メイといった女優陣が豪華で、セックス・シーンもハンディカメラまで用意したチンのリアルで濃厚な演出で楽しめた。つとに知られるようになっていたホームズの巨根ぶりはブロウ・ジョブの際、通常よりはるかに高い女優の頭の位置で十分わかる。

同年に『エンドレス・セックス』と『ハード・バージン　悪女』が出た。前者は中国の古代漢王朝の翡翠の猫の置物の争奪戦。チャイナタウンを本拠にしているボスの情婦役でG・スペルヴィンが貫禄の登場。置物を取り戻したワッドに「探偵さん、何をグズグズしているの?」と、暗に誘うと、「その言葉を待っていたのさ」と、二人がコマ落しで脱いでいくのが笑わせたが、事後、ワッドが殴られ、置物が奪われたところで、"THE END"になったのには唖然とした。配給会社によれば、オリジナル通りとのこと。なるほど、エンドレスだと妙な納得をした。

後者は友人の刑事ケリー(ポール・スティフレリン(*))と協力してメキシコの麻薬組織のボスを倒す

まで。A・ヘヴンが出ているが(UC)、邦題にあるバージンと悪女は出てこない。舞台となるバハ・カリフォルニア(メキシコ最北端の州)へ向かう際には『荒野の用心棒』の、ケリーが殺されて報復を決意する際には『夕陽のガンマン』のスコアが使用されていた。波が打ち寄せる海岸で死んだ友を思い、麻薬の恐ろしさをモノローグで語るセンチメンタリズム一杯のラストがいい。

皮肉なことにホームズは後年、麻薬(主にコカイン)服用やエイズ禍で身を滅ぼすことになる(以上九、六作目)。

『悪女』のエンディングに007シリーズのように「JONNY WADD WILL RETURN IN "Liquid Lips"」と出た予告が『ジャッキング・ポルノ　噴出』(81年)で、今度はサンフランシスコ警察から渡された麻薬をエサに組織を壊滅させるまで(七作目)。最終作『セックスUSA　挑まれた女』(81年)は『エンドレス・セックス』の続編と言うべきか、同じ置物を狙うチャーリーズ・デビルズ(笑)が新たに現れる。一味が手に入れたのは偽物で、女の一人が「猫じゃないわ、これはマルタの鷹よ!」という台詞に笑えた。

(*)製作者で監督もこなしたデーモン・クリスチャン(本名リチャード・アルドリッチ)の俳優名。五作目から『指を濡らす女』を除く五本をプロデュース(『6人の女』はUC)。メキシコの警部トーレス役はカルロス・トバリーナで、第一回EFA(一九七七年)で助演男優賞。

ホームズの代表作として

本シリーズは一応、事件と悪党どもを用意してはいるが、ワッドは探偵としてろくに活動していないし、カーチェイスや撃ち合いがあるわけでもない。脚本は雑で、『エンドレス・セックス』の唐突なエンディングは書いた通りで、『噴出』のガンファイトはナレーションで処理されている有様だ。メキシコは近場だからともかく、ケープタウンにロケしているはずもなく、大半がセット撮影という安易な作りなのだが、その安っぽさを承知で見れば、これはこれで面白い。往時の東映（大泉）や日活のプログラム・ピクチュアのような雰囲気を味わえるのだ。

ホームズはハマリ役と言ってよく、本人もこの探偵役を気に入っていたのではないか。変にイキがることもなく、淡々と演じており、これに助演者たちもうまく応えていた。女の事件依頼主や関係者に「あなたがジョニー・ワッドである証明は？」と聞かれると、「コレですよ」と、ズボンのチャックを下ろしてセックス・シーンになるのは本シリーズの定番。チンも手慣れた感じで作ったようで（時に出演もしているが、省略した）、その余裕というか気楽さを我々も甘受すべきだろう。

シリーズものは、あとから作られるほどつまらなくなるという定説は本シリーズにはあてはまらない。主人公のキャラクターがちゃんと立っていれば、ボカシもさして気にならなくなる。こういうポルノは貴重である。

美女とギャング団を相手に奮戦する一作目『ジョニー・ワッド』【71年】は主演者にとっても監督にとっても初めての長編劇映画だった。ほとんど室内の撮影で、セックスもアクションもそう派手なものではなかったらしいが、私立探偵役がフィットしたホームズの個性と演技が観客に好評で、同年、直ちに昔の女が殺されたことからチャイナタウンに巣食う麻薬組織ロータス・ギャングに挑む二作目[蓮の肉体]が作られた。タイトルはJ・H・チェイスの小説『蘭の肉体』からか。

三作目が財産をめぐる夫婦の確執に巻き込まれる[黒いレースのなかの金髪]【72年】。早くも『夕陽のガンマン』や『続・夕陽のガンマン　地獄の決斗』のスコアが使われている。四作目が過去のセックスをフィルムに収められたことから恐喝されるハワイの大富豪の娘を救う[熱帯の情熱]【73年】。五作目はデンマークの学者が開発した勃起力回復薬の化学式争奪戦[デンマーク・コネクション]【74年】。監督ウォルト・デーヴィスが学者役だった。四、五作目のロケ地ホノルルはチンの出身地だ。

二〜四作目までホームズはジョン・デュヴァルの、チンはボブ・A・レインの名でクレジット。低予算ゆえ、名の通った女優は一作目と四作目にS・デンプシーが出たくらいだったが、D・クリスチャンがプロデューサーになってからは製作費も上乗せされ、女優も揃うようになった。特に『6人の女』は一級揃いだった。

配給会社[*1]は《探偵ポルノ》であることをセールス・ポイントにしなかった。隠蔽していたふしもある。かつての『パーフェクトポルノ　好色女秘書』[*2](79年)と『泣く女』[*3](79年)も同様だ。それで売っても集客には関係ない——むしろマイナスだと判断したとしか思われない。『クライマックス』のポスターやアドは徹底してJ・ウェルズで押していた。そういう業界なのだとは知っていても、もったいなかったなあと今でも思う。
探偵ものは以後もポツポツ作られていくが、ワッドに勝るキャラクターは存在しない。生涯二百本余りに出たホームズの代表作であろう。役名をクレジットした作品が何本かある。同じ俳優がずっと主演したという点で、これが正真正銘のシリーズものと言える。日本では「ジョニー・ワッドの帰還」(＊4)【86年】(V)——本文中ではシリーズにカウントしていない——も含めてソフトは出ていないので、あえて二項を費やした。

(＊1)『6人の女』のみミリオンフィルム(RS)。あとはすべてNSのスプラッシュ。
(＊2)大富豪の命と財産を狙うのは何者か。M・スピレイン気取りの探偵(J・レスリー)と秘書(セレナ)が屋敷に乗り込むが……。原題[好色探偵]
(＊3)肥満中年探偵の情婦殺しの真犯人探し。ブルーフィルム上映や《死姦》シーンがあるが、ドラマはつまらない。『ロッキー』(77年)の大ヒットがあったジョン・G・アヴィルドセンの旧作【71年】。
(＊4)監督はパティ・ローズ(・リンカーン)。

ボブ・チンと新鋭監督

ボブ・チンには変わった素材として『色魔　ブルークイン』(82年)と『ブルー・フェラチカ　媚少女』(83年)があった。前者はベトナムで売春婦をしていたヒロインがボルネオのホテルに投宿して、土地の人間たちと絡んでいくスタイルだが、登場する人間たちの関係や、殺人騒ぎや自殺が起きる理由がさっぱりわからない。これは彼のせいではないが、同一人物の姓と名が別に出る字幕も混乱に輪をかけた。『雨に濡れた欲情』(54年)に続くサマセット・モームの『雨』から設定をいただいていると知ったが、知ったところで何も救われない。

後者は太平洋戦争下のホノルルの売春宿が舞台。戦時下というのに兵士たちは娼婦と戯れてばかり。筆下ろし(死語?)やブルーフィルム鑑賞会まである。そこへ戦争終結の一報があってアメリカ万歳。製作年度は違うが、二本とも室内セットはどう見ても同じ。南国ムードが出ているのは勝手知ったるハワイでロケをしたと思われる。

ファラ・フォーセット・メジャーズのソックリさんと喧伝されたロンダ・ジョー・ペティ主演『USA変態』(79年)はジャコヴ・ジャコヴィ[*]との共同だが、製作・脚本も担当したジャコヴィの主導で作られたものと推察する。筋らしい筋もなく、ヒロインが暴走族にやられっぱなしの内容はチンの持ち味とは思われない。画家として登場するホームズの出番だけ受け持ったのではないか。『肉獣　ベッドブレーカー』(83年)は原題「カリフォルニア・ジゴロ」が示すよう、ホームズの巨砲炸裂を見せるだけの作品だったが、飄々としているくせに女には絶対の自信を持っている彼の持ち味をよく出している。この演技と演出がなかったら、興行場では公開されないブルーフィルムかビーヴァー映画に堕していただろう。長年、ワッド・シリーズでコンビを組んだだけのことはある。気心も知れているに違いない。

ワッドものでしか印象に残らなかったディレクターだが、長く記憶にあるのは一度聞いたら忘れない名にもよる。丸々と太った東洋系の顔立ちは中国系アメリカ人かもしれない。チンは「陳」の英表記ではないか。コメディ調の病院ポルノ［見習い看護婦たち］“Candy Stripers”【78年】は複数の監督により、シリーズ・タイトルになった（ビデオを含めて五本）。『あに・いもうと　痴戯の記録』の堂々（?・）製作総指揮者でもあった。

新鋭監督として登場してきたのがポール（・G）・ヴァテリだ。本邦公開第一号にして、B・モネの初登場でもあった『エロ・カクテル　淫肉美人』（83年）は、女子大生のご乱行ぶりをソツなくまとめただけだったが、『腫れた果肉』でパソコンを、『ADUT ONLY 私は濡らす女』でテレフォン・セックスを素材にしたのは当時三十歳という若さならではのアイディアだ。『ナース・コア白衣の変態たち』は、ドクター（ハーシェル・サヴェージ）が妻（K・パーカー）と愛人（看護婦）のあいだに立って悩んだり、赤字経営のため経費節減を図る経営者に反対したり、あるいは転勤や人材の引き抜きといった挿話も挟んで好仕上がりのドラマになっていた。J・ホームズが肛門科の医者役で出てきたのは爆笑もの（以上84年）。しかし、彼もまた早過ぎる死を迎えることになる。

（＊）ワッドものの最終作で助監督だったテル・アヴィヴ出身のイスラエル人。アメリカ名ジョーダン・アレキサンダー。売春婦たちがタクシーを職場にする『組織売春　セックス・ドライバー』（81年）はアイディアが面白かったが演出が一本調子。

個性豊かな監督たち

断じて有名ではなかったが、凡庸ならざる作風を持っていた監督を二人。

ジョー・シャーマン――ポルノってのはこんなもんだぜ、まあ堅苦しいことは抜きにして、ちょいと俺の映画を気軽に見てくれや——とでも言いたげな姿勢に好感が持てた。小悪魔的な魅力を持つダニエルと、個性派ロン・ジェレミーを起用した愉快なライト・コメディの数々は——。

『Gスポットの女　ヘビー・ウォーター』(82年)は愛液に強烈な催淫作用がある若妻(ダニエル[*1])を知ったジェレミーが《潮吹き》(尿道から愛液が大量に噴出する生理現象)を強要。それを精製してコロンを売り出し大儲けする。こんなにバカバカしくって面白い映画はそうない。

ジェレミーを医者役にして笑わせたのが『デルタ・ドクター凌辱』(83年)と『ダッチワイフUSA　淫肉市場』(84年)。前者ではコンピュータを使ってセックスに不満な女たち(ダニエル、セレナら)を満足させ、その《痴療》をビデオに撮って売り出す悪乗りぶり。画面に妻が見知らぬ男に抱かれている痴態を見て亭主が仰天するシーンは笑えた。男性が豊胸手術をしたものか、乳房とペニスを持つ二人の両性具有者[*2]を相手にできるのは百戦錬磨の(?)セレナしかいない。

後者は診断書を取り違えて作家志望の女(ニコール・ブラック)に死の宣告をしてしまう。それではと、彼女は一大ポルノ小説執筆を思い立つのだが、そんな設定には全然関係ない連中(ダニエルら)がワンサカ出てきてセックスを繰り広げるハチャメチャぶりはアメリカポルノが本来持つ陽気さと楽天性だ。

堅苦しいことは抜きにしてという姿勢は、遺産をめぐって兄弟(兄にジェレミー)が争う『エレクト・ホーズム　肉欲』(82年)にもよく出ている。最後、二人が仲直りの証として行なうのはスワッピングなのだ。ダミアーノ老の台詞ではないけれど、名作なんて絶対作ろうと思っていない作劇スタイルがいい。ダニエルは『Gスポットの女』で喧伝される前に公開された本作に顔を出している。邦題から連想したJ・ホームズは出ていない。

ハンス・クリスチャン――『オーバーテクニック　色情』(81年)で水商売のつらさとやるせなさをサラリと見せた。うらぶれた酒場のマスターのハリー(J・レスリー)、ホステスのプリティ、踊り子のレスリー(役名)、彼女に気があるピアノ弾きのマイク(J・シーマン)。一晩貸し切りを申し込むグループにマイクはいやな予感がするが、ハリーは金に目がくらんでOK。店内は乱痴気騒ぎとなり、踊り子は客たちの慰みものになってしまう。

この世はなるようにしかならないと割り切っているマスター、彼との友情を感じながらも店を出ていくピアノ弾き、今しか見つめないホステス、体を張って夜の世界で生きようとする踊り子、つらい浮世を忘れようと一夜の歓楽に浸る客たち――七六年の古いフィルムながら、安酒場にたむろする人間たちの哀感を描き出した異色のドラマ。脚本(ジョゼフ・ドルーリー)もいいし、俳優たちの好演もあった。デンマーク出身のヘニング・シェラールプの変名による一編で、ここにはセックス一辺倒のアメリカのポルノ・メーカーとは違う――バラコフの作品にも見られるヨーロッパ人の冷めた目がある。

(＊1)八二年十一月に宣伝キャンペーンで来日。

(＊2)両性具有者を駆り出した例としては他に『マキシマムXXX《スリーエックス》』(85年)と『バイセクシャル　両性女類』(86年)がある。それで売り出した後者の主演者パメラ(単一名)は、そこらの女優がブッ飛ぶ美貌と肉体。

（4）女優・パロディ・男優

この期間は女優花盛りの時代でもあった。七〇年代後半からのヴェテランたち、今を盛りと咲き誇った現役組、やがて出ずっぱりになるヤングの台頭――まさに百花繚乱だった。パロディ作品が目立ったのも特徴で、これはずっと続いているアメリカポルノの伝統だ。

帰ってきたJ・ウェルズ

当初はジェニファー・ウェルズ作品が目白押しだった。引き続き、タイトル中の名前は頭字表記する。《ジェニファー、カムバック！》と謳われた『№1ポルノ80　J・W』（80年）は、チャンネル《69》を回すと、テレビの世界へ入っていけるファンタジー。これを体験するのがJ・レスリーで、待ち構えていたG・レナードやS・ミッチェルと交歓。テレビのセールス・ウーマンとレスリーの妻の二役を演じたジェニファーの喘ぎや悶絶ぶりは変わらないが、ヌードになるとトシは隠せない。お腹やお尻の肉などたるんでいて、レスリー、汗だくなのは持て余し気味と見た。

興収三千七百万円（RS・ST）は上々と思うが、力を入れた配給元にとっては期待外れだったろう。人気がピークを過ぎた証明にもなる。大体、映画がつまらなかった。これが本国での最後の出演作に相当する【79年】。以下は七六年製作の旧作である。

陰萎になった大富豪が他人の性行為を覗くことで《再起》しようとするコメディが『J・W ブルー・ラブポルノ』(81年)。富豪氏は乱交で回復するハッピーエンドだが、目新しさはない。カメラマンが語るエピソードがオムニバス風に展開するのが『J・W ホール・タッチアップ』(82年)。帰還した南軍兵士と恋人(セレナ)の痴態、娼婦(東洋系リンダ・ウォン)と客のSMごっこなど。最後にカメラマンとインタビュアー役ジェニファーの一戦となるのは型通り。監督ハンス・ジョンソンはハワード・ジームのANの一つ。

『性熟ジェニファー ファクスタシー』(82年)は、諜報員ハタマリ(笑)に扮して、生ゴミを石油に変える化学式を学者から奪わんとするスパイ・コメディだが、登場人物が煩瑣に過ぎ、無用と思われるやりとりも多い。学者が不遇時代に孤児院に預けたサミーを彼女が養子にして取引する件《くだり》は、さして重要とも思えないのに原題("Little Orphan Sammy")にまでなっているのも不可解だ。伏線も何もなく、兄と妹とわかった二人の近親相姦がいきなり始まったりする。監督は少し頭がおかしいのではあるまいか。

八二年からスプラッシュになったのは作品の出来から当然で、配給会社(すべてNS)も彼女の興行力の低下を認めざるを得なくなったのだろう。邦題のどれ一つを取っても全部に当てはまりそうなのは作品そのものに強烈なセールス・ポイントがないからだ。とっくに引退した女優の名で、いつまでも商売ができるはずもない。この女優にはどの作品のどんな役にもプロとしての魅力や華やかさがないことが改めてわかった。好きでも嫌いでもないタイプだが、契約による義務感からノルマを果たしていただけのような気がしてならない。『J・WのブロンドONANIE』(83年)はハイライト集。(*) ジェニファー、日本での最後のご奉公。

(*)八〇年代から目立ち始めた旧作の編集もの。『ロング・エクスタシー』(ミリオン)『暴姦　レイプ・シャワー』(NS＝共に82年)、『バックアングル　A姦』(NS＝83年)、『アブノーマル・ドキュメント　超変態』(ミリオン)『変態性向　エロス・カーニバル』(NS＝共に84年)など。

新旧入り乱れ

ヴェテランはG・スペルヴィン、K・パーカー、G・レナード、H・ワイルダー、J・アンダーソンら。このなかではアンダーソンが一九三九年生まれで、それまで英語教師だった人生を自ら超変革しようと業界入りしたのが三十九歳というから驚く。スペルヴィンは寄る年波にもめげず大ハッスルで、お相手をしたJ・レスリーやP・トーマスが、いささか辟易気味の表情を見せていたこともある(絶対、演技ではない)。パーカーやレナードらも見る度に容色の衰えは否めなくなるけれど、婀娜っぽい風情はヤングには出そうと思っても出せない——キャリアがあるからこそ滲み出る色気というものである。加えてポルノ映画に出ることを厭わないプロフェッショナルな精神が感じられる。楽しんでいるようなところもある。J・ウェルズになかったのは、多分この余裕《ゆとり》だ。

現役バリバリのメンバーはA・ヘヴン、S・フォックス、セレナ、S・ミッチェル、V・ハート、K・ニコルズ、リサ・デリュー、ニコール・ブラック(ノワールとも)ら。思いつくままなのは、それだけ本数が多くて印象に残った証拠。

このなかで個性が突出していたのはキンキー演技で定評あったセレナである。『USA　セックス・ウーマン』（80年）ではSM狂と純情娘の双子を演じ、『スクリュードライバー　変態』（81年）におけるJ・ギリスとの絡みはその典型だろう。パリのファッション界を牛耳る《伯爵夫人《コンテッサ》》のニューヨーク行状記『ブロンド・ヘアー　淫婦セレナ』（81年）で、タイトルにもなった。好きか嫌いかがハッキリ分かれるタイプだ。

ハートは作品も多いが、その魅力を最初に引き出したのは富豪の邸宅に雇われたメイドがセックスで一家中を総ナメにして去っていくF・ドレクスラーの『デリーシャス　淫芯』（82年）ではないか。ピンチになると魔法を駆使する一種の魔女もので、古風な館の雰囲気もよく出ていた。RS二週で興収三千万円はおいしい。『令嬢物語』『獣咬』を合わせると六千五百万円。宣伝もあったが、洋ピンの観客は面白い映画を嗅ぎ当てるのだ。大半の女優がリタイアしていくなか、長くポルノの世界に留まり、女優を続ける一方（一八〇本余）、二〇一三年までにプロデュース作品四十五本、監督作品三十本。デビューした頃からイギリス人のような気品のある美貌だったが、顔に似合わぬ女傑ぶりではないか。

若手ではB・モネ、ダニエル、T・レイ、ジンジャー・リン、エンジェル、ジョアナ・ストーム、T・ローズ、シャナ・グラント（八四年自殺）など。この輩出は明らかに世代交代が進んできた証拠だ。しかし、フレッシュなのは当然としても、総じて女優としての強烈なインパクトがない。みんな同じに見える。八〇年代後半以降もこれといった代表作が見当たらないのはプロデューサーや監督など、製作サイドでも徐々に世代交代が行なわれ、女優各々の魅力や個性を生かすほどのキャリアがまだ不足していたからではないかと思われる。ビデオ撮りが本格化して、良く言えば量産体制、悪く言えば粗製濫造になって、女優たちも入れ替わり立ち替わりする状況下ではとてもそれどころではなかったか。

アネット・ヘヴン会見記抄

人気と実力を兼ね備えたという点で、A・ヘヴンをトップ女優とするのは妥当なところだろう。そのヘヴンは一九八三年六月に来日した。お忍びだったので、あまり知られていないようだが、インタビューの機会を得たので雑誌に掲載されたものを再録する。ポルノ映画についての意見のみの抜粋要約である。

——X映画に出ることは相当な決心がいるわ。社会的な信用というか、世間への立場もあって、決して誇れることじゃないの。スタジオのなかでライトに照らされ、二十人ものスタッフに囲まれて……この緊張とプレッシャーは大変なものよ。

——俳優みんながセックスを好きなわけじゃない。女優が乱れているのは大半が演技よ。女優は自分というものをハッキリ自覚していないと務まらない。単なる憧れで入った人は長くて三、四年でドロップアウトしちゃう。クスリに走る人もいる。なぜポルノに出るのかと、いつも自分を見つめて仕事を続けるのは難しいけど、少なくとも私はそれをしている一人だわ。
――アメリカでは黒人の扱いに神経をとがらせている。変に扱うと、社会問題になるし、南部の映画館ではお客が途中で出ちゃうこともある。『グリーンドア』なんかは例外的に成功したほうなの。
――(日本のボカシ上映について)オーッ、信じられない！　どうしてそんなことを！　第一、修整なんかしたら余計お金がかかるでしょうに。バカげてるわ。アメリカでも規制はある。子供は見ちゃダメっていう……でも、そのためのXレイテッドだし、成人が成人のための映画を作って成人が見ることには何の問題もない。リベラルな国だけど、大人はそれなりに義務も責任もある。政府があああするな、これはダメというのはおかしいと思う。でも、法律を変えるということは大変なことよね。

(『別冊スクリーン』一九八三年八月号)

意外と小柄で、スレンダーだった。薄化粧ながら顔は艶々していてシミ一つない。当時二十八歳。カメラを向けられると、さりげなくポーズを取る。日本では名前がサブタイトルになっていると言うと、「オーッ、ヴェリーワンダフル！　とても幸せなことよ！」と手を叩いて喜んでいた。スピネリの『アネット・ヘヴン　ザ・猥褻』(*)(83年)における若いフットボーラーを誘惑するシーンがよかったと言うと、わが意を得たりとばかり、身を乗り出して「あの作品は私も気に入っている。でも、そのシーンは相手役の俳優が緊張して、代役を立てたの。ところが、彼もダメで(笑)」――結局、十六時間もかかったそうだ。

脚本をよく読んで、自分なりにキャラクターを把握して、不自然な台詞をチェックする。プロデューサーや監督に主張することは主張する。妥協できなければ無理して出演することはない。納得して初めて契約書にサインする。顔射とアナルセックスは断固拒否。言いたいことを言える——それだけの女優になったのだ。


(＊)フットボール・クラブで青春時代を共に過ごしたコーチ(J・ギリス)、マネージャー(ヘヴン)、選手(J・レスリー)が再会しての思い出話。脚本はスピネリの息子ミッチェル。

パロディポルノ花盛り

パロディポルノはメジャー映画のプロットや主要キャラクターをいただいてセックス描写をギュウ詰めして観客に供したものだ。そうした例をわれわれは既に『陰獣の森』などの昔からいくつか見ているが、この時代まで枚挙にいとまがないのは一つには楽だからで(企画が立てやすいという意味で)、もう一つは常日頃、何かとメジャーの風下にいて、いや、そもそも「映画」と認められていない世界で飯を食っているポルノ・メーカーたちの鬱憤晴らしもあろうかと思う。

綺麗事ばかり並べやがって、人間、一皮剥けばみな同じ、愛情と欲情は紙一重といった皮肉や揶揄だ。といって、彼らは大人だし、自分たちの置かれた立場はわかっているから、そこに嫉妬や、やっかみはない。あるのはハリウッドを一丁引っかき回し、お高くとまっている連中をからかってやろうじゃないかという、アメリカ人特有のジョークとスプーフ(spoof＝ちゃかし、おふざけ)だ。だから、「スーパーマン」(Souperman)や「ロッキー」(Rockey)もいたし、「ランボー(ン)」(Rambone)や、ジェーン・ボンド(Jane Bond)も出てきた。"Inspector Cliteau in The Pink Panties"【85年】はタイトルだけで笑ってしまった。Cliteau はクルーゾーとクリトリスの引っ掛けか。こういうユーモア、諧謔精神は貴重に思える。以下、公開作品をいくつか拾う。

八〇年公開から三本。ベトナム戦争で行方不明になった大佐の捜索を軍の上層部から男が命じられる『悶絶女王　監禁』の導入部は『地獄の黙示録』(80年)そっくり。ただし、男がたどり着いたのはジャングルの狂気の王国ではなく、秘密のSMサークルで(笑)、それまでの出来事は彼を仲間に引き入れようと上層部の連中が仕組んだお芝居だったというオチ。直前に見た日活の『昭和エロチカ　薔薇の貴婦人』(80年)のラストもまったく同じだった。

強姦されたショックで逆に強チン痴女と化した女(S・ミッチェル)に手を焼いた警察がニューヨークを去ることを条件に放免する『クライマックスPART4』の設定と結末は『狼よ　さらば』(74年)と瓜二つ。

『セックス・レイプ　禁断』は《レイプに苦しみ、そして歓びを知る!》なるコピーからは想像できなかった『スーパーマン』のパロディだ。新聞記者リンダ・ケントこと、女スーパーマン(D・クストゥ)が申し訳程度のマントを翻し、悪の女王(J・S・ジェームズ)一味を壊滅させるまで。ポルノ・メーカーたちのやりたい放題には基本的に鷹揚だったメジャー側も、これにはさすがに怒り、版権所有者のWBとコミック出版社が訴訟を起こし、タイトルは変更され（"Superwoman"→"Ms. Magnificent"）、マントのトレードマーク「S」にはフィルムにギザギザが入った。セットも特撮も貧相貧弱なトホホぶりで、これが日本初登場だったJ・シャーマンに先のコメディもののような冴えは見られなかった。行き当たりばったりの展開は脚本が愚劣だからだ。

『ネイクド・セックス』(81年)は三人の美女たちが活躍したテレビ『地上最強の美女たち　チャーリーズ・エンジェル』のパクリ。原題は"A Coning of Angels"で、comingの意味は書くまでもない。リーダー役のキャリーをA・ヘヴが演《や》っている。『USAセクレタリーポルノ　8時から4時まで』(82年)と『激芯アーバン・クライマックス』(83年)の元ネタは、原題"8 to 4"と"Urban Cowgirls"で十分だろう。後者はEFAで『TDTM』と作品賞を分けあった。

C・ヴィンセントの『ハーレム・アーミー　締め女』(83年)は『プライベート・ベンジャミン』(81年)を意識したような軍隊喜劇。V・ハートは注意して見ていないと出番がどこかわからないのがミソ。言わば《隠し味》で、ポルノとはいえ、こういうところがアメリカ映画だ。H・パチャードが教官役で出演。

フラッシュダンスとフレッシュダンス

八三年には他に愉快な作品が二本。『淫乱アネット　ボトム・キラー』は『千夜一夜物語』からで、A・ヘヴン扮するシェヘラザードがサルタンに語るエロ話の数々。一番見応えがあったのは中世のニッポンにやってきた王子とマリコ(東洋系メイ・リン)の日本間での場面。床の間、障子に畳に蒲団とセットは本格的。マリコがブロウ・ジョブする際は尺八の音が流れ、絶頂に達するや「シヌ、シヌ」と叫ぶなど、いささか悪乗り気味だが、ここは撮影担当テル・ハヤシの入れ知恵(?)もあったか。そこへ白粉《おしろい》ベッタリのサムライが刀を振りかざして闖入してくるのには大笑い。普段は見られない俳優たちのアラビア風メイクや衣装が新鮮で、何だか大人の学芸会みたいな雰囲気もあって楽しめた。ポスターにある天狗の面はレズ・シーンで使われる(*1)。

『ニューヨーク・ポルノ　ブラッド・サック』は『ドラキュラ都へ行く』(79年)のポルノ版。ドラキュラ(J・ギリス)がトランシルヴァニアからニューヨークへ行き、性交した女の血を吸わないと生きていけない設定だから死姦も含めて趣向は様々。愛し合うようになった女(S・フォックス＝自殺した故郷の村娘との二役)とコウモリに変身して去っていくラストも同じである。監督ウォーレン・エヴァンスは『ウォーターパワー』のS・コステロのAN。

三十三億円稼いだジェニファー・ビールズ主演の『フラッシュダンス』(83年)"Flashdance"から一丁いただきが『ワイセツ・ダンサー　絶頂が欲しい』(85年)だ。カフェ・バーの経営者が新装開店で開催したダンス・コンテストに集まった女たちの肉体乱舞。原題は"Flesh Dance"、ヒロイン名はジェニファーだ(笑)。リュイース・ルイス監督(*2)の『後ろ好きの女』(84年)も俳優養成所でA・ヘヴン、N・ノワール、B・モネら、レオタードスタイルの女たちがダンスのレッスンと別のことで汗を流した。こちらは『フラッシュダンス』より先に作られている。

変わっていたのは漫画家エルモが話す作品のアイディアやストーリーがドラマになっていくオムニバス『ポルノ・グラフィティ　排せつ』(83年)。登場するコミック・キャラクターはジャングル・ジェーン、ルイジアナ・ジョーンズ、ジャック・ハマーなど。各々モデルがあるらしいが、アメコミは『スパイダーマン』や『超人ハルク』くらいしか知らないので、知識がある人はもっと楽しめたかもしれない。

パロディものは以後も続々と作られる。ハリウッドがある限り、ポルノ・メーカーたちのスプーフ精神がすたれることはない。

(＊1)監督スティーヴン・ルーカス(＝エドウィン・ブラウン)にはパート2〔エロ千一夜物語・秘録篇〕がある【88年】。
(＊2)ファミリーと思われるエリオット、ジョアンらと組んで量産した。『ライブ・ハウス　舐め女』(83年)『ベッド・スペシャル　淫売』(84年)など。女優起用は賑々しかったがヒット作はない。

昔の名前で出ています

こうしたなかで、しばらくその存在を忘れていた俳優や監督が再浮上してきた。作品の入荷が途絶えていただけとか、引退後のカムバックとか、ケースは様々だが、どっこい生きていた人々をまとめる。まず女優から。

マリー・メンダム――『セックス・マシーン』(82年)で、夫の大学教授と共に世話をすることになった少女フェリシア(ベアトリス・アルノワ)に翻弄されながらセックスを楽しむ女流写真家役。

アメリカ映画みたいな題名だが、原題は[フェリシアの一万一千の堕落]で、マックス・ペカスがアポリネールの発禁小説『一万一千本の鞭』を元に監督したフランス映画。『イマージュ』【75年】出演前後に作られた古物だが、あれよりぐっと好色な役柄になっていた。

アドにはメンダムの名のみで(「引退作」とある)、ペカスの名はなく、原題も無視したのは、集客が期待できないフランス製であることを隠蔽したと思われるが、出来は悪くない。サルノとの諸作のあとの詳しい動向は不詳。二〇一二年、六十歳で溺死したという。

マリリン・チェンバーズ――ポルノでは『グリーンドア』以来の再登場。その『プラチナパラダイスPART2』(82年)は、モデルのサンドラが回想する過去のセックスがオムニバス形式で描かれる。以前より淫蕩そうな顔になっていて、肉体も締まっていたのには感心した。回想は彼女自身のそれではないかと思わせるところもある。セックス場面は原題"Insatiable"[貪欲]通り、ボカシも吹っ飛ぶ(?)迫真さだった。本国には同じゴッドフリー・ダニエルズ製作・監督による続編【84年】がある。

シャロン・ケリーの場合は「♪私の名前が変わります」。コリーン・ブレナン名義で八五年『アナザー・プッシュ　人魚交愛』と『性婦』に立て続けに出ていた。『淫獣アニマル』以来、九年ぶり。最初は気がつかなかったほどである。前者はJ・ギリスの後妻役で、情夫とのセックス・シーンはわずかなもの。後者は殺された舞台女優ヴェルヴァ(ブレナン)の生前の評価の落差に殺人課の刑事が疑問を持って調査を開始。実は彼女は生きていて――というミステリ仕立てで、原題"Good

Girl Bad Girl』の意味は了解できたが、別人が名を騙っていたという種明かしは素直に納得できないものだった。

カムバックが話題にもならなかったのも時代であろう。『シャンプー』(75年)に刺青スタイルで、『ハッスル』(77年)に死体で発見されるポルノ女優役で名前もクレジットされたが、泣かず飛ばず。メジャーの壁は厚く、硬い。本格的な再活動は八三年から始まっていた。ポルノ業界に蔓延し始めたエイズを恐れて八八年にリタイアした。

御役御免の監督たち

『好色淫婦』(81年)の監督、レオーニ・ヴァレンチノの正体は「アニマルシリーズ」のリー・フロストだ。プール付きの豪邸でロンダ・J・ペティが、あまり明確でない理由から男たちの相手をすることになり、セックスが無節操なまでに繰り広げられるだけ。ヒーヒーいうヒロインに(コイツ、実は喜んでいるのでは?)と、P・トーマスがふと疑問を持ち、こちらも一瞬緊張が走るも、うやむやのまま。彼女が「楽しかったワ」と去っていくラストは何てこともなかった。

ヴァカンス中にプロデューサーの家に集まった連中が、せっかくだから一本作ろうといった調子で仕上げたような一編で(まさか、そんなこともないだろうが)、J・ホームズなどは途中で「二日酔いだ」と、出て行ったまま。あってないような脚本のアーマンド・イーストンが、あの堅実な仕事をしていたアーマンド・ウェストンの変名とは信じ難い。フロストはこれで終わった。

ラス・メイヤーも『淫獣アニマル』以来。その『ウルトラ・ビクセン　大巨乳たち』(85年)【79年】は変態性を持つラモーと、それを治そうとする妻にいろんな連中が絡む物語。オカマ医者が、狙ったラモーが立て籠る部屋のドアを壊そうとハンマーやチェーンソーまで持ち出すところは爆笑ものだが、狂言回しらしい老運転手の冗舌さ――そのやかましさ、しつこさは尋常でなく、アナルセックス是か非かでの夫婦喧嘩や、筆舌に尽くし難い醜悪超肥満黒人女の登場にはゲンナリした。年末からのSTチェーンの正月興行の目玉になって千八百万円(二週)を記録したことに、巨乳ファンが確実に存在することを思い知らされた次第だが、ハードコアが当たり前になっていた時代、あくまでソフトにこだわるメイヤーのセックス描写はどうしても物足りなく映じる。

それが古いとか悪いと言うのではなく、下半身ボカシ漬けよりましではないかという声もあるけれど、この御仁の映画は字幕なしでも平気なくらい英語に堪能でなければ心底楽しめないのではないかと思うからだ。製作費も普通よりかけているし、自由奔放な作風からも本来はポルノ映画と違うフィールドにいた御仁と看做すべきかもしれない。実状は知らないが、本国ではX映画の専門館では上映されていなかったのではないか。

後年、DVD絡みで五〇年代からの旧作複数が公開されたが、興行を旨とする劇場公開は事実上本作が最後になり、洋ピン史から去った。二番目の妻だったE・ウィリアムスが『恍惚の7分間』以来、ちっとも異常しない『レディ・ラスト　異常する若妻』(84年)にヒロインの姉役で登場したことを付記しておく。

巨大なる男再び

特筆すべきは『ハードシンボル　精獣』(84年)におけるハリー・リームズのカムバック。ハロルド・ライムは、その復帰を祝うかのようにV・ハート、K・ニコルズ、H・ワイルダー、ティファニー・クラークなど、売れっ子の女優を揃え、メガフォンを信用絶大なR・マッカラムに任せた。

結婚式を控えた大富豪の御曹司ハワードとソックリなのを幸い、彼になりすましたペテン師リックが高価な祝いの品をかっぱらおうと算段(ハリー二役)。睡眠薬でハワードを眠らせている間にメイドから彼の継母、妹、果ては花嫁の肉体までいただく痛快さだが、庶民としてのリックが流階級の驕りと虚飾ぶりに憤りと怒りを覚える心情も描いているところがいい。目覚めたハワードも彼の《糾弾》に反省、リックはしっかり金目の品も手に入れ、相棒(ハート)と去っていく。作品も成功した部類だろう。

ハリーは東映での『生贄の女たち』のあと、脱ポルノをめざして一般映画やテレビ映画に名前を変えて出ていたが、一九八一年までにたった六本。ろくな役がつかず、ギャラもバカ安で、明日の飯代にも事欠くほど生活に困窮していたところを拾ってくれたのがライムだった。結局は元の世界へ舞い戻るしかなかった事情はよくわかる。《巨大なる男》は引き際を誤ったなどとは言わない。何はともあれ、人間は食べていかなければならない。鼻下の髭のためか、かなりの年配という印象だが、まだ三十代半ば。男盛りの頃である。復帰後はT・ローズ、G・リンら、すっかり様変わりした若い女優たちと共演もし、ビデオと併せて六十本余に出演した。持ち味だったコミカルな演技は

『ＲＳＶＰ　ハリー・リームズのセクシーコメディ』[*1]【84年】(Ｖ)で確認した。引退後はアルコール依存症となり、最後は癌に倒れた。アデュ〜、ハリー。

ポルノ俳優の一般映画への転身がいかに困難か。メジャーからすれば、Ｘ映画は映画ではない。俳優は俳優ですらない。ブレイク・エドワーズの『テン』(80年)(ＷＢ)のパーティ・シーンでセレナを発見してハッとしたが、あとで調べると、この映画にはＡ・ヘヴンやＪ・ギリスら十数人が出ていたのだが、誰一人クレジットされなかった。大半はパーティの客というエキストラだったから仕方がないにしても、この扱いを彼らはどう思ったか。アメリカで差別されているのは黒人だけではない。

『ジャグラー　ニューヨーク25時』(80年)にポルノショップの店員役で出たＳ・ミッチェルとセレナがクレジットされていたが、これはメジャーの映画ではない。[*2]カナダで『ラビッド』に出たＭ・チェンバーズも、あとが続かず、結局古巣に戻ったのが『プラチナ――2』だった。一度張られたレッテルは烙印の如く消えることはない。生活のためポルノ映画に出ていた俳優(Ｊ・バトラー)が苦心惨憺、嫉妬や妨害を乗り越えて一般映画のオーディションに合格するまでの『マシュマロ・ウェーブ　巨乳』(85年)は夢物語と言える。[*3]

無名から有名へ、三流から一流へ、貧乏人から金持ちに――数々のアメリカン・ドリームで成し得ないものが「Ｘ」から「Ｇ」への転身だった。やがて、それを果たすのが未成年のまま本番をこなしていた女優である。

(＊1)ＲＳＶＰは招待状に付す「お返事をお待ちします」のフランス語略字。ハリーの小説の映画化記念パーティ当日、知事の腹上死と地震が重なっての大騒動。

(＊2)マザコン変質者が女たちを惨殺していく残虐猟奇ホラー『マニアック』(82年)にミッチェルとＡ・クレイトン(ゲイル・ローレンス名義)がクレジットされた。『探偵マイク・ハマー　俺が掟だ！』(83年)の乱交シーンにおけるＳ・フォックス、マリーネ・ウィロビーら数人はＵＣ。

(＊3)ＮＹアダルト映画批評家協会賞(第五回・一九八五年)でグランプリ。ラリー・リヴェン監督。

この道一筋の男たち

ハリー・リームズと対照的なのがレスリーやギリス、Ｅ・エドワーズ、Ｐ・トーマス、Ｒ・ジェレミーらだ。これまでの梗概に名前を出すのが稀だったのは出演作品が膨大なために他ならないが(三百本以上、ジェレミーは千本を超す)、出ずっぱりだった彼らは自分たちのフィールドはここしかないと割り切り、覚悟を決めたのだ。

レスリーはアメリカポルノの《顔》である。断じていい男ではなく、目付きなどは怖いくらいだが、レパートリーが広いのは演技力がある証拠。いくつかのアワード獲得もそれを物語っている。特筆しておきたいのは人妻たちの願望や夢想がドラマになっていく『ワイフ・スペシャル　堕ちる』(84年)における女装である。その化けっぷりたるや、一見の価値ありというか、目をそらしたほうがいいというか――ダスティン・ホフマンが完璧なそれを見せた『トッツィー』(83年)のスプーフであることは明々白々で、役柄も同じ俳優。しかも、そのグロテスクな(？)女装に周囲の女たちが全然気がつかない設定で、ここはそれこそ役者やの～と唸って笑うしかない。

ポルノ業界の内幕を描いたH・パチャードの『A感アクトレス　バック・バイブ』(85年)には監督(E・エドワーズ)が待つスタジオにHimselfとして、飄々と現れる。「アンタ、腕がいいんだって?」「俺の作品見たことあるかい?」「いや、自分の出た映画も見ちゃいない」。スタッフにも気軽に挨拶するところは演出なしかもしれない。女優との〝熱戦〟後には監督以下スタッフが拍手喝采。出番を終えると、よけいなことは一切言わず、あっさり退場するのもいい。ワン・シーンを「かっさらう」とはこういうことだ。貫禄とは自分で誇示するものではない。

一旦引退した「有名なポルノ俳優」に扮し、のっぴきならぬ事情から再び昔の稼業に戻るのが『ダブルXポーズ　肉輪』(82年)(原題"Exposed")。SMシーンは嫌いらしく、ブックサ文句を言うのはアドリブのようで面白かった。プロデューサー役をA・スピネリが演じている。

小柄な肥満タイプで愛嬌があるロン・ジェレミーはコメディ演技に定評がある一方、悪玉も平然とこなす。演技力がなくてはこうはいかない。弟をからかった美人モデルに「人をなめたらどういうことになるか教えてやるぜ!」と、凄味を見せ、徹底的に嬲り尽くしたのは『エロ・モデル　アダルトセックス』(85年)。喜劇役者ほど悪役に向いているのは洋の東西を問わない。

ギリスは顔が濃過ぎるのが災いしていたようだ。エドワーズは二枚目で通した。トーマスはアメリカの俳優には珍しく、中世のコスチュームものが似合いそうな顔をしている。後年は五人ともビデオが主ながら監督業に乗り出した。二本や三本などというケチな本数ではない。トーマスは三百本を超えている。大したヴァイタリティではないか。

ルをだ!!
でも
あなたはこの映画で
かってない興奮を体験
母子異常肉感!!
やめられない!……息子!
恥辱
タブーセックス
●母親の入浴を覗き見する息子。
非常識がリアルを生んだ!!
罪なのは知っています。でも…
ロードショウ
歌舞伎町ジョイパックビル前 地球会館4F
(209)
なたはホンモノの凄さを知っているか?
賞は何故か?SEX・シーン賞とは何か?あなたの眼で確かめて下さい。
ニューセレクト株式会社提供
私に汚い言葉を云って
●ジェシー・セント・ジェームス/ジョン・レスリー/ドロシー・レメイ/リチャード・パチェコ/製作ジェリー・ロス/監督・脚本アンソニー・スピネリ
〈エロチカ賞〉
作品賞/主演男優賞
助演男優賞/編集賞
〈全米アダルト映画批評家協会賞〉
作品賞/監督賞/脚本賞/主演男優賞
助演男優賞/SEX・シーン賞
全米ポルノ界でさえ絶句!
出演女優たちのほとんどが
それを全く知らされていなかった
「ディープ・スロート」から8年、あのダミアーノが
ポルノ映画のタブーを打ち破り
大胆露骨に完全オープン!
泣きわめく女!
怯える女!
チューブの感触に苦しみ耐え
やがて襲ってくる激痛に
女は全身を硬直させる!
POWER
カラー/米映画〈成人指定〉18才未満お断り
ミリオンフィルム超特作
ジャミー・ギリス
C・J・ラング
エリック・エドワーズ
マーレネ・ウィロビー
シャロン・ミッチェル
全世界のド肝を抜いた超変態レイプ・ポルノ特作
ウォーターパワー
アブノーマル・スペシャル
26日〈土〉よりロードショウ
歌舞伎町・ジョイパックビル前 地球会館4F
新宿地球座
(209)6180
銀座三原橋地下
銀座名画座
(561)4058

第六章　衰退するヨーロッパポルノ（一九八〇～八五年・PART2）

(1)フランス新旧の監督と女優

公開本数四十一本はアメリカポルノに次ぐものだ。フランスでも完全にハードコアに移行したようで、性描写は執拗かつ豊富。スペルマ発射やアナルセックスも常套手段となった。夫婦ものが多いのはもう体質だから、とやかく言っても仕方がない。新しい監督も何人か登場した。

ヴェテラン陣の仕事

第三章で記した監督たちのその後を列記しよう。

ビュール・トランバレ――『淫絶未亡人』(81年)と『ダーティ　性触』(82年)は未亡人籠絡がテーマのシリーズもの。後者にはセレナが出ているが、ブロウ・ジョブは見せても裸にならず、セックスシーンもおとなしい。七九年から翌年にかけて渡仏、スチュワーデス役だった[色情狂の牝たち]など五本に出た内の一本だ(トランバレが四本受け持った)。妻(B・ラーエ)が運転していた車が事故を起こして不能となった亭主が彼女をいびりまくるのは『変態 情事アニマル』(81年)。ラストでめでたく回復するが、陰々滅々とした展開にはやりきれなくなる。

クロード・ピエルソン——アンドレ・マルシャン名義の二本。『露出 ダーティ・ベッド』(81年)は夫の浮気現場を見た妻がショックと嫉妬から起こした自動車事故で子供を死なせ、自分は記憶喪失になる。これも設定が暗過ぎる。しかも、担当医と情交し、妊娠までして自殺を考える——とてもエンジョイできる内容ではない。

五十歳を過ぎた男が処女妻を持ちたいと少女を囲っている『ロリータ 変態処女』(82年)に至っては喜劇なのか悲劇なのか理解に苦しむ。かろうじて、父を自殺に追いやった男に復讐を果たすため、娘がその大邸宅にメイドとして住み込んで淫乱劇開始となるキャロライン・ジョイス名義『痴女パワーエレクト』(82年)が見られる程度だった。作風から、熟年層向けに作っていたものか。

パトリック・オーバン——卒論を「フランス人のセックスについて」と決めた女子大生が実地研究に励む『エロ・スキャンダル 淫風』(81年)、ランジェリーショップの経営者が女店員と組んで、客たちとよろしくやる『痴態エロ・ルーム ランジェリー』(82年)。いずれもアメリカポルノに見慣れていると物足りなさが残るが、少なくともピエルソンより娯楽性は濃厚だ。

ジェラール・キコワーヌ——ヘンリー・パリスのプロデュースで『ダブルウーマン 色欲妻』(81

年)をニューヨークで撮った。夫との平凡な毎日に飽き飽きしてアヴァンチュールに乗り出す人妻(ドミニク・サン・クレール)[*]がレズにも浮気にも勇気がなくて果たせない。共演したV・ハートやS・フォックスら、奔放なアメリカ女優とのコントラストを狙ったようだが、ヒロインが腰を引いてばかりでは話にならない。サン・クレールは英語風変名アレーネ・マンハッタンを使用。

(*)一九五五年生まれ。八〇年代から出演作しきり。フランスを代表するポルノ女優で都合八十本余。イタリア、スウェーデン、ドイツにも出張。二十以上のANを持つ。

新人たちの輩出

新しい監督として筆頭に挙げるべきはミシェル・ジャン。初登場は婦人科ドクター(リシャール・アラン)[*1]以下、登場人物全員がセックスにのめり込む『エロマニア　家畜』(83年)。理屈抜き、しかもセックス場面とセックス場面の繋ぎの処理がうまいので飽きさせない。見終わって何も残らない作品だが、ポルノ映画はこれでいいのだ。マンネリ化したレズもドクターの妻と娘の近親レズなら新鮮だし、ラストはSMプレイまで用意するサービスぶりだ。シンネリムッツリした夫婦ものが定番のようだったフランスポルノに風穴をあけた快作と評価したい。

続く『ダーティエキス　淫蕩』(84年)はR・アランにアルバン・スレイ[*2]が加わって、広告代理店の経営がうまくいかない二人が金策のためホストクラブを設立して、女社長や人妻を顧客にする。業務を拡張した続編まである(『ダーティエキス2　わたしは女』85年)。

この二人はフランスポルノの代表的な中年俳優で、アメリカのJ・レスリーとJ・ギリスのような存在だ。ジャンは以後も『昂奮する女』(84年)『フィストプレイ』(85年)などで徹底して起用。彼らもまた役割を十分心得て、セックス場面以外でも息の合ったところを見せた。アドリブに近いやりとりは漫才のようで、だてにこの世界で飯を食っていないことがわかる。

本名ミシェル・カプート。一九四七年生まれのベビー・ブーマーで、ダヴィの『露出』などを手伝う一方、俳優として二十本余がある。フランツ・ハワードなどの別名もあり、五十本余をものした。ドラマは平板ながら、見せ場豊富な作劇法はポルノ映画のコツをしっかり心得ているようだ。

日の丸を赤く染めぬいた鉢巻き姿の女殺し屋《カミカゼ》が登場するミシェル・アントニー名義の『マッドボディ』(82年)は面妖なキ印映画として記憶される。パリ警視庁の暗黒街撃滅作戦を描いた(らしい)物語は支離滅裂で、何が何やらさっぱりわからない。ゴダール風の即興演出を意図したたわけではあるまいが、これは壮烈なまでの大失敗作で、どんな映画を買うかは配給会社の自由にしてもマーケットに出す商品ではない。有料の観客を舐めているのではないかとすら思った。

大胆にもエネマ趣向を持ち込んだのはミシェル・ベルコヴィッチ。セックスの味を知ろうと自らSM館に赴いた美少女の恥辱と悶絶――『ウォーターブルー』(85年)だ。白衣の男が白いグリセリン液を注入したチューブの先をグイと挿入。数回にわたって送り込まれたそれは、やがてチューブも吹き飛ばす勢いで逆流開始。男はその排泄液(汚物はない)を彼女の全身にダラダラふりかけ、仕上げは鎖に吊るしての輪姦だ。予め利尿作用のある溶液でも注入されていたのか、別の女からはブルーのそれが最初はチョロチョロ、やがてジャージャーと排泄される。マダムは洗面器に受け止めた液体を女にふりかけ、飲みさえする。冒頭から乱交、SMプレイ、集団ホモセックスがこれでもかと展開し、まさに性の饗宴——いや、狂宴である。RSだけで二千万円。浣腸はしぶとい。
カメラワークも演出もヘタクソだが、テーマがテーマだから秘密ショウでも覗く感覚で楽しめた。八二年にパリで『ウォーターパワー』が「性倒錯者たちの特別治療」として公開された影響が多分にあると思われる。ベルコヴィッチはユーリー・ベルコの変名を使った。後年、続々公開されるフランス糞尿譚の魁である。

一軒家に逃げ込んだ強盗殺人犯のやりたい放題と、思いもかけぬ末路を描いた『スキンスマッシュ　暴行』(82年)のピエール・B・ラインハルトの名は覚えておいていただきたい。降誕祭《ノエル》の夜にサンタ・クロースに扮した男たちと女学生たちが肉の交歓を祝う(?)「淫乱娘たちの寄宿舎」【82年】を3Dで撮った男だ。その異才ぶりと作品は次章に譲りたい。

他に『SEXプリズン　女囚残酷物語』(84年)のブルース・J・リーン(本名ジャン＝リュック・ビュルネ)や『虐待修道女　マドンナ・スペシャル』(85年)のオリヴィエ・マトー(＊3)(本名クロード・プロー)らがいるが、才能技量はM・ジャンやラインハルトに遠く及ばない。

(＊1)一九四二年マルセイユ生まれ。七四年から二〇〇本。
(＊2)一九四五年モナコ生まれ。七五年から一九〇本。フランスポルノの名物男で自慰をよく見せる。
(＊3)IMDbではラインハルトのANの一つになっているが別人。

新星オリンカが誕生

美人ではあるが、これといった強烈な個性のなかった女優が大半だったフランスに突如現れた新星が一九六〇生まれのオリンカ・ハーディマン（オリンカ・ペトロワ、オリヴィア・リンク、アンヌ・オルディーヌなどのANがあるが、オリンカで通す）。セールス・ポイントはマリリン・モンローのソックリさん。確かに似ているが、多分にメイクのせいもあろう。一作ごとに《モンローの再来か？》《フェイスからボディまでまさにモンロー！》と、かまびすしかった。

初お目見えは若き社長夫人役だった『レイプ・マリリン痴態』（82年）。姉が犯されて惨殺された少女時代の記憶が時々甦って発作と錯乱の末、副社長にして夫の愛人を刺殺するラストには茫然とした。人間関係が不鮮明のうえ、会社乗っ取りを企む夫の策略も要領を得ない。すべてはジョー・ド・パルメとかいう監督の凡暗演出による。

監督がミシェル・ルブランに交代した三本――『華麗なる恥撫　モンローのような女』（83年）は、結婚仲介所の手違いで別のお見合い相手（ガブリエル・ポンテーリョ[*1]）と出かけたオリンカがアルプスのロッジで演じる痴戯の数々。途中で相手が別人ではないかと薄々感じ始めて興味を持たせるも、結局曖昧なままなのがドラマをつまらなくした。夫婦の浮気合戦『ハード・パッション　あふれる女』（84年）は脇役で、別に印象にない。村の田舎娘が町のクリニックに勤めることになって院長（G・ポンテーリョ）らと絡む『性感クリニック　ナース・ビッチ』（85年）は病院ものという題材もプラスに作用し、オリンカは顔も裸身もトレビアンなことを強く印象付けた。ミシェル・ルブランはフランスの古い脚本家の名と同じだが、(*2)ミシェル・ルモワーヌの変名。彼女を頻繁に起用し、未公開作が何本かV・リリースされた。昔の女房、今いずこ。

モンローそっくりは本国でもアメリカでも喧伝されたが(アメリカ向けにメアリー・モンローの名もある)、世代的にはモンローモンローと騒ぐ(?)のが疑問だった。シャロン・ケリー登場の時もそうだったが、もうマリリン・モンローって誰だ？　という時代だろう。ともあれ、彼女の出現は新鮮だったから、これで評判よろしくなかったフランスものもいくらか面目を施すと思っていたのだが、《モンロー再来》に八〇年代の洋ピンの観客は反応を示さなかった。当たり前である。歿後二十年以上もたつ女優に動員力などあるはずがない。基かあらぬか、後年のセールス・ポイントはモンローからマドンナに代えられる。

J＝M・パラルディ、J・ベナゼラフ、M・ジャン(前記『わたしは女』に特別出演)、G・キコワーヌら主だった監督のほとんどに起用されている。スウェーデンではA・フェヘールの『憎しみと愛情』【83年】がある。イタリアにも出張している。

サンドラ・ジュリアンが九年ぶりに『ウーマンゼリー　満熟』(82年)で再登場したことも付記しておかねばならない。独身男が住んでいるアパルトマンに二人の女流写真家(ジュリアンがその一人)が引っ越してきての冗長な桃色騒動。といって、これもM・メンダムの『セックス・マシーン』同様の古物で【73年】、アドでフランスものであることを伏せていたのも同じ。

女優ではエロディ・ドラージュ、フランス・ロマイらがいたが、脇役に甘んじてしまったところがある。これが他人を押しのけてでも、というプロ意識丸出しの女優が目白押しのアメリカとの違いであり、ひいてはポルノ映画そのものの格差でもある。

この時期の年間製作本数はブームの頃の半分の五十本程度という。妥当な数字だろう。

（＊1）R・アラン、A・スレイと並ぶ代表格。二〇〇六年まで一六二本。九〇年代からビデオの監督も。

（＊2）J・フランコの医学ホラー『フェイスレス』（89年）などを手掛けた。

（2）イタリアとドイツ・北欧

イタリアポルノは十本にも満たなかった。本国では商業映画全体が活力を失っていた時代で、往時のようにポンと製作費を出すプロデューサーもいなくなった。映画は儲かる商売ではなくなっていたのだ。多くの監督が年金生活に入り、あるいは歿したなか、テレフィルムからも依頼がない監督たちの何人かが活路を求めたのが低予算のポルノだった。何はさておき、自分たちが食うために。

ポルノ・メーカーたちは検閲用にソフト版（国内向け＝PHは一般映画も同じくOK）を製作し、別に本番シーンを挿入したハード版（海外＝ポルノ解禁国向け）を用意するしたたかさを持つ。最初から輸出目的に作られ、PRC（Pubblico Registro Cinematografico ＝映画登録局）への届け出をパスする映画も多い。ただ、この国のポルノ製作はもともとフランスほど盛んでなく、実績もない。日本でも配給会社が関心を示したのはホラーものや人肉食い映画ばかりだ。七〇年代のナチスプロイテーションだって、エロより残酷でヒットしたのである。そうした状況下、鼻息荒く奮闘していたのがアリスティーデ・マッサッチェージだった（以下、J・ダマト名義にする）。

ジョー・ダマトの跳梁跋扈

『猟奇変態地獄』（81年）はダマトが放ったラウラ・ジェムサーのブラック・エマニエル・シリーズ中、日本で唯一劇場公開された作品である。アピアカ族探索のためアマゾン奥地へ向かうエマニエルに同行するのは人類学者（G・ティンティ）、現地の神父の娘や尼僧、金塊を積んで墜落したセスナ機を探しているロナルド夫妻と黒人の下僕。あまり必然性のないセックスが繰り広げられたあと用意されているのが食人族による血と肉の饗宴だ。尼僧は乳房をえぐられ、内臓を引きずり出される。ロナルドは金塊を発見するやインポが突然治って喜んだのも束の間、胴体を切断される。そこまで持っていく作劇法は強引だが、観客は多分、この映画の見せ場がわかっているので退屈することはない。ダマトは「アメリカのエマニエル」などでニューヨークにロケしているが、さすがにアマゾンまで遠征しておらず、ラツィオ州の自然公園とスタジオで済ませている。

ポスターはタイトルの他に、《ある時は残酷に、またある時は官能的に女たちは狂い歓喜する！》といった惹句《コピー》があるだけで、監督や出演者たちの名前は一切ない。こういう思い切ったデザインは配給会社のスタイルだったからいいとしても、絵柄（写真）がバックから挿入されているロナルドの妻（ニエヴェス・ナヴァロ）だけなのは、主演作が五年も前の『愛のエマニエル』一本しかないジェムサーの興行価値が日本ではまったくないことを意味している。

古代ローマ史劇の色欲残酷大作『カリギュラ』（80年）に便乗したデヴィッド・ヒルズ名義の『カリギュラ2』（82年）は配収九千三百万円を記録した。映画界の柳の下には泥鰌が確かに一匹や二匹はいるものらしい。しかし、乱交場面が展開する狭そうな部屋にカーテンがやたら垂れ下がっているのは興醒めだし、卓の上の料理の貧弱さはどうだ。邦画洋画、ジャンルを問わず、映画に金（と手間）をかけたかどうかは、食事シーンの有無でわかる場合がある。飲酒シーンはいくらでも用意できようが、料理、食器などの調度類が必要な食事や宴会のシーンは、そう簡便にはできまいと思われるからだ。事実、低コストのアメリカものやピンク映画にはほとんど見られない。

ダマトについては拙著であらかた書いたので重複は避けたいが、ビデオを含めて生涯およそ二百本という量産ぶりだけは再確認しておきたい。この数字はフランコ・ロ・カシオ[*1]との共同二十本を含んでいるが、そのコツは、クレオパトラ、マルコ・ポーロ、モーツァルトなど、世界的に有名な人物をエロ漬けにし、タイトルに組み入れてセールス・ポイントにしたことだ。無論、ロビン・フッドやターザンなどフィクション上のキャラクターも忘れていない。総体的にストーリーは平凡で、捻りや突っ込みが足りない。その代わり、セックス・シーンは執拗なほどだ。

これらの諸作はダマトが並行して作った、あくどく、おぞましく、えげつない残虐描写満載の『ビヨンド・ザ・ダークネス　嗜肉の愛』【79年】（V）』『猟奇！　喰人鬼の島』【80年】（同）などと併せて、まがりなりにも商品として国内外で通用したのだろうと思うし、儲けもソコソコなければ続けるわけがない。切羽詰まったイタリア商業映画の危機的状況の中、エロとグロこそわが道と腹を括って精力的に取り組んだのは、映画監督として一つの生き方だったと認めるしかない。このテのジャンルを喜ぶ客層が世界中にいることを彼はちゃんと知っていたのだ。

（＊）一九四七年生まれ。フェルナンド・ディ・レオらの助監督を経て七四年監督デビュー。八四年からポルノ映画に専念。

女囚虐待と踊る一寸法師

八二年公開の三本――マカロニウェスタンのヒーローだったアンソニー・ステファン（アントニオ・デ・テッフェ）、アジタ・ウィルソン共演の同工同曲『女囚SEX集団』（エドワード・G・ミューラー）と『虐体女刑務所』（トニー・ムーア＝共に82年）は、エロもアクションも不発の駄作。背景や設定からまとめて作ったものらしい。七〇年代にJ・フランコがドイツ資本で作ったプリズンものの亜流だ(＊1)。監督は二本ともエドアルド・ムラルージャのPN。

『悪魔のホロコースト』（R＝リノ・ディ・シルヴェストロ）はナチスプロイテーションの残骸【76年】。収容所での梅毒検査、PH剃り、レズ、拷問の定番趣向に加え、親衛隊員たちのホモ・セクシャルもあるエピソードの数々はともかく、それらが所長と女囚の愛憎劇と遊離しているのが致命的。そのドラマだって『愛の嵐』からのパクリで、そこにはアレンジも新味もない。見せ場は女が股間に挟んだ剃刀で所長のシンボルをスパリと切断するシーンだけ。三流監督の三流ぶりがもろに出た映画だ。

八五年の暮れに一種異様なエロ怪奇劇が忽然と現れた。『ベビーシッター〈倒錯願望〉』は一寸法師――顔は大人で体は子供の小人《こびと》が美女を凌辱しまくる猟奇的な異色作として記憶される。サブリナは金髪の夫人（D・S・クレール）にベビーシッターとして雇われる。赤ん坊と思っていたのは夫人の亭主で（最初はベッドにいて正体がわからないのがコワイ）、サブリナをいいように弄び、嬲る。脱がせた下着を身につけ、恍惚となる場面もある。夫人は男の金目当てで結婚したと判明。小人が浣腸を施そうとした時、サブリナが隙を見て槍で突く。そこへようやく恋人が駆け付けて……。ストーリーは平板も設定が不気味でいい。

アルベルト・カヴァローネが海外用にレネ・ピラヴの、国内用にバロン・コルヴォのPNで発表【82年】。この内容ではさすがに本名は出せまい。邦題は英題"Baby Sitter"からだが、原題"Il Nano Erotico"のnanoは小人の意――アメリカの『痴漢ドワーフ』(*2)（74年）を思い出した。

この間の『ポルノ　激震』（80年）（デモフィロ・フィダーニ）はフランスのC・ベッカリーを招き、彼女扮する家庭教師が我儘娘とレズに耽ったり、庭師と情交に及んだりする物語だが、娘の思春期心理や両親との確執が曖昧なので退屈は免れない。ポルノ場面も微震程度だ。ただ、ベッカリーの熱演と娘役のレオノーラ・ファニの美少女ぶりはよかった。これも古物である【75年】。

八〇年代末からはセミ・ポルノグラーフィコ（semi pornografico）と呼ばれるドラマ中心のソフトポルノが多く入荷した。R指定や一般映画となって公開されたのは時代の流れで映倫の性描写規制が緩やかになったからであろう。

（＊1）A・ウィルソンにはセックスとリンチに明け暮れる女性矯正院にカップルが迷い込んでの災難と反乱劇『ウーマン・プリズン　私刑《リンチ》』（83年）があった（ドイツ・スペイン合作）。『女体拷問人グレタ』以来、六年ぶりのJ・フランコ作品。相変わらず焦点定まらぬ作劇法で、エンド・マークにホッとした。
（＊2）小人と老婆が経営する古ぼけた下宿屋を借りた貧乏な新婚カップルの災難。妻が秘密の部屋に見たものは……。

栄光いずこ――ジャーマン・ポルノ

ドイツものは四本。ラッセ・ブラウン監督『人妻絶頂 Body-Love』（80年）は、貴族の館を背景に好色男爵夫婦（妻はポルノ女優でもある！）、レズ狂いのメイド、南米の奴隷女、取材に来た芸能レポーターらが入り乱れるが、テーマ不在なので、ただのダラダラ劇にしか映じない。男爵を演じたのがミシェル・ジャンで、コネクションがあったらしく、先の『エロマニア　家畜』や『昂奮する女』などにはドイツ資本が入っている。

マイク・ハンター名義の『クローズ・アップ　しびれ』と『ディープ・マシーンⅡ』（共に82年）――前者はセックスにマンネリ化を覚えた夫婦が向いのアパートに住むカップルのSMプレイを見て興奮、こっそりビデオ撮影してスワッピングへと発展する。さらに新鮮なパートナーを求めて猟色に励み、これだけならよくある話だが、それを謎めいた男が監視しているショットが時折挿入され、ミステリアスな雰囲気を醸し出しているのに成功している。

後者はSMクラブの会員たちが自分の体験を語り合うスタイルで、圧巻なのはマゾっ気のある母と娘が男たちのゴールデン・シャワーを浴びて悶絶狂乱するエピソード。放尿はいくつか例を見てきたが、これも並みの量ではない。どうせ本物ではあるまいが、それがエンエンと続くサマは凄い迫力。全体に異様なムードが横溢していて忘れ難い作品だ。[*1] マイク・ハンターはゲルト・ヴァスムンテというプロデューサーの変名とする説もあるが、IMDbのデータを踏襲した。

その活動はヨーロッパに留まらず、八〇年代からアメリカにも及んだ。A・ヘヴンが探偵役を演じた「セックスルーズ」【82年】は海外向けに「ラスヴェガス・マニアックス」と改題とされ、ドイツや香港で公開された。倦怠期を迎えた夫婦が――妻はレイプで、夫はSMで興奮し、それが刺激となって再び新鮮な気持ちになる『AMERICANクライマックス』(84年)はV・ハート主演。古臭いテーマだが、俳優たちの個性と多彩なシーンで飽きさせなかった。メイ・リンの出番にはバックに琴の音が流れたのに笑った。八〇年代半ばからはビデオ中心になり、コリーン・ブレナンが出ていた『ディープ・タッチ　禁断の下着』(88年)もそんな一本。

輸入作品が少ないのでわが国では知名度は低いが、ヨーロッパでの評価は高く、二〇〇三年にはヴァスムンテにより、TVドキュメンタリー「我こそはポルノ王　ラッセ・ブラウンの波乱万丈一代記」が製作された。「王」とは大きく出たものだが、海外での仕事やフィルモグラフィに無記載のブルーフィルムも含めてのことだろう。同年にイタリアでは「異邦人《アリエーノ》　ラス・ブラウンとの対話」という中編ドキュメントが作られた。二〇一五年、ローマで逝去した。

大ポルノ・メーカー、エルヴィン・C・ディートリッヒのミヒャエル・トーマス名義作品『スーパーポルノハウス』(80年)は、サンユーフィルムがミリオンに委託していた最後の作品。舞台が男子禁制の女学校寄宿舎なら、やることは決まっている。ディートリッヒはポルノに見切りをつけ、海外市場に目を向けてイタリアのアントニオ・マルゲリーティ（アンソニー・M・ドーソン）やファブリツィオ・デ・アンジェリス（ラリー・ラドマン）をアクションものに起用して各国にセールスした。(＊2) 出来・不出来はともかく、いずれも決められた予算と日数で仕上げる職人監督だから懐は痛まないように計算しているのだろう。脱ポルノへの意欲は以前からあって、イギリスの戦争アクション『ワイルド・ギース』（78年）や『オフサイド7』（80年）の製作も共同で行なった（後者はUC）。

息子たち――アクセル・ブラウン、(＊3) ラルフ（・S）・ディートリッヒ(＊4)が後継者になった。

ドイツものは枯渇状態になるので締め括る。無声映画時代に作られたという十五本の短編ブルーフィルムをまとめた『ブルーレトロ１９３０』（87年）はＡＶ全盛のご時勢には黴臭さを覚えただけだ。『究極の苦痛と快楽』（89年）は『ディープ・マシーンⅡ』のＳＭ変態性をさらにエスカレートさせ、やはり母と娘が嬲られる。第一部は強盗が大邸宅に押し入って……という劇映画のような体裁。第二部は手錠、鞭、バイブ、金槌から穴付き按馬、十字架形磔台など拷問器具も豊富に責めて責め抜く内容だ。放尿もある。

「女子学生㊙レポート」シリーズの栄光も今は昔、これでドイツポルノは消えた。

（＊1）複数のＤＢでは『クローズ・アップしびれ』公開を五月二十日としているが、二月六日が正しい（東京ＳＴチェーン）。原題は“Sex Maniacs II”。これより五週ほどあとに出た『ディープ・マシーンⅡ』が“Sex Maniacs”。「Ⅱ」はフィルモグラフィにない。

（＊2）マルゲリーティ『コマンドー・レオパルド』【85年】デ・アンジェリス『コブラ・ミッション』【86年】など（いずれもV）。

（＊3）アメリカでポルノビデオを二百本以上製作・監督。新世紀以降は［バットマンXXX］【10年】［スーパーマンXXX］【11年】などの大胆なパロディものが大当たり（数本が日本でもリリース）。

（＊4）ホラーコメディ『キラー・コンドーム』（99年）や北欧海賊活劇［バイキング・サガ］【14年】を製作（共同）。

SEX先進国の夕陽が沈む

かつてはポルノ先進国と言われたスウェーデン——。『オーバーヒート　からみ』（80年）は、小島を舞台に母と娘が乱倫の日々。娘は嫁と帰省した兄と昔から愛し合っていたという設定で再交歓。兄はさらに母のオッパイにしゃぶりつき、自分が産まれた股間を凝視する。そのショックで嫁は島の男に身を任せ——。七七年、久々に渡瑞したJ・サルノがハモンド・トーマス名義で監督したもの。[＊1]主役不在のドラマで、物語も一本調子だから盛り上がらない。八〇年以降、六十本余を放ったサルノの最後の本邦公開作品。

A・フェヘールの二本——『悶絶バージン　セックス・メーキング』（80年）はストックホルムからパリの観光旅行に出かけた二人の若妻（バージンに非ず）の行状記が快テンポで描かれた。精力絶[＊2]倫男をダウンさせ、侯爵夫人をレズで狂わせ、冒頭にしてやられた泥棒二人組にも報復し、意気揚々と帰国するまで。『ヴィーナス　処女のしたたり』（82年）は好色な大学教授ラスプーチン（！）が催眠術まで駆使してお楽しみの連続、これまた好き者の妻まで参戦しての色模様。ただ、これといったテーマが見えないのでいささか持て余す。本作をもってスウェーデンも洋ピン史から消える。

この間、マック・アールベルイは七〇年代半ば、ポルノと訣別して渡米。八〇年代からアーウィン・ヤブランズやチャールズ・バンドら、刺激性の強いB級ホラー&アクション娯楽路線を突っ走った製作者の元で撮影監督を務めた。マック・アールバーグと改名して手掛けたのは『ヘルナイト』(81年)『SFソードキル』(86年)など、新世紀まで四十本余り。見事なまでの変身である。

テレビ映画に復帰していたデンマークのG・アクセル老は、ほぼ十年ぶりの劇場映画『バベットの晩餐会』(89年)を発表。悠々と、淡々と、そして静謐に最後まで揺るぎなく押し通した演出姿勢に瞠目した。散見する宗教臭は気になるほどではない。何シーンかで落涙しそうになった(一九八七年度アカデミー外国語映画賞)。


(*1)サルノは夏の休暇をストックホルムで過ごすことがあった。同地での作品に[侮辱]【88年】がある。二〇一〇年歿。

(*2)若妻役の一人、バルビ・アンデルセンはD・S・クレールの変名。

東映とグローバルが消滅する

アメリカ映画の盛況とヨーロッパ勢の衰退のなか、一九八二年には東映洋画が、一九八五年にはグローバルフィルムが撤退した。松本零士のアニメで味をしめた東映洋画はその後も『銀河鉄道999』(80年・十六億円)、一般映画『悪霊島』(81年・八億円)がヒットし、影で《東映動画》とか《東映邦画》と言われたが、こうなったらポルノなんかに用はない。七九年途中から新設した東映セントラル及び東映ユニバース名義で配給した『秘薬　バイオレンス・パワー』(81年)【76年】『悪魔のホロコースト』など五本は在庫処理と形容したほうが正しい。厄介払いのような配給だった。

グローバルフィルムの場合は八三年、富士映画が松竹富士へ社名変更され、それまで松竹本社が行なっていた買い付けを独自に行なうことになったのが発端。同年は『戦場のメリークリスマス』『ラ・ブーム2』などヒット作品が相次ぎ(二本で十三億六千万円)、全配収三十五億円は最高の数字になった。グローバル配給の『ザ・猥褻』など五本は飛び抜けた興行成績をあげられず、新体制となった会社がポルノから手を引いても不思議はない。翌年は『淫肉市場』一本。最後の番組がSTチェーンの『失禁!』と『ゼリー・ガール　赤い舌』だった。

当時の宣伝マンのコメント――「情けない話ですが、題名が思い浮かびません。コピーは一行も書けなくなりました。十年以上、ポルノに携わってきたことには誇りを持っていましたが、こんな状態では……。いささか疲れたというのが正直なところです」「そりゃ、いい時代もありました。『悪魔の生体実験』ですか、打ち込み(RS初日)に行列ができると、天下を取った気分でね。いや、昔話はよしましょう。愚痴になるだけです」――。愚痴ではない。洋ピンの歴史である。

この間、新宿地球座は八三年十二月十日から歌舞伎町松竹に改称。洋ピン唯一のRS館が消滅した。ミリオンフィルムはここで八二年からビデオ映像を劇場用フィルムに転化した《キネコポルノ》を封切っていて、代々木忠の『華麗なる愛の遍歴　愛染恭子』(82年)は配収一億一千万円。同社のキネコものはその後も何本か続き、集客があった事実は洋ピン衰退の予兆だったかもしれない。(*1)

翌年から代替館として銀座名画座が決まったが、キャパに差があるので(地球座のほぼ半分二五〇席)、上野スター座(大蔵映画)や荻窪オデヲン座(東亜興行)などが変則的に参加した。STチェーンは同年十一月末から二週上映となった。(*2)

八四年の風営法改正の動きにより、邦洋の成人映画界が宣伝の自粛(アドの写真や命題、コピー表現の抑制)、屋外ポスターや絵看板の撤去に大童になったことは拙著(『ピンク映画史』)であらかた記したので省略するが、こうした規制が興行の手枷足枷になったのは間違いない。

さらに、ビデオの普及が映画界全体に及んでいた。一九八五年のソフト総売り上げ千五百億円は前年のほぼ二倍という驚異的な伸び率で、同年の全興収千七百億円(配収六百九十億円)に及びはしなかったものの、(*3)抜き去るのにそう時間はかからなかった。洋ピン業界はアダルトビデオの蔓延に観客減を余儀なくされることになり、不吉な暗雲が漂い始める。

(*1)一九八二、八三年の新宿地球座興収ベスト3のうち、五本が和製《キネコポルノ》。洋ピンは八二年、三位の『デリーシャス 淫芯』のみ。
(*2)浅草ロキシー、江東花月、笹塚京王、王子銀線座など八館。松竹・東急系の映画館はなく、STは名ばかりとなった。八四年から新宿国際劇場、荏原・下北沢・阿佐ヶ谷各オデヲン座が参入。多いときで十三館編成。興収は一千万円がアヴェレージとされた。
(*3)数字は『キネマ旬報』(一九八五年度決算号)による概数。

変態また変態！飛び散る！
ドレイSEX遂に登場！
熱くほてった体が、興奮と刺激を求めて
のごとく燃えたぎる
わたしはこの
「レイプ」「スウィンガー」
そして…「バック」
あの「ウォーター」。
凄ぐド迫力で
悶絶バージン
製作・監督・原案「クライマックスPART3」のアンドリュー・ホワイト
セックス・メーキング
浅草
江東
横浜
横浜イセザ
吉祥寺
笹塚
王子スカ
蒲田プ
川崎ニュー
上野東
★印の劇場は14日(土)・21日(土)オー
猟奇
地獄
あえぎっ放し！
エロマニア
グローバルフィルム
大好評ペア券2000円
(男女及び女性ペアに限り、2名様)
THE EROTIC
成人映画の限界に挑む
ど肝ぬく超変態SEX！
セリーヌ
エロディ・デラージュ
ブリジット・レギーン
ローラ・クレール
製作・監督・脚本パトリック・オーバン
撮影ピエール・ロブ
奴隷にして！
指で、舌で、"男"
精力絶倫のエロ産婦人科医が患者を
エロ・スキャンダル
淫風
カラー作品
成人映画
(18才未満の方は入場出来ません)
グローバルフィルム
11日(金) 新宿のみ 9:30PMより
新宿地球座 (209)6180
銀座名画座 (561)4058
★オールナイト 新宿11日金及び12日(土) 銀座12日(土)のみ
ペア割引
男女ペア及び女性お二人の
お一人様1000円でご入場できます。

第七章　閉幕への道　（一九八六〜八九年）

外国映画成人指定はアメリカもの中心で一八八本。数字的には安定していたものの、興行的に突出した作品はない。世はあげてビデオ時代になっており、映画の観客減を引き起こしていたが、それは洋ピン業界にも波及し、老舗のミリオンフィルムが撤退するまでになる。

従来のフィルム上映に加え、キネコ上映も徐々に行なわれるようになったのは、アメリカやヨーロッパでは製作費が安くて済むビデオ撮影が主流になりつつあったからである。特に、アメリカではビデオ人口が急激に増大し、公開ほどなく（あるいは同時に）ビデオ・リリースするセールスが活発になった。上映館が減っていて、従来のように興行の上がりだけでは採算が取れなくなった事情も絡んでいる。背に腹は代えられないのだ。これも時代なのである。

キネコ上映を洋ピンで初めて宣伝面で謳ったのは『オリエンタル・ロリータ　YOKO《ヨーコ》』（86年）と思われるが、何をどうしようが、一九七二年からの審査基準「性器・恥毛は描写しない」ことに変わりはない。ビデオマスターによる《キネコポルノ》を従来の諸作と同等に扱うのは正直、不本意ではあるけれど、興行場（映画館）に供された以上は一括して扱う。慶事とすべきことではないが、時代の趨勢を読んだ税関のチェックもいくぶん緩めになり、下着から透けるＰＨは許容された。書店に溢れていたビニ本並みになったのである。

（1）爛熟のＵＳＡポルノ

スピネリとマッカラム

前々章で触れたアンソニー・スピネリのＥＦＡ六部門受賞作『ハリウッド・スキャンダル　悦楽の昼と夜』（Ｒ）が公開されたのは製作から六年後の一九八九年（昭和六十四＝平成元年）。

舞台は四〇年代のロサンゼルス。ハリウッドの大女優ディキシー・レイ（リザ・デリュウ）の依頼で恐喝者を捕えんとする探偵ニック（Ｊ・レスリー）は彼女の秘書殺害犯として疑われ、しかも恐喝者と睨んだ男がホテルで殺される。真犯人は意外にも……。協力する警部役にキャメロン・ミッチエル（！）。

時代の雰囲気を出すためのセット作りや、女優たちの衣装、ヘアスタイル、メイクにも配慮しているのは低コストでは不可能で、スピネリの並々ならぬ意欲が窺える。特に、レスリーの好演が光った（主演男優賞）。自信があったのか、スピネリは一般映画用に編集したフィルムも用意したが、配給会社が見つからなかったという。R指定になったのはこちらを輸入したのだろう。

同年にはJ・アンダーソンを映画プロデューサーにしてポルノ業界の実態を面白おかしく描いた“Aunt Peg”(ペグおばさん)シリーズ——『いんらんパフォーマンス　咥える』と『セクシャルガール　乱れた花園』があったが、これらも旧作で、前者は九年、後者は八年も前の古物である。共にW・ブラウン名義。(＊1)配給したのはOP映配(大蔵映画の映画部門新名称)。邦人系業者の相次ぐ撤退に、かつてアメリカ女優を招いて《和製USAポルノ》を作ったこともある大蔵映画、(＊2)久々の外画配給参戦かと期待していたのだが、同年、他に二本を配給しただけに終わった。

ロバート・マッカラムの映画は十一本も入荷した。会社乗っ取りをテーマにした『スウィート・エンジェル　媚肉の塔』(86年)は人気のあったエンジェルを若妻役にし、H・リームズ、A・ヘヴン、S・ケリー(本作はこの名)の共演が楽しいのは俳優の扱い方、見せ方が相変わらず、うまいからだ。ビリング・トップはヘヴン、エンジェルは四番目。格が違う。

ライムとの『USAセックス・ウーマン　PART2』(87年)は、邦題通り一作目を受け継いだような内容で、やはり遺産狙いがテーマになっている。『アブノーマル・パワー　下唇の卑猥』(88年)は『ナインハーフ』(86年)の換骨奪胎。キム・ベイジンジャーの役をバーバラ・デアが、ミッキー・ロークの役をJ・バトラーが演《や》っていた。原題は一週多い「テンハーフ」(笑)。『ニンフォマニア　けもの好き』(85年)と『禁じられた幼星　トレイシー・ローズ』(87年)は「スーパースター・スージー」シリーズと呼ばれている。一作目のヒロイン、スージー役のS・グラントはその死により二作目でアーカイヴ出演。追悼の意味もあるかもしれない。

マッカラム自身は年々ヴォルテージが下がっていった印象だ。『SEXリボルバー 弾を握る女』(86年)は、J・レスリーやJ・ギリスを相手にした婦警役S・ケリーの艶技が見応え十分で、NYアダルト映画賞(第五回・一九八五年)で主演女優賞を受けたほどだが、ドラマ展開は新味を狙ったせいか鈍重で、本来のシャープな切れが見られなかった。趣味や道楽で撮っているわけでなし、さすがに疲弊してきたものか。ポルノ畑からリタイアしていくのも無理からぬところであろう。

(＊1)P・G・ヴァテリが三作目「ペグ、ハリウッドへ乗り込む」【81年】を作っている。

(＊2)アンナ・ヴェンチュラ(パトリシア・ローシェ名義＝以下同)――『USAアニマル 華麗なる性体験』『カレッジギャル 暴行失神』(共に81年)、カーラ・ロット(パメラ・ウェストン)――『USAギャル 暴行淫舞』(83年)『スーパーポルノ白い肌の蠢き』(84年)、ジャクリーン・ロレアンズ(モニク・ニコルソン)――『USAギャル SEXカウンセラー』(84年)『USAスチュワーデス ハードONANIE』(85年)他二本。

ポルノ監督の光と影

ヘンリー・パチャードも十一本(AN作品一本を含む)。八六年だけで七本ある。そこから主な作品を拾えば、ドキュメンタリー畑へ転身しようとするポルノ映画監督(E・エドワーズ)の挫折を皮肉っぽく描いた『ディープ・ナマビジョン ローズ色の娘たち』が印象に残ったが、P・トーマスが不動産業者と結託して上院議員の座を狙う『パブリック・コア 変態うぐいす嬢』は政治的色彩が濃厚で、背景がよく飲み込めなかった。

NYの大富豪の邸宅にやってきてハリウッドの人気女優ブルックがセックス騒ぎに巻き込まれる『ブルック・フィールズのセックス発電ボディ』は、彼女の訪問理由も迎える家族の思惑も不明瞭なため、ただの空騒ぎにしか映じない。これはもちろん、パチャードの責任ではない。「ポルノ」が「洋ピン」と化す我が国では、どうしてもテーマや脚本の善し悪しで作品価値を判断するしかないのだ。ブルックに肘鉄を食らった息子と慰める母親のインセストにもう驚かない。

同年には(これはパチャード作品ではないが)『トレイシー・ローズの禁身交愛』(86年)に姉と弟のそれがあったし、もはや禁断の性行為は刺激にもならない。慣れとは恐ろしいもので、またかと思われ、そのうち飽きてくる。

多作派らしく、本国ではエネルギッシュに『バビロン・ピンク』のパート2【87年】、パート3【88年】を放ち、スピネリの『TDTM』から五作目【87年】、マッカラムの「スーパースター・スージー」シリーズから三作目【88年】を作っている。「ファイナル・タブー」【88年】もあるが、最終作《ファイナル》にはしていない。

対照的にダミアーノには黄昏が迫った。一夜を共にした女を探してくれと依頼された女探偵ジンジャー(ロニ・サンダース)の物語『センセーション　ザ・名器』(86年)は、それまでの作風とガラリ一変、珍しくまっとうな劇映画だった。捜索を進めるうちにセックス・シーンを挿入していくのはこのジャンルの常套手段としても、問題の女があっさり——情報を掴んで出向いたCMスタジオに平然と登場したのには唖然とした。普通なら、そこにはいないのだが(笑)、これがホントの意外や意外と言えなくもないが、裏をかいた演出とは思われない。それに、いつもの暗さを払拭しているのはいいが、主演者がひど過ぎた。『ペントハウス』誌のカバーガールだったことを差し引いても、その大根ぶりはアカデミー賞ものだ。

強力なスポンサーも持たない状況で製作・脚本・監督をこなし、時に出演もしてきたのは金銭や名声などに無頓着で、大都会ニューヨークの片隅で純粋にX映画作りを楽しんでいたからかもしれない。『DT』の監督としての名前が先行してしまったのは気の毒でもある。その『DT』の金看板も色褪せた八八年、特に中身を記すこともない『ダミアーノ・スペシャル　異常性感帯』で、孤高の道を歩んだかのようなダミアーノの名もまた洋ピン史から消える(*)。

仕事は絶えなかったC・ヴィンセントのこれといった作品は挙げられない。『盗撮スナイパー　裏窓』(86年)は株を買い占めている謎の女を探るよう弁護士に依頼された男がビデオカメラで部屋の様子を窺って……というミステリアスなドラマだが、途中から底が割れる。アメリカポルノに散見していた《芝居オチ》――というより、これはH・パリスの『絶頂の日々』の焼き直し。

忘れかけていた怪人ピーター・バラコフは『USA未亡人裏書　インモラル・ブルー』(87年＝「裏番」とある資料は誤記)で久しぶりに登場。夫を亡くしたばかりの未亡人が誘惑にあられもなく痴態を晒していると、ああッ、死んだはずの亭主が棺の中でパッチリ目を開いて……以下保険金をめぐるドラマが展開し、思いがけないラストが待つ(T・ローター名義。出演も)。

見応えある佳編として記憶すべきはトーマス・ペイン監督『オリジナル・ブルー』(87年)。大企業に顧客接待用のセックス・プロとして雇われているジル（ティッシュ・アンブローズ）と、文通相手のウィンストン（E・エドワーズ）の物語で、ジルは手紙のなかで職業を隠し、普通の女になっている設定が面白い。

会社は秘密を知られてはと彼女を社長の屋敷へ拉致。懊悩していたウィンストンは親友に「お前はそれでも男か！」と叱咤され、敢然と乗り込んでいく。ポルノ・シーンも豊富で、無理がない。各キャラクターも立っており、何より、しっかりしたドラマになっていた。監督は（日本で）これ一本で終わったのが残念だ。

（＊）ダミアーノは二〇〇五年十一月、『インサイド・ディープ・スロート』公開の際に来日。酸素吸入器を常備する身になっていたという。当時七十七歳。

俳優監督と女優たち

演出を手掛けるようになった男優たちの作品も入荷してきた。意欲は当然としても、出演過多による精力減退（？）も考えられる。長い間、渋い脇役を続けていたジョン・シーマンの『シャーナ・グラント　禁芯』（84年）は父と娘のインセストものと見えて実は……というラストが面白かった。『Dカップ・ミステリー　濡れた巨乳』（87年）は、孤島の邸宅に招かれて乱交を繰り広げた客たちが次々に殺されていくエロ・サスペンス。危うく難を逃れたH・リームズとG・リンの前に現れた犯人は——!?　原題“Ten Little Maidens”から元ネタは書くだけ野暮だろう。

翌年公開のP・トーマスの『タブー・クライマックス　獣芯』は童話を原典とするジャン・コクトゥの『美女と野獣』(48年)のスプーフだ。テーマは獣姦で、トレシー・アダムズが狼とライオンをミックスしたような怪物と汗だくで絡む。獣姦は後述するヨーロッパ映画に散見するが、アメリカでは珍しい。もっとも、この怪物の形状には笑っても一向構わない。時折、C・C・ウィリアムズ名義で脚本も手掛けた。

八九年にはJ・レスリーの病院ポルノ『ナイト・シフト・ナース　白衣の猥褻たち』が登場。演出以外に脚本も書き、セックスを奨励するドクター役で主演も。独壇場だ。看護婦、患者、インターンの絡みは定番通り。同年にはE・エドワーズの『ロマンシング・エロ　痙攣』、R・パチェコの『ダーティ・アクトレス　生好きの女』がお目見えした。前者は小説のエロ場面と、それを読んでいる人間の自慰を交互に描く内容で、ラストはしゃれているものの、いささか凝り過ぎの感。後者は女房がAV女優だと知らずにいる男の物語で、平凡の域を出ていない。トーマスとレスリーの作品はその後も続々入荷してくる。

女優名がタイトルに組み入れられることは珍しくなくなった。正式タイトルを省略すれば、エンジェル、ジンジャー・リン、サマンサ・ストロング、ニッキー・チャーム、クリスティ・キャニオン、レイチェル・ライアン、ティージャ・レイ、アシュリン・ギアなど枚挙にいとまがないが、集客効果はなかった。思い切って言ってしまえば、洋ピンの客は誰でもよかったのだ。

一九八六年七月初頭、十八歳になったばかりと本国の新聞、テレビが報じ、それまで未成年のままX映画出演していたことが発覚したT・ローズのケースはちょっと違う。コトは彼女自身にのみ留まらず、業界関係者にまで及び、アメリカでは市販ビデオが一切店頭から回収される騒ぎになった(本邦公開作九本すべてが相当)(＊1)。本来、洋ピンは洋ピンのフィールドに留まるしかない特殊なジャンルであり、一般客を取り込むまでにはなかなか至らないのだが、この年齢詐称問題は『フォーカス』(七月二十五日発売)などが採り上げたせいもあってか、九月公開の『禁身交愛』は千五百万円(ST)、『禁じられた幼星』は《禁制品》《発禁ポルノ》などと謳われて拡大RSとなり(銀座名画座など四館)、千六百万円を稼いだ。後者が彼女の本邦最後の洋ピンになった(＊2)。

(＊1)ローズは同年に来日して愛染恭子と和製AV『THEエロス』で《競艶》。その後、脱ポルノに成功。主演作は『地獄の女スーパーコップ』(92年)が入荷した。なお、ジンジャー・リンは八七年四月にビデオ宣伝キャンペーンのため来日した。
(＊2)『アクトレス倶楽部 わいせつコレクション』(90年)は配給元による編集もの。

パロディ・スプーフ・シークェル

『濡れた巨乳』や『獣芯』を見たように、パロディもの、スプーフは根強かった。エディ・マーフィ主演でヒットした『ビバリーヒルズコップ』(85年)からタイトルをかっぱらったのがポール・G・ヴァテリの『ジンジャー・リンのビバリーヒルズCOX』(87年)。閉経を迎えて久しい婆さんたちを次々に垂らし込んで宝石を掠め取る謎の男を女探偵(リン)が追う物語。

証言の数々から男のペニスは並外れて大きく、しかもそこに刺青があるとわかり、探偵社がビバリーヒルズ在の女蕩したちのリストを作成するが(そんなコトがわかるのか)、それを確かめるためには当然ベッドを共にしなければならない文字通りチンなる設定。女探偵と犯人（J・バトラー）が結婚するという陽気でハッピーなラストが待つ。探偵社の女所長（L・デリュウ）が日本酒と寿司で食事を取る場面がある。

これより前にヴァテリは弁護士を利用して夫を殺し、遺産相続を画策する悪女もの『白いドレスの女』（82年）"Body Heat"から、"Bodies in Heat"【83年】を作っていた。悪女にA・ヘヴン、夫にE・エドワーズ。弁護士は刑事（H・サヴェージ）に代わっていて、こいつが職権濫用で娼婦をいいように扱うのは（取り調べ中に全裸にする！）は、さすがポルノ版。ビデオで面白く見たが、輸入されなかった。

ヴァテリの訃報は八六年に入っていた。エイズ禍である。その年はブロウ・ジョブをこれでもかと描いた『スーパーSUCKグランプリ』や、母親が恋人と関係したショックと当てつけから娘が父親に迫るインセストもの『スペシャル・コア　家畜愛』で楽しませてくれていた。『白衣の変態たち』を抜く病院ポルノがあったら知りたいものだ。A・ウェストンもそうだったが、期待した監督がアッサリ逝くのはどうしたことか。

急行列車で起きた殺人事件の犯人は――？　あちこちのコンパートメントで展開する乗客たちの痴戯に煽られながらエロ・ミステリ作家（J・レスリー）が見当外れの犯人当てをする『オリエントSEXプレス』（T・マクドナルド）も有名過ぎるクリスティ作品から。用心棒や侍女を引き連れたトルコの宰相《パシャ》、ハリウッドの落ちぶれ俳優（役名クリント・レイノルズ！）、イギリス貴族の末亡人、ポアロ風の男など多彩な登場人物が入り乱れ、死体が消える謎や盗まれたダイヤの意外な隠し場所が興味を繋いで飽きさせなかった。

売れない脚本家がサイレント時代の大女優の深情けに辟易し、若い女との愛を貫こうとして破局を招くビリー・ワイルダーの『サンセット大通り』(51年)——女優は女優でもポルノ女優にしたのが『サンセット69　倒錯女優X』(89年)。原題は元ネタと一字違いの"Sinset Boulevard"。両親の留守中に自宅を即席娼館に変えてしまう『アクメ・ビジネス　肉婦』(86年)"Kinky Business"の設定は『卒業白書』(84年)"Risky Business"から。

総体的にタイトルをチョイといじくっているだけで、すぐそれとわかるのはトラブル回避や、「おや?」と興味を惹かせるためもあろうが、ポルノメーカーたちも「ご免なすって」と、それなりに仁義を切っているつもりかもしれない。

ヒット作の続編製作も盛んになっていて『TDTM』シリーズや「タブー・シリーズ」については何度か触れたが、他にも例えば『バージン・アカデミー　合体寸前』(86年)は、『エロ・モデルアダルト・セックス』『リトル・バージン　猟辱』(85年)とあったデヴィッド・I・フレイザー&スヴェトラーナ(＊1)による"Bad Girls"シリーズの三作目だし、J・レスリー主演の幽霊憑依ネタ『タブー・レイプ　天国から来た欲情魔』(87年)は『ゴースト・レイプ　思いのままに前後ろ』(85年)の続編だ。アメリカ映画によく見られる趣向で、元ネタは『幽霊紐育《ニューヨーク》を歩く』(41年)らしいが、レスリーの幽体はホモに可視できるのが面白い。

これらは製作時期がそんなにあいていないが、『ネイクド・セックス』と『テクニシャン　貴婦人』の各々続編である『カミング・オブ・エンジェル　発禁女類』(*2)(87年)『グレート・アクメ　みだらな女猫たち』(*3)(89年)は七年も空白がある。続編はせいぜい半年か一年後だったわが国の感覚からすると奇異に思われるが、アメリカは無頓着らしい。監督も主演女優も交代しているのは言うまでもない。

ラリー・リヴェン監督の『キャンディ・ストライパー　白衣の天使』(87年)【86年】はボブ・チンの[見習い看護婦たち]から八年目のパート2。パチャードの[ミス・ジョーンズの背徳2]はダミアーノ作品の十二年後だったし、なかには初作から実に十四年後というミッチェル兄弟の[グリーンドア・続編](*4)【86年】のような例もある。ネタ不足なのか、タイトル重視なのか。いずれにせよ、こうした続編ものは後先関係なく入荷してくる。


(＊1)七〇年代末からスクリプターとして業界入り。プロデューサーのフレイザーと結婚し、二十本余を共同で製作・監督。『エレクト・クイーン』(81年)は女だけの客船にクラシック・スタイルの海賊が乗り込んでくる支離滅裂おバカ映画だった。

(＊2)女優の新旧入れ替わりがほぼ済んだ時代、二本続けてキャリー役だったのが姉御格になったA・ヘヴン。

(＊3)売春婦殺しが発端となって組織と市長の腐れ縁が暴かれるストーリーに新味はない。一作目でアマンダを演じたV・ハートは売春婦たちの相談役で特別出演。

(＊4)主演のミッシー・マナーズに魅力なくストーリーも不可解。

(2)フランス・イタリア・香港

ヨーロッパには特異な題材が目立った。洋ピンが定着して、観客は通常のポルノにはもう麻痺しているだろうから刺激の強い作品をと、配給会社がセレクトした結果だろう。

フランス糞尿譚三題

かつて『ウォーターブルー』を出したフランスの糞尿譚は三本もあった。怪しげな館に拉致された女が主人に絶対服従を命じられ(理由はさっぱりわからないが)、あれこれ調教を受ける『THE鎖　ゴールデンシャワー』(86年)。果たされる排尿をカメラが接写。見守っていたマダムが洗面器に溜まったそれを彼女にぶちまける。ガスマスクを付けた男の激しい放尿で女は黄金水まみれ。最後はSと見えた館の主人がMと化す。見せ場はあるが、責め、責められるだけの単純な図ばかりだから飽きてくるのは必然。監督ベティ・レノックス。

『ウォーター・パッション　異常噴出』(87年)はミレーユという女の性遍歴で、知り合った男女に唯々諾々と従い(これも理屈抜き)、浣腸に加え、剃毛までさせられる。

パリのセックスクラブの屋上――まずはクラブのメイドに浣腸が施される。白衣姿の男が真剣な表情でチョコレート色の液体をチューブから注いでいく。やがて、汚れた液体が噴出してきて、メイドの苦痛と快感がないまぜになったような表情のアップ。ミレーユへの手順と描写は同じだから芸がない。事後、男は医者から理髪師に早変わり(?)してシェービング・クリームと剃刀を取り出して剃毛へと進む。

ヒロインの性への好奇心がアダになった『ウォーターブルー』と違い、これらは何のためか一切説明がない。プレイや調教ではないようだし、虐待や拷問とも違う。ドラマ性は皆無だから、それを見せるための映画だと言ってしまえば話は簡単だが、女たちの無抵抗ぶりはどうしたことか。あの『ウォーターパワー』や我が国のSM映画ように加虐と被虐が交錯する作劇法なら盛り上がっただろうが、こう一方的では何の興趣も湧きはしない(おそらくビデオであろう)。監督ピエール・B・レナールはピエール・B・ラインハルトの変名。

『ウォーター・レイプA』(87年)の行為は車を盗まれた男が犯人を探すための手段として描かれる。犯人は売春婦にして強盗グループの女ボスとわかり、仲間を助っ人に同業の女を捕え、その居所を白状させようと持ち出すのが浣腸道具。ビーカーの大量の液体がチューブを通って流し込まれ……。監督マックス・チュルベはジャン＝フランソワ・オータンの変名。

ヒットした獣姦映画

八六年一月の一日《いちじつ》、『HOW & WHY? 馬小舎の貴婦人』のRSが行なわれた銀座名画座は満席だった。――伯爵夫妻(G・ポンテーリョ、ドミニク・サン・クレール)、その友人夫婦、馬丁、メイド入り乱れての大狂宴。ハイライトが女と馬の戯れと交合である。

馬小屋で馬丁との情事を夫人に中断されたメイド（ホセリータ・カポーニ）は馬のペニスが怒張しているのを見て再び欲情、恐る恐る巨大な逸物を手にして愛撫、キスを繰り返し、やがて思い切り頬張る。エキサイトした馬は放尿して彼女をズブ濡れにさせ、大量に射精する。馬の性器は税関も映倫もお咎めなし。ただ、巨大なウィンナ・ソーセージのようなそれは部分的には作り物だろう。その真偽はともかく、このシーンに客席はシーンと静まり返り（洒落ではない）、観客は息を詰めて靄がかかったような画面に見入っていた。メイドがソレを股間に挿入するショットもあった。

人間たちの絡みも尋常でなく、伯爵夫妻は絶頂に達するや、放尿を果たす。夫人が死んだ夫の亡霊の声に導かれるよう馬小屋に向かうところで映画は終わる。夫は種馬《スタリオン》に生まれ変わったのだという妄想を抱いて……。上野スター、新宿パレスを加えた《拡大RSショウ》とSTチェーンを合わせた興収四千五百万円は大ヒット。関西STやローカルを含めれば、六千万円を超えたのではないか。

配給会社の宣伝マンが「小屋でなく小舎にしたのがミソです」と、自慢げに語っていたのは一理ある気がする。ドラマはつまらないが、テーマの異常性とひたすら愛欲模様に徹した姿勢は悪くない。こういう映画はあっていい。監督マイク・ストロング――これもラインハルトのANだ。

ラインハルトは一九五一年、スイス生まれで、G・キコワーヌやF・ランサックの助監督をしていた。演出にこれといった特徴――持ち味というべきか――のない監督が多かったなかで、あえて刺激の強いエネマものや獣姦ものに挑んだ心意気やよしである。人は平凡な人生を何ら悔いることはないが、映画監督はそれでは務まらない。

これ以前にフランスには、破産寸前の侯爵が莫大な遺産を継いだ友人の一人娘ルーシーと息子のマチュランを結婚させようとするものの、息子は尻尾《しっぽ》が生えている獣人だったというヴァレリアン・ボロヴズィックの『獣人』(＊)(78年)があった。

その昔、森のなかで熊の如き獣に襲われた貴婦人の恐怖は歓喜に変わり、それは獣も同じらしく、筒先から夥しいスペルマを放出し、昇天。よほど、よかったらしい。結果、生まれたのがマチュランで、この男、なるほど、熊のようにモソモソ動き、下品なまでの鯨飲馬食。ルーシーが馬の交尾の写真を見ながら自慰に耽る場面もある。

全編を覆う不気味なムードと執拗なエロチシズム――ただのポルノではないが、通俗的な娯楽色に乏しい。有名女優は出ていないし、『夜明けのマルジュ』で変に芸術ぶって大ミソをつけた監督で売るわけにもいかないし、宣伝は難しかったと思う。試写開始から公開まで実に一年以上――果たして興行は思わしくなかった。


（＊）ロ落ちのときに前サブ「邪淫の館」が追加された。

ヨーコとオリンカ

J＝L・ブリュネの『オリエンタル・ロリータ　YOKO』(86年)は、愛する妻を事故で失ったショックで田舎に引っ込んだカメラマンのアルノー(A・スレイ)の元へモデルたちが押し掛けてくるものだが、肝心のアルノー氏、行為中に亡き妻の面影が浮かんで燃えないのが難。いつもはハッスルするスレイもこういう役柄では仕方がない。タイトル・ロールになったヨーコは農家の召使役で最後に彼と絡む。肌の浅黒さからオリエンタルには違いないが、日本女性には見えない。アメリカものに出てくる東洋系女優同様、珍しい存在という程度だ。原題［禁断の果実］。D・S・クレールがクレール・フォレスティアの変名で出ている。

《遂に実現！　洋画ポルノ初キネコ作品。画期的ハイテク処理で画面刷新。迫力倍増！》――と謳われたキネコの見栄えは甚だよろしくない。ハイテク処理だか何だか知らないが、要はビデオ画面をスクリーン用に拡大しているのだから粒子が荒れて当然だ。この弊害は新宿地球座における代々木忠らの一連の作品や、八五年からの「にっかつロマンXシリーズ」で露呈していた。

キネコにも費用はかかるが、製作費はフィルムより安くて済むとのことだから、観客の身からすれば、だったら料金を下げろということになる。洋ピンもにっかつもそんなことをやったからビデオに食われたと言えなくもない。新世紀になって生き残ったのは35ミリで撮り続けたピンク映画だけではないか。

オリンカにはM・ジャン（M・カプート名義）のホスピタルもの『ダーティ・マドンナ　性感女医入門』（87年）と、イタリア出張作のコメディで、ファッション会社を乗っ取ろうとする連中を逆にとっちめる若き未亡人役を演じた『可愛い顔して女は悪魔』（88年）があった。

マリリンでもマドンナでもいいが、ソックリさんというレッテルを貼られたままだったのが惜しまれる。洋ピンが衰退期に入って、ジャーナリズムの話題にならなかったのも不運だった。名前もバラバラで、前者はオリンカ・ハーディマン、後者はオリヴィア・リンク。これでは損である。

八八年——C・ピエルソンにはA・マルシャン名義で、妻がありながら女漁りを続ける男を描いた『ダーティ・マシーン　絶倫性欲』(*1)が、M・ペカスにはカサノヴァの子孫が女たちにサービスする『ディープ・エキス　快楽の狩人』があった。後者は先の『セックス・マシーン』より古い七四年作品。《エキス》とはスタミナ・ドリンク剤を服用することかららしい。共に現代のドン・ファンを主役にした映画だったのは偶然にしても、ここで両監督の洋ピンでの役割は終わった。クロード・プローの『レディ・スタリオン　陰蕩の森』(*2)は根強い夫婦もの。

八〇年代半ば以降はフランスでもポルノ映画の興行は頭打ちになり、生撮りビデオが主になっていた。わが国への入荷も急速に減り、八三年から一桁台。比較的多く輸入していたグローバルフィルムの撤退も影響したと思われる。九〇年代に『リリパット・シェリー　小膣女』(*3)(90年)と『SEXアンドロイド　変態奴隷』(*4)(91年)がマーケットに出ただけで(他にR指定二本)、フランスポルノは事実上、この時代で終焉すると書いても早過ぎまい。

——パリの空の下、セーヌは流れ、時が過ぎゆく。

(＊1)D・S・サン・クレールがミシェリーヌ・モルガン名義で出ている。
(＊2)レイプされたことで俄然、セックスに積極的になり、過度に刺激を求めた人妻に待つ破綻。J・フランコが共同で脚本と演出(UC)。

（＊3）映画の見世物小屋的感覚は歓迎するクチだが、小人の男女が登場する本作は詳述を控えたい。『ベビーシッター』と違って劇映画の範疇に加えるのは抵抗がある（V？）。

（＊4）『THE 鎖』や『ウォーター・パッション』の流れを汲むSMもの（V）。ダニエル・デュボア大ハッスル。監督ミシエル・リコーはV専門で八〇年代に六十本余がある。

イタリアの獣姦映画

『馬小舎の貴婦人』では貴婦人と馬の獣姦は暗示に留まったが、『HOW & WHY？2 馬小舎の乙女』（86年）ではちゃんと果たされる。さすがはイタリア映画である。

ローマ郊外の屋敷の厩舎――冒頭のメイドと馬丁の絡みはなぜかラインハルトの映画と同じ。そこでは中断された行為が今度は果たされる違いはあるが、そのあと、女が目の前の馬のペニスを愛撫し、放尿と射精が放出されるのも一緒である。このあたり、勝手に差し込みを行なったのではと勘繰りたくなる。胡散臭い映画なのだ。

やがて、二頭の愛馬の前に全裸の伯爵夫人（サンディ・サミュエル）が立つ。双眸は妖しく輝き、やがて手が巨大なペニスへと伸びて禁断の行為に走る。このあと、夫人は秘密の快楽を小間使い（マリナ・ロタール・ヘッドマン）にも教え込む。レズでたっぷり淫情を高めたあと、二人が裸でウキウキしながら（？）厩舎に向かう図は滑稽といえば滑稽だ。夫人が応援するように馬のそれをムンズと掴んで小間使いの股間にをグイグイ挿入していくのが可笑しかった。

もっとも、ストーリーはさっぱりわからず、やたらある回想シーンの独白もチンプンカンプンだ。

糞尿譚と同じで、同じ趣向は二度までだろう。しかし、RS三週で興収二千万円は根強いファンがいたことの証明だ。

プレスには原題が“Marina”としか出ておらず、監督名もないが、八四年から八七年にかけて十六本作られたヘッドマンのポルノ・シリーズ中にある［マリナと愛獣］【84年】［マリナと愛獣2］【85年】のいずれかと思われる。前者はレナート・ポルセッリ[*1]が、後者はアルデュイーノ・サッコ[*2]が監督した(二本ともV)。本作はどちらか不詳。同シリーズは他にマリオ・ビアンキ、フランコ・ロ・カシオらが数本担当した。ヘッドマンはスウェーデン出身で、『馬小舎の貴婦人』には伯爵家に招かれる客の一人で出ていた。

サッコの『馬と犬と人間』(88年)は原題を［パオラの浮気］【84年】といい、セックスに飽くなき欲望を持つパオラが馬と犬に挑戦(?・)する。エロ小説家が登場するのが新味だが、本国の資料によると、複数の映画を寄せ集めたグァッツァブーリョらしい。さすがはイタリア映画である。

公開は少し飛ぶが、ロレンツォ・オノラティがローレンス・ウェッバー名義で作った『新HOW & WHY?馬小舎のロリータ』(91年)には馬との獣姦の他に少女売春、SM、スカトロ趣向まで描かれた。オノラティはポルノ派なのに、自分の気に入った素材しか映画にしないことを信条にしている贅沢な(?・)製作者兼監督だが、過去には『カリギュラ』に便乗した『カリギュラⅢ』(88年)なども作っているよう、商売っ気が働いていることは間違いない。

（＊1）一九四七年生まれ。公開作に『衝撃のドキュメント　発禁ポルノの世界』（74年）。ホラーものが目立つ。ＰＮ＝ラルフ・ブラウン。
（＊2）一九四三年生まれのポルノ派。ハードポルノではハード・サックやダディ・スティール名義。

稼ぐフィルム

フランスやイタリアのこれらのケダモノ映画はローカルでもウケたらしい。配給したＮＳの元セールス担当者によれば、二本立てを組むと、どこも満員の盛況だった由。「たまたま出張があって、場内を覗くと、いやあ、驚きました。ジイちゃん、バアチャン、オッサンたちで溢れんばかりで」というコメントを得た。バカタレントが跋扈する愚劣極まりないテレビ番組を家でボーッと見ているよりよほどいい。

この種の走りと言われる『Why《なぜ》？　獣色』（73年）【70年】は配収五千三百万円という記録が残っている。スウェーデンのクロウハウゼン夫妻がデンマークに取材したドキュメンタリー。ポルノショウを見た観客たちによるディスカッションのあと、農場で育って犬とも経験があるというボディル・ヨーエンセン（『X』にも出ていた女性）による獣交がカメラに収められていた。ノートから一部引用する。

「《獣色》は巻中に出てくる。どこか奇形を思わせる大女、神に見放されたような感じ。お金のためと言って牛と交わるシーンは哀れで悲しい。見世物小屋の演し物、因業芝居を思わせる。見ていて不愉快になる。ボカシとカットの大洪水でウンザリする。銀座ロキシーの客はひたすら無言。見入っているのか、呆れているのかわからない」。

この映画は秘かな人気があったらしく、たびたびニュープリントで再映されていて、右のノートも一九七七年のもの。配給元の意向というより、館主たちからの要望だったらしい。八一年からは東京と関西のSTチェーンに登場し、通常より倍近い興収があった。稼ぐフィルムだ。

獣姦《ズーフィリア》の源流はミノス王の妃と牛の交合によって牛頭の怪物ミノタウロスが生まれるギリシア神話にまで溯る。ヘブライの預言者モーゼも十戒のなかにこそ入れていないけれど、それを禁じていたのは人々のあいだで（頻繁かどうかは別に）行なわれていたからではないか。

決して特異なケースとしてではなく、平然と描いていたようなギリシアの『ハードアブノーマル』のような例を見ると、単なるキワモノ映画として片づけられない気もする。現実に、スウェーデンやデンマークで獣姦禁止法が制定されたのは、他のヨーロッパ諸国より遅れ、ここ数年のことなのである。

裸の国会議員チチョリーナ

イタリアの女性国会議員（下院議員《デプタート》）がハードコアに主演したことで話題を呼んだのがリカルド・スキッキ監督『女帝チチョリーナ』（88年）。ブダペスト生まれでイタリアに帰化し、ポルノ映画に出ていたチチョリーナが下院選に立候補して当選したのは八七年六月。この映画は八六年製作だが、日本公開当時はれっきとした現役の議員だったわけで（一期のみ＝一九九一年途中まで）、峠を越えたアスリートや売れなくなったタレントがせいぜいだった日本ではまず考えられないことだ。共演はジョン・ホームズ。この組み合わせはかつてのM・フォルサとH・リームズのそれと同じく、特筆すべき出来事だ。

ただ、この二人のやることは言わずもがな。猥褻容疑の裁判沙汰を回避するため社会福祉に励むことになった彼女に、同じ容疑でアメリカから逃げてきた(?)ホームズが協力、セックスに悩む夫婦を救済するだけのことだ。初対面のシーン、「本人の証明は?」と尋ねる彼女にホームズが股間の逸物を取り出すのは型通り。ご両人の絡みもあるが、トリミング過多で、チチョリーナの顔が映らないからスタンド・インではないかと疑いたくなるほどだ。この女優は美人といえば美人だが、メイクが濃過ぎて日本人には好まれないタイプではないか。ホームズもトシのせいか精悍さが消え、下腹もたるんでおり、いささか哀れさも覚えた。しかし、男一匹、ここまできたらやりヌクしかない。ラストは関係者が一堂に会しての安易なオージー・パーティ。アメリカからアンバー・リンとトレーシー・アダムスが帯同[*1]。イタリア原題「たぎる肉欲」[*2]。チチョリーナは宣伝キャンペーンで八八年四月に来日。その一カ月前にホームズはエイズによる合併症で死亡している(享年四十三)。

チチョリーナの日本初登場は『エーゲ海に捧ぐ』(79年・G)。画商の娘役でコケティッシュな顔に贅肉のない素晴らしい肉体を見せた。主人公の画学生とのセックス場面で、恥部にかかった円形のボカシ(マスクがけ)が彼女の動きと共にピョコピョコ動くと、隣の中学生グループが「ダサイなあ」と、ゲラゲラ笑っていた。遠慮や羞恥など無縁の世代だから、この反応は正しい(於・新宿スカラ座＝当時)。

彼女をポルノ女優に仕立てたスキッキは写真専門学校時代からエロチシズムを追求するにはポルノ映画しかないと決めた男で、彼女との最初の出会いは『僕を愛してチチョリーナ』【79年】(V『チチョリーナ・マイ・ラブ　エーゲ海に捧ぐバラード』(＊3))の構成を受け持ってから。同年『チチョリーナの私の肉体が渇くとき』(＊4)【79年】(V)以後、映画出演が途絶えていた彼女を『欲情の貝殻』【83年】に起用して深い仲にもなったらしい。『女帝チチョリーナ』はコンビを組んだ六本目(最終)の作品。この間、ポルノ女優の養育・派遣目的のタレント斡旋所、Diva Futura(未来のスター)を設立した。


(＊1)アメリカ勢三人はこのあとイタリアで『スーパーマッチョ対悪妻たち』【87年】(英題『ミスター・ホームズの悪魔』)に出演。ジンジャー・リン飛び入り参加。監督はハードコア専門ジョルジョ・グランド。

(＊2)チチョリーナがアメリカに出張したパート2がある【90年】。本国ではビデオ発売(『飽くなき欲情』)。

(＊3)ラジオのパーソナリティとして人気のあったチチョリーナ売り出しの一編。筋らしい筋はなく、肉体と歌を披露する大凡作。

(＊4)若者が年増の夫人と初体験を果たすまで。チチョリーナはノルウェーからきたヌーディスト役。ポルノ議員が話題になってリリースされただけの三流映画。

イタリアのセミ・ポルノ

イタリアのセミ・ポルノグラーフィコは愛欲官能ロマンとでも形容すべきソフト・ポルノで、八七年から活発になった邦人系配給会社のビデオ販売のためのショウケース公開でマーケットに出た。写真、活字、AVによるヌードやセックスが週刊誌やスポーツ紙を通して社会生活に完全に浸透した情勢を汲んだ映倫の規制緩和で一般映画やR指定になったが、性描写はふんだんにある。フランスやドイツなどヨーロッパ勢が劣勢になるなか、イタリアン・エロスはひっそりと花を咲かせていたのである。八九年分から何本か採り上げておく。

ロレンツォ・オノラティ（L・ウェッバー名義）の『レディ・チャタレー』（89年）（R）は、チャタレイ一家は実在したという設定で、作家のロレンスが邸宅を訪れ、未亡人になっていた夫人（マルゥ＝ランバ・マルゥあるいはイレアーナ・カルーシオとも。以下マルゥで統一）の回想がドラマになっていく。最初、夫人がロレンスを「ポルノ小説で稼ぎまくっているそうね」と揶揄するのが面白い。

サロンでは夫のクリフォード卿の取り巻きたちが小間使いを弄び、執事を相手にするホモ・セクシャルもある。不能者の主人は「親和力はセックスに勝る」などとお題目を唱えるばかりだが、原作にも出てくるボルトン夫人（卿の看護婦）が夫妻とバスタブで痴戯を繰り広げるシーンはかなりえげつない。女装した執事との変態プレイを強要された夫人は森番メラーズの——それまでの情事相手だった取り巻きたちとはまるで違う荒々しい性の交わりに恍惚となり——。

淡々とした物語のなかに濃厚なセックス場面を巧みに挿入して飽きずに見ていられた。好きな素材しか映画にしないという割に凡作が多い監督だが、これは数少ない成功した部類に入るだろう。好ソフト・フォーカスのかかったような野外撮影もイギリスの田園風景の感じをよく出していた。好演したマルゥはブラジル出身の黒髪に黒い瞳のグラマーで、売れっ子のポルノ女優だった。

イタリアで“La Monaca di Monza”［モンツァの修道女］として知られる十七世紀の伝説に材を採ったのが『尼僧の背徳』（G＝モンツァは北イタリア・ロンバルディーア州の町）。領主である父によって修道院《コンヴェント》に入れられた娘が若者と恋に落ち、妊娠して審問にかけられ獄死する悲劇で、四七年、六一年、六三年、（＊1）六八年（『ロザリオの悲しみ』70年）に映画化されたが、これはブルーノ・マッテイがステファン・オブロウスキー名義で監督したエロチック版【80年】。

修身や貞潔や贖罪などに無関心の尼僧たちのレズや神父《ドン》アリゴーネとオシオ（伝説に出てくる若者＝ここでは悪玉）の猟色ぶりが展開するが、肝心のヒロインのヴィルジニア（ゾーラ・ケローヴァ）が、犯されたり、反発されたり、産んだ赤子は死産、最後は幽閉と、受け身に回ってばかりでは物足りない。原題中にある［真説］とは誰も信用していまい。マッテイの演出は相変わらずダレきったままで、冒頭、馬の交尾シーンで観客の気を惹くのもさもしいだけだ。娯楽映画は何でもござれの監督だが、総じて演出に突出したところがない。

売春婦がホモのプログラマーと結ばれるまで——と、書けば面白そうなジョー・ダマトの『トップモデル・魔性の女』（G）はシリアスならずコミカルならずの腰砕け。ランニング・タイム稼ぎで、ロケしたというニューオーリンズの街路を歩くシーンがウンザリするほどあるのは、この監督のいつもの悪手だ。売春斡旋所のマダム役L・ジェムサーがスリップ姿でチラリと垣間見せる乳房は何だかしぼんだような気が……。

ピエロ・ヴィヴァレッリ監督の初のソフト・ポルノ『青い挑発』（R）で前夫の遺産を狙うものの、

二人の継子娘にしてやられる未亡人役だったモアナ・ポッツィ[*2]は、マルゥと並んで本国で人気のあったポルノ女優。ドラマは喜劇か悲劇か判然としなかった。判然としたのは娘たちがキ印だったことだけである。

（＊1）修道僧が主役の男性版コメディ。セルジオ・コルブッチ監督。
（＊2）R・スキッキが売り出した一人。チチョリーナのアメリカ出張作に帯同。別にG・ダミアーノの“Manbait1”【91年】（V『性界の美獣』）“Manbait2”【92年】にも。一九九四年、三十三歳で逝った。都合六十本余。妹のベビィ・ポッツィ（マリア・タミコ・ポッツィ）も女優。ダミアーノは二〇〇八年死亡。

香港ポルノ再び――楊貴妃と則天武后

『新・金瓶梅』で一旦途切れた香港ポルノが再上陸したのが一九八六年（昭和六十一年）。王朝もの四本について述べる。

『酒池肉林　楊貴妃』は、かの玄宗皇帝を惑わせた絶世の美女の淫乱ぶりと死までの性艶一代記。梅妃（皇帝の寵妃）、楊国忠（楊貴妃の従兄弟）、高力士（宦官）、安禄山（胡族の将軍）など、楊貴妃伝ではお馴染の面々が登場し、物語もある程度史実をなぞっているが、見どころは中国四千年の色欲絵巻。主演の金姫美は絶世の美女ではないが、好色顔と贅肉のない体つきは悪くない。

皇帝（龍天翔）のお召しに入浴し、全身に香油を塗られる玉環（のちの楊貴妃）、閨では皇帝の持つ花の小枝で愛撫され――。これに嫉妬して、あらぬ噂を宮廷に流した梅妃は高力士指導の下、火を灯した蝋燭を双の乳房にブスリと突き立てられる（蝋燭には針が仕込まれている）。お付きの女官は

『新・金瓶梅』に出てきた木馬刑で悶絶する。

楊貴妃は言い寄る野卑な安禄山と情交し、皇帝は皇帝で楊貴妃の姉にもゾッコンとなり、人間寝台(這いつくばった五人の家来の背に敷物を敷いての即席ベッド)で一戦交え——といった案配。政務ならぬ性務にいそしむバカ皇帝に反乱勃発。傾国の美女は高力士の嘆願を聞き入れ、首を吊って生涯を終える。

背後には出世と安泰を願う楊一族の思惑や打算も描かれているのだが、それと楊貴妃の淫乱模様がうまく噛み合っていないので非業の死も絵空事にしか映じない。しかし、眼目はやんごとないお妃様のセックスぶりにあるのだから三級片としてはこれでいいのだろう。ライチー(南方の果実)が大好きだったというエピソードも語られる。『金瓶梅』から十年、アメリカポルノによく見られる体位、アングルもある。監督は呉家駿。原題[唐朝艶奴(*)]。

続く『唐朝秘宮　絶倫いんらん女帝』(87年)はコメディ仕立て。中国史初の女帝、則天武后をモデルにした[一代女皇艶史](原題)で、何人か登場する実在人物も色まみれになる文字通り艶笑譚。これが面白かった。

高宗の死後、女帝となった武后は男日照りに日夜悶々。宦官の小勝子に招聘されて、コトに当たる精力抜群の馮小宝(白馬寺の坊主)も女帝の性力に辟易する始末。発条《ばね》を利用した長大な張形(日本からの貢物)にはレズ相手と繋がって歓喜悶絶。家来の張昌宗の情事を覗き見して咎める太平公子(珠児＝武后の娘)も、居直った彼に抱かれると、あっけなく崩れる有様。

宦官は新しく唐朝版ハリー・リームズ(巨根男)を《スカウト》、最後は張昌宗や回復した坊主まで参戦しての大乱交と、シン・ゼン(辛仁)監督、いやはや、よくやってくれた。

何より、ふくよかな顔立ちに、脂がほどよく乗ったグラマラスな肢体を持つ主演の李麗英がよかった。カメラも彼女の美貌や肉体を美しく官能的に撮っている。『楊貴妃』のように、なまじ史実を採り入れるより、これくらいおおっぴらにやっていい。香港三級片の大進歩。歴史では則天武后死去後、しばらくして現れるのが楊貴妃である。先のリー・ハンシャンには六〇年代に歴史もの［楊貴妃］【62年】［武即天］【63年】がある。

(＊)ビデオ版は「唐朝艶妃」。改題か誤記か不詳。

三級片版『大奥㊙物語』

一九八八年には『宮中艶夢　エロ皇帝と愛妾たち』と『大快楽！　王朝㊙千一夜』。これらは堂々《香港ハードコア作品》と謳われている。

前者は貧乏人の亭主が皇帝となって淫楽の限りを尽くす一夜の夢物語。女房は皇后、現生での浮気相手も盗賊として登場し、宮中をひっかき回す。セックス・シーンがふんだんなのはいいけれど、処女調べ、皇后、東の方(第二夫人)西の方(第三夫人)の乱れぶり、乱交など、どのシーンも長過ぎてウンザリしてくる。脚本が薄っぺらだからだ。正邪の戦いがエンエンと続いて、いいかげんに決着《カタ》をつけろと怒鳴りたくなるカンフー活劇の作劇法に似ている。

宮中に忍び込んだ盗賊が何やら白い粉末をこっそりお茶に入れる。それを飲んだ皇后、翌日から股間に猛烈な痒みを覚えて苦悶懊悩。そこに参上するのが医者に化けた盗賊で、治療と称して畏れ多くも全裸にし、赤い布で四肢を縛り、猿轡まで噛ませるSMスタイルを取らせる。

——で、箸を股間にこじ入れると、蛆みたいな白いやつがくっついてくる。「淫乱虫でございます」などという台詞はないが、粉末と見えたのは虫の卵で、それが体内で孵化した設定らしい。一匹二匹ならともかく、ゾロゾロウジャウジャ出てくるのには驚愕した。

山田風太郎の「忍法日蔭虫」(『忍者月影抄』)を彷彿させたが、ここまで撮影するのは日本人には考えられない発想だ。あとは女帝の生涯がナレーションで語られてのラスト。女房と皇后役の林美玲が印象的。原題[三十六宮七十二院]。黄金萬とある監督は変名臭い。

後者は遠い昔の王朝の物語。皇帝はなかなか世継ぎに恵まれない設定で、後宮で紹介されるのは林美玲、揚文淑ら扮する愛妾たち。さらに腹に一物ありそうな大臣、怪しげなエロ道士、医者と弟子入り志願の若者が登場。皇帝の夜毎の女悦交悦あり、皇帝の姉の策略あり、大臣の陰謀ありと、エピソードが豊富なのはいいが、テーマ不明がイライラさせる。挿入される愛欲情痴シーンがこれまた必要以上に長い、長い。

皇帝は途中で身罷り、遺書を残したとか、身籠った女がいるとかの新ネタも撮影中に思いついたような案配だから処置なしだ。愛妾たちが仏門に入るのは医者たちが男子禁制の寺で悶々とする彼女たちとよろしくやるための手段に過ぎない。剣戟シーンなど、まったくの蛇足。誰が主役なのかも判然としない三級片にして三流片。

ストーリーのわかりづらさは複数場面がカットされたせいかもしれない（唐突な場面転換が目立つ）。字幕もかなり省略されているし、失礼ながら、こなれていない。妾が皇帝に「待って」なんてタメ口きいたら首を刎ねられますよ。監督は曹國麟。原題「一夜皇帝」。

すべてピンク映画の新東宝映画配給。中国の王朝ものという物珍しさも手伝って興行は上々だったと聞いている。定着しなかったのは残念だが、少ない分だけ稀少価値がある。

ミリオンフィルム撤退とビデオ依存

一九八八年、ミリオンフィルムはH・パチャードの『ウーマンズハウス　攻め抜き』で洋ピンから撤退した。金額はわざと書かないが、一本封切るたびに赤字になっていたのでは商売にならない。洋ピン一本当たりの平均配収を『映画年鑑』から拾うと、七〇年代半ばで二千五百万円～三千万円、八〇年頃に二千万円。この頃の総原価は一千万円～千二百万円とされ、各社とも利幅は小さくても確実な稼ぎになっていた。それが年々目減りしていったのは洋ピンの上映館が全国的に減ったこともあるが、むしろ大きかったのはビデオの普及だ。これが老舗のミリオンを直撃した。

赤字はAVの氾濫と非合法の裏ビデオが出回った結果だ。早い話が客を奪われたのである。商売には何らかの苦労や痛みはあるわけで、それが自分たちに責任があるのなら反省材料にもなり、何らかの対抗措置も講じられようが、敵が映画館なんか必要としないフィールドにいるのだから喧嘩にならない。これは時代の趨勢というもので、抗っても疲弊するだけである。

同年、ビデオソフトの売り上げ二千億円は全興収一六二〇億円を優に超えた(*)。映画館数が二千館を切るところまできていたのに対し、ビデオレンタル店はその五倍。新作旧作にこだわらなければ、映画一本分千五百円で三本か四本は借りられ、自宅で好きな時間に酒でも飲みながら映画を鑑賞できるのだ。差がついて当たり前である。ホームシアターとはよく言ったもので、映画界も時代の流れに抗するよりはと、ビデオソフト業者と提携し、その販売に力を注ぐようになっていた。

ショウケース公開はそのための戦略で、先陣を切ったのは一九八七年からのヘラルド「ベストアクション・シリーズ」(B級アクション二本立て)。ジョイパックがやはり活劇中心の「ベスト・シリーズ」と愛欲官能ロマンもの「ワールドパッション・シリーズ」をスタートさせた。さらに松竹富士の「プラットフォーム・シアター」、アルバトロスフィルム(NSの一般映画配給及びビデオ部門＝一九八七年設立)の「ニューエクセレント・ロマン」——イタリアのセミ・ポルノも多くはこうして公開された。情けないことに、映画はビデオの宣伝媒体になり下がってしまったのだ。

パッケージに「劇場公開作品」と銘打つのと打たないのとでは売れ行きに明らかに差が出たという。しかし、洋ピンビデオの稼働は捗々しくなかった。ビデ倫の規制は映倫より緩やかとはいえ、和製AVのリアルさには敵うはずもない。大体、カスタマーの《目的》が違う。

ミリオンフィルムの親会社ヒューマックス(恵通・ジョイパックグループ改称＝八七年)は映画興行のみならず、総合レジャー企業に成長していた。撤退は会社経営としては正しい選択だ。

それとほぼ同時に、かねがね期を窺っていた脱ポルノに完全シフト、一九六八年以来続けていたピンク映画の配給もやめ、翌年(八九年)には銀座名画座、銀座地球座など直営館での成人映画上映もストップした。以後、洋ピンの封切りはSTチェーンのみとなったが、興収は二週で一千万円を割ることも常態化した。番組変更や休・廃館による館数減を考慮しても、これは明らかに観客離れを表わしている。洋ピンの時代は実質的にここまでだった。

スポーツ紙のアドはともかく、映画や女優を紹介するメディアもなくなっていた。長く続いた専門誌『別冊スクリーン』はアメリカやフランスの生撮りビデオ紹介に編集方針を変え、八七年に『VIDEO X RATED』と誌名を代えたものの、半年足らずで廃刊。エロ系出版社の成人映画雑誌もAVに方向転換した。

マスコミによる情報不足が興味と関心を失わせた。知名度などないままの女優名をタイトルに組み入れたところで集客の効果があるはずもない。先の「誰でもよかった」とはそういう意味である。誰もがスターなのではない。誰かであらねばならないのだ。

『映画年鑑』の配収記録も一九八七年度版以降途絶えた。洋ピンは映画ジャーナリズムで番外地化したのである。

配給は一九九〇年からニューセレクト一社になった。そして洋ピン零年へと向かう。

(＊)金額はJVA(日本ビデオ協会)売上げDB及び『キネマ旬報』決算号を参照しての概数(共に一九八八年)。

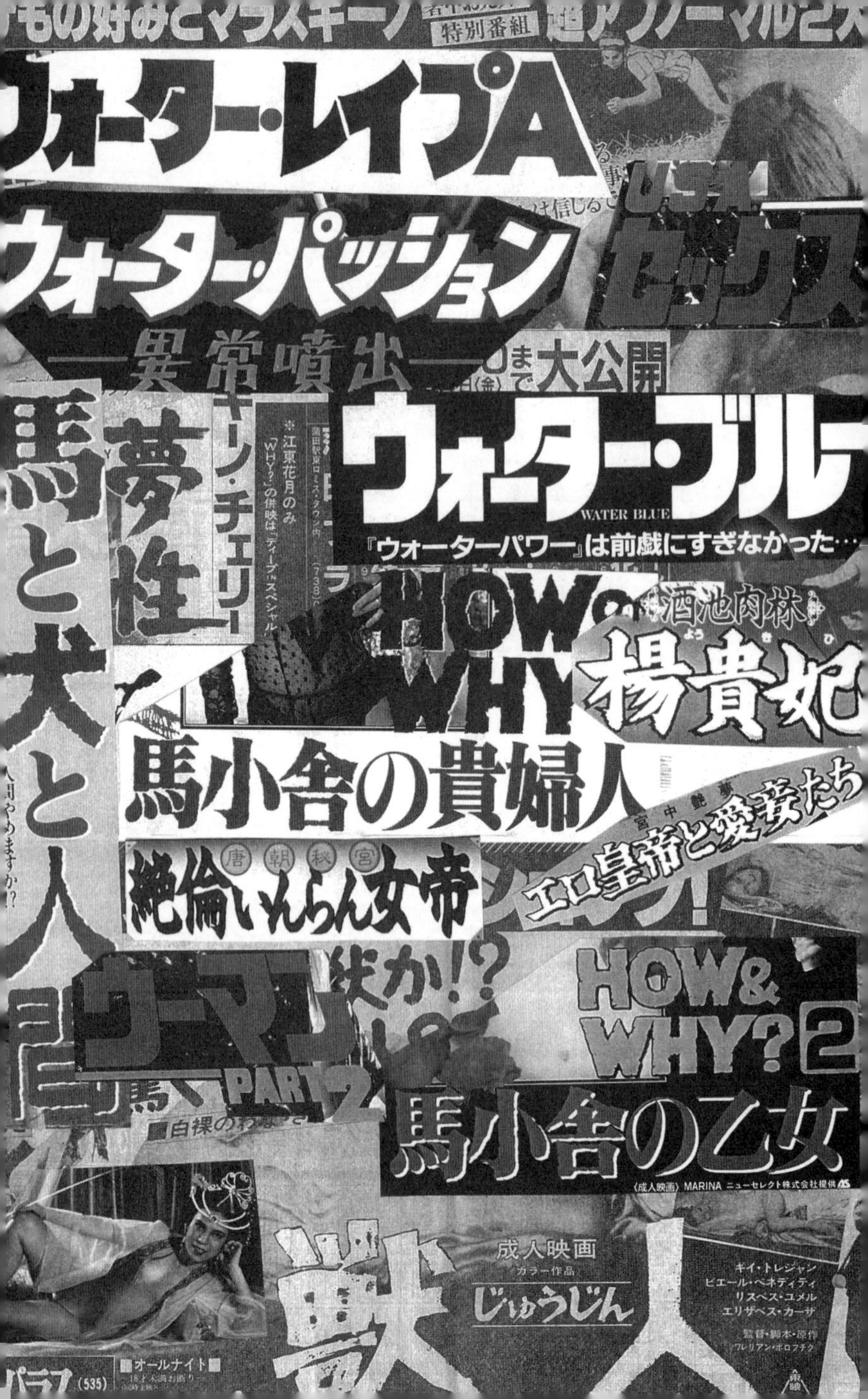
特別番組
ウォーター・レイプA
ウォーター・パッション
—異常噴出—
まで大公開
馬と犬と人
人間やめますか!?
夢性
チェリー
※江東花月のみ「WHY?」の併映は「ディープ・スペシャル」
ウォーター・ブルー
WATER BLUE
『ウォーターパワー』は前戯にすぎなかった…
HOW WHY
酒池肉林
楊貴妃《ようきひ》
馬小舎の貴婦人
宮中艶夢
エロ皇帝と愛妾たち
唐朝秘宮
絶倫いんらん女帝
PART2
白裸のわな
HOW& WHY?2
馬小舎の乙女
〈成人映画〉MARINA ニューセレクト株式会社提供
成人映画
カラー作品
じゅうじん
獣人
キイ・トレジャン
ピエール・ベネディティ
リスベス・ユメル
エリザベス・カーザ
監督・脚本・原作
ワレリアン・ボロフチク
オールナイト
18才未満お断り
パラフ (535)

終章　そして洋ピンは消えた（一九九〇～九三年）

一九九二年、映倫は税関が裸婦（絵画モデル）のPH露出四十七箇所のうち、三十一箇所を可として通過させた『美しき諍い女』（92年）の一般公開に際し、修整を二箇所追加してR指定とした（五月二十三日封切り）。同年十月の審査基準改定では「性器・恥毛は描写しない」に「原則として」を追加した（『映倫50年史』）。マスコミはヘア解禁と書き立て、雑誌にはヘア・ヌードが溢れたが、洋ピンは洟も引っかけられないままだった。

本期間の成人指定は一六四本。まず、しぶとく生き残ったイタリア映画について触れ、大半を占めたアメリカポルノで締め括りたい。

（1）イタリアン・エロスの落日

五人のO夫人

成人映画は『馬小舎のロリータ』を含め、ムッソリーニ体制下――一九三〇年代末期の田舎の旧家を背景に主人夫婦、息子、伯母、家政婦入り乱れるクラウディオ・デ・モリニスの『凌辱の女系図』(*)(92年)、得体の知れない製作者ピノ・ブリッキがアルバート・バーニーのPNで監督した売春婦の受難劇『スペシャル・フルート　巨乳生尻娘』、カーレース・チームの若者たちと、追っかけ女の子たちの確執を綴るアンドリュー・ホワイト(A・ビアンキ)の『ポルノ・グランプリ　爆乳クイーン』(『乳クイーン』とある資料は誤記＝共に93年)の四本に過ぎなかった。

これらはひたすらセックスで押しまくるアメリカものに埋もれてしまった印象しかない。むしろ、十四本もあったR指定作品のほうに、かなり描写がエロかった――というのは、後年の無修正DVDの印象が加味されているからだが――作品が多かった。ここでは特に「O夫人の背徳」シリーズを採り上げる。シリーズといっても、別個の作品にナンバリングをしただけだから、便宜上、J・ダマトの『インモラル・ストーリー・オブ・O／O夫人の背徳』(V)を《一作目》とする。

――クリニックの院長ディエゴは妙な趣味の持ち主で、妻クリスティーナ(ジェニー・タムブリ)と男たちの痴態を覗き見して悦に入っている(原題[覗き願望])。その《策略》に協力し、愛人が経営するアトリエ風の売春館に彼女を巧みに誘っていたのがディエゴの元患者のアンドレア。クリスティーナは彼に本気で愛されるが、結局、夫の元へ帰るラスト。ダマトのパクリは何を今更で、プロットはカトリーヌ・ドヌーヴが貞淑な妻と淫乱な娼婦の顔を見せた『昼顔』(67年)から拝借したものようだ。L・ジェムサーが出ているのはお約束。

『O夫人の背徳Ⅱ』(89年)(マウリッツィオ・プラドゥー監督)にはアメリカのシャロン・ケーン扮する女流作家イングリッドが映画プロデューサーに見せる脚本がドラマになっていく趣向で、ラスト近くに夫アルベルト(トニー・ケンドール＝ルチアーノ・ステッラ)のショッキングな過去が判明する。――妻と共にカプリ島にやってきた実業家のアルベルトは船で知り合った男を別荘で饗応中にオルゴール時計を取り出し、「ロンドンに電話をしないと」と、席を外すが、酔った男と情交する妻の痴態を秘かに覗いていた……。この間、アルベルトと女がベッドで戯れる回想シーンが何度か挿入されるから、ただの覗き趣味ではないらしい。その女は何者なのか――? プロデューサー氏の疑問は観客のそれとなって興味を繋ぐ。ここらはうまい。

女は離婚したアルベルトの最初の妻で、最後のセックス中に彼のシンボルを剃刀で切断したとわかるのだが、それまでの二人の夫婦としての在り様が描かれていないからソコまでやる動機が不明で(多分、嫉妬からだろうが)、もはや男でなくなった彼がイングリッドと一緒になった理由も「結婚してくれなければ自殺すると(彼女に)脅されたから」(台詞)では弱過ぎる。要するに、アルベルトの行動は妻を性的に満足させるためであり(覗きで自分も興奮していたらしい)、妻は妻で夫公認(どころか推奨)の浮気を楽しんでいたわけで、わかってしまえばバカバカしい種明かしだ。

ただし、ラストは悪くない。脚本を読み終わったプロデューサーが「製作者はまず儲けを考える」「映画は批評家がけなしたほうが当たる」「彼らはフェリーニを絶賛するが、観客は『アマルコルド』についていけない」と持論を展開しているところへ初老の紳士が悠然と現れ、一杯やりながら「ロンドンに電話を」と、そっとオルゴール時計を取り出す……。

ステッラは本国のビデオ版ではクレジットに変名すら出すのを拒否した。こういう例はイタリアでは珍しくない。自分はポルノ俳優ではないというプライドである。監督は姓をサンドレッリに変更した。先ほど、便宜上と書いたのはダマトのV・リリースは本作のあと(九〇年?)との記憶があるからだ。

(*)十二年も前の古物。フィリップ・ルロワ、妻のロッサナ・ポデスタは六〇年代の『黄金の七人』シリーズの《教授》と愛人コンビ。監督はクラウディオ・ジョルジのPN。

覗きの快楽

仕事にかまけて相手にしてくれない夫のジャックに妻フロレンス(マルゥ)が浮気に走るが、夫はその情事をこっそりカメラにおさめ、自宅の現像所でせっせと写真を焼いていたというのが『O夫人の背徳4』(91年)(パスクァレ・ファネッティ監督)。不能を隠すため夜の営みを回避するのはともかく、妻に浮気を勧めるようメイドに命令し、自分も浮気をしているよう見せかける涙ぐましいまでの努力(?)には頭が下がる思い——など全然しない。妻の不倫を自らの快楽とする心理は理解できない。それも全編シリアスなタッチで描かれていくのである。

夫婦には養子がいて(ジャックの家代々の方針による)、こいつがま、せ、たガキで、フロレンスの下着姿やスカートの奥を覗き見する。好奇心というより、歪んだ性癖のようなムードだから、入浴中に勝手に入ってきて彼女の背中を流す場面など、ほほえましいなんてもんじゃなく、不愉快ですらある。ここらは監督の神経の問題であろう。R指定とはあとで知って驚いた次第だ。モーパッサンの"Florentine"の翻案な由。

これらの諸作に目立つのが覗き趣向だ。映画ではもっぱら双眼鏡や望遠鏡が使用されるが、鍵穴とか建具の隙間から肉眼で見るほうが効果的ではないか。いずれにしろ、自分の存在を知られることなく相手の一挙手一投足を秘かに観察する行為はゾクゾクするような愉悦を与えるものらしい。初期のアメリカポルノの一本、そのものズバリの『のぞき穴』(71年)も、不能の男が妻の情事や息子の初体験模様を穴から覗いて無上の悦楽にしていた悪趣味な物語だった。一旦外出する手口(?)も同じで、人間の考えることはあまり変わらないものらしい。

後年、マリオ・ビアンキのニコラス・ムーア名義作品『診察室』【01年】(V)に接した。医者ディエゴ(A・スレイ)が妻のヴェラ(ステイシー・シルヴァー)(＊1)を自分の元患者で高級洋装店の経営者アンドレアにわざと誘惑させる。愛人に任せているその店は試着室を利用した売春業を兼ねており――と、これはダマトの《一作目》と同じ設定ではないか。役名、役柄、アンドレアが医者の妻に夢中になる展開も一緒。ディエゴが「ちょっと病院に用事が……」と、やたら中座するのはアルベルト氏と同じ。一丁いただきの映画体質はミレニアムを迎えても不変である。

イタリアに招かれたA・スレイ健在で、マジック・ミラーで妻のセックスを覗き、十八番《おはこ》の自慰を見せる。病院は冒頭のプレートだけ。これでは「試着室」である。
巻中に「覗きは東洋の文化よ」なんてふざけた台詞があったが、この人間特有の奇妙な行為に執心していたのが江戸川乱歩で、『屋根裏の散歩者』は典型だろう。何編かにも「隙見」という言葉を使って節穴や隙間から入浴中の女性や犯罪事件を覗く場面をリアルかつスリリングに書いている。鏡にもいたく関心を持っていたことは研究者には周知のことで(『鏡地獄』という面妖な作品がある)、『影男』には大富豪がホテルの一室で美女とSMごっこをしている狂態を主人公がマジック・ミラーで覗く場面がある。大富豪は「ジャンゴー」と呼ばれるライオンに成り切り(?)、さんざん苛まれ、だらしなく果てるのだった。

閑話休題——L・オノラティの五作目(93年)はニューヨークで雑誌のモデルとして活躍し、ローマに帰ってきたパトリツィア(ミリアム・アクサ)の赤裸々なセックス行状記。麻薬パーティやSMショウ、乱交と見せ場は豊富だが、ここまでくると「O夫人」など、どうでもいいネーミングになる。通しの命題はタイトルで一旦食いついた客を離すまいとするビデオ販売戦略か。

『O夫人の背徳3』(90年)を飛ばしたのは複数の資料で八六年のイタリア映画になっているものの、正しくは八一年のスペイン製だから。本シリーズ唯一のO夫人だから蔑ろにするわけにはいかないので簡単に書いておけば、ロンドンの売春宿の経営者——マダム・オルガ(ヘルガ・リネ[*2])がピアノ教師という表の顔で生徒たちを売春に誘い込んでいく物語。ジョセフ・L・ブロンシュタインとなっている監督はかつて『痴情の沼』などがあったホセ・ラモン・ララス。

J・ダマトにはナイトクラブの歌手が二人の男と関係を持つ『プレイガールQ　黒い下着の女』(91年)、中近東某国の内乱中、兵士たちがクリニックに侵入して女医や看護婦をレイプしまくる『女体の黙示録』(92年)など三本があった。稀代の多作監督は一九九九年に心臓麻痺で逝った。享年五十三。まだ撮り足りなかったに違いない。

他に、ダンサー(マルゥ)が振付師とレズ相手との三角関係を繰り広げるP・ファネッティの『悦楽のプリマドンナ』(91年)や、父親と関係した伯母に嫉妬して揺れる思春期の少女を描いたアレックス・ペリー[*3]の『幼い魔性4』[*4](92年)など。かくて、イタリアン・エロスの夕陽が沈む。


(*1)新世紀に登場したチェコ出身のAV女優(一七〇〇本以上)。アメリカ、イタリア、スウェーデンなど各国を股に掛けた。

(*2)ドイツ出身で映画のキャリアはスペインで積んだ。六〇年代のイタリア史劇やスパイ活劇に出ていたが、容色の衰えは隠せない。

(*3)俳優出身アレッサンドロ・ペレーリャのPN。

(*4)ビデオ用シリーズ・タイトルで1~3はスペイン製。一、二作目の監督アル・バクランはスパニッシュ西部劇『殺し屋がやって来た』(66年)のアルフォンゾ・バルカザールの変名。

(2)閉幕――洋ピン零年まで

H・パチャード健在なり

USAポルノは一四五本が公開された(以下、サブタイトルの女優名を略す場合がある)。ヘンリー・パチャードは九〇年にアレックス・デレンジーと組んでローズバッド・プロを作り、ビデオ製作に邁進した。当時五十代半ばは働き盛りとはいえ、九〇年代だけで二百本近い数字は驚異的だ。デレンジーとの共同監督になっている『媚肉伝説　オリジナル・コア』と『オリジナル・コア　魔性の悦楽』（共に90年）は、美貌と肉体を武器にのし上がる娼婦ニコル（エヴァ・アレン）をヒロインにした二部作。一作目で男やもめの実業家（J・レスリー）を籠絡し、まんまと玉の輿に乗り、二作目では彼のお抱え弁護士（J・シルヴェラ）を取り込み、新会社設立のための巨額のドルをわがものとして——。抜け目なく、したたかな女のサクセス・ストーリーは日本初登場だった『ダイナミックポルノ』を彷彿させた。これも彼なりのアメリカン・ドリームかもしれない。

『アネット・ヘブン　白いドレスの女の奥』（91年）はP・ヴァテリの"Bodies in Heat"の続編。夫殺しと刑事殺しの疑惑があるヘヴンに売春婦に化けた女刑事が近付くが、客を装った真犯人が娼館で暗躍するサスペンス調。メイクのせいか、妖艶さを漂わせていたヘヴンの鼻にかかったセクシーヴォイスは変わらない。人は年齢を重ねても声は変わらないという説は本当らしい。R・ウェストが主演した『TDTM』シリーズ六作目『ダーティ・トーク　私の唇を汚して！』（91年）は、この時代になっては証文の出し遅れ。

連作の『エロス・ザ・バーバリアン　陰獣大陸』（90年）『同・陰獣新性紀』（91年）は作劇スタイルにインパクトがあった。本国ではアマゾネスものとして捉えているようだが、むしろ、A・シュワルツェネッガーのコナンものに代表される剣と魔法活劇のハードコア版と見做したい。一作目で太古の時代から現代にワープするSF的な手法を取っているのは、古臭いと思われるのを回避したためだろうが、ポルノはこうしてコスチュームや時代背景を一変させることで新鮮な気分になれるのである。

主演のヴィクトリア・パリスは、この時期を代表する女優。目鼻立ちのクッキリした美女で、スタイルもいい。公開作十七本。世が世ならヘヴンに取って代わるトップ女優になっていたかもしれないが、そうならなかったのは洋ピンが映画ジャーナリズムから見放され、黄昏を迎えていた時代が悪かったのである。

A・スピネリにはJ・レスリー扮する真打ちジャックが久しぶりに登場した『もう一度汚い言葉を言って』(90年)【87年】があったが、これは後続したパチャードの六作目や、J・T・モンローの七作目(『ダーティ・リップス　私を何度も汚して』(92年)、ジェリー・ロスの八作目(『私を汚して満たして』(93年)と併せ、もはや時流に合わない作品になっていた。結局、このシリーズはスピネリ自身の初期の二本(一作目と実質的二作目『先天性アクメニアン』)だけを評価するしかないとの結論に達した。九〇年代の観客は『TDTM』のことなど知りもしまいし、興味も持たなかったろう。おそらく、洋ピンというジャンルにも。畢竟、映画は時代のものである。

シリーズものとパロディ

デレンジーには『ジューシー・バスト　乱熟桃乳娘』と『ジューシー・フルーツ　桃尻遊び』(共に91年)があった。十年も前に公開された『スペシャル・マシーン』を一作目とする「プリティ・

ピーチェス」ものの二作目【87年】、三作目【89年】に相当する。当然ながら主演女優は交代している。取り立てて人気があるキャラクターとは思えないが、ロード・ムービーのスタイルを取っているのと、登場人物たちがユニークなのが特徴だ。

自由奔放にセックスを楽しもうと、田舎から叔父のいるサンフランシスコへ出発する二作目ではJ・ギリスが老婆に化けて怪演を見せる。精神治療のため旅に出る三作目では説教より寄付集めに夢中なインチキ宗教家（J・ギリス）、聖なる憩いと魂の安息を求めてナンミョーホーレンゲーキョーを唱える同性愛の女たち、日本間に浴衣を着て出てくるニッポンかぶれの男などが笑いを取った。ヒロインが町の救世主になってしまうのは必然性がない。しかし、これがアメリカポルノのノリなのだろう。P・トーマスの『美女と陰獣』（91年）は『獣芯』のパート2である。

パロディ路線はなお続き、『ロボフォックス　金髪肉実験』（90年）は『ロボコップ』（88年）から、『バット・ビッチ　媚乱の女』（90年）は『バットマン』（89年）からであることは明々白々。婦人警官が麻薬組織を相手に肉体を張る『セクシャル・ウェポン　弾丸下唇』と『リーサル・クィーン　爆裂下半身』（共に90年）は『特捜刑事マイアミバイス』（TVシリーズ）から。"Miami Vice"を"Miami Spice"（Ⅰ&Ⅱ）に変えたのはスヴェトラーナ。

アメリカのポルノメーカーは未来永劫、ネタに困ることはない。反面、この野放し状態（?）は幸か不幸か、ポルノ業界が依然として他のメディアからまったく相手にされていないポジションにあることの証明でもある。なるほど、自由の国には違いない。

ドラキュラものは人気があって三本。いずれも女吸血鬼という設定で、男の精を吸い尽くす四人組に吸血鬼ハンターたちが十字架ならぬ肉の杭を打ち込む『トランパイア・キッス　吸性鬼』(90年)、通常とは逆にトランシルヴァニアの古城にNYから好奇心旺盛な美女が赴く『エロ・ヴァンプ　美肉吸精獣』(91年)、性交中、吸血鬼に変身する『ビューティ・ヴァンパイア　みだら汁』(93年)――これらにはメイクも恐ろしげに《エマニエル夫人》が蠟人形館の棺桶から出現した『ドラキュラ・ウィドー』(89年)の影響も多少あったかもしれない。

公開作八本中四本がサブタイトルになった女優はトリー・ウェルズ。『ナイト・トリップス』[*1](90年)は潜在意識にある性衝動のイメージが映し出されるモニター・テレビの画像がそのままスクリーンに描かれる趣向。彼女が妄想するのはレズや黒人とのプールでの痴態。画像を見守る学者や助手が引きずり込まれていくのはパターン通りで、ドラマらしいドラマはない。一九八九年度のXRCO賞やAVN賞などの最優秀新人女優賞を受賞した本国の評価はともかく、瞠目するほどの美貌でもなく、コーカサス系の浅黒い肉体はグラマーというより大女の印象だ。

『ブルーアクトレス』(91年)はプロダクションの女社長に見出された彼女が一人前のポルノ女優になっていく出世物語。通りがかりにスカウトされたばかりなのに疑問も違和感も持たず業界に入っていく展開には、こちらが疑問と違和感を持った。これも細かいことは気にしないアメリカポルノのお約束かもしれないが、並行して描かれる売れない脚本家の生態が興味深い。女社長に「映画はマネーとヴァイオレンス、それにセックスを描かないと当たらないわ」と諭されたり、不本意なロック歌手の伝記映画のシナリオを依頼されたり、妻との性交渉がうまくいかないと嘆いたり――。こちらを主人公にしたほうがアワードの一つくらいはもらえたかもしれない。演じたのは脚本・監督のジョン・スタリャーノ(＊2)（スタリオン）。

（＊1）同じ趣向の続編が『官能伝説　ナイト・トリップス2』（91年）。『ナイト・トリップス3　無限快楽』（91年）『ナイト・トリップス4　陶酔の叫び』（92年）は日本だけのシリーズ・タイトル。ウェルズはどれにも出ていない。監督は四本ともアンドリュー・ブレイク。

（＊2）本国では美女のヒップに取り憑かれたビデオカメラマンを追う"Buttman"シリーズ（V）が当たり、監督の異名にもなった。九〇年代から七十本余もある（"butt"は「尻《ケツ》」の意）。

終焉――洋ピン「0」へのプロセス

一六〇本余という数字自体はともあれ、洋ピンを取り巻く状況は厳しくなる一方だった。STチェーンは八〇年代末から目黒スカラ座、笹塚京王など廃館が相次ぎ、櫛の歯が欠けたようになり、事実上消滅。関西STも同様である。東京近辺で一九九三年まで専門館として営業を続けたのは新宿国際劇場、上野スター、大森みずほ、横浜西口シネマの四館になった（総キャパ六六〇席＝大森みずほは同年十月閉館）。ただし、番組は各館バラバラで、封切り二本だったり、封切り一本に旧作を添えたり、旧作三本立てもあった。都内の一部やローカルでは週によりピンク映画と併映したニコヤもある。

パブリシティも思うに任せぬ状況下、洋ピンの灯を消すなといった意気込みで配給を続行した二ユーセレクトの孤軍奮闘は評価されるべきだろう。上映館は限られていたとはいえ、洋ピンがここまで生き残れたのは同社のおかげなのである。

創業以来、長らくグローバルやミリオンの陰に隠れていたような会社だったが、その意欲的な買い付けは業界で評価されていた。八〇年代からはバイヤー任せではなく、社長以下のスタッフがアメリカに積極的に買い付けに出かけ、欧米のポルノ専門プロデューサーや製作所とも絶え間なくコンタクトを取り続けていた。そうでなければ、ヨーロッパの獣姦・浣腸ものや小人映画などの変種異種映画が入荷してくるはずがない。

アメリカのゲイ・ムービー(『紅色のメルヘン』『神々の汚れた手』)を初めて輸入したのも同社で、この二本立てを封切った梅田ローズ劇場では二カ月の超ロングランとなり、千八百万円を稼いだ(一九八六年=キャパ五十席ほどのミニ・シアターで、同好者のメッカとして有名だった)。実現こそしなかったが、ラス・メイヤーの監督で映画を製作する企画もあったと聞いた。

配給を続行したのは唯一残ったポルノ専門配給会社としての意地もあったのではないかと忖度するものだが、監督の偏りと番組編成にいささかの疑問を持たざるを得なかった。

スピネリの作品は九〇年の半年のあいだに何と九本。『セックスと妻とエロトマニア』と『アリエル・ナイト　裂けすぎた猥婦』は同時上映だ(ちなみに後者の前サブ「ナイト」は「夜」ではない)。続けざまに『アマチュア・スペシャル2　絶倫飼育』【84年】が出た。別に悪いことではないが、何をそんなに急いでいたのか。九一年のJ・レスリーの監督作五本は許容できるにしても、翌年の

P・トーマスの十本はいくら何でも供給過多だ。集客が目に見えてよかったのならわかるが、そんなことはまずあるまい。

先のプリティ・ピーチェスものは三作目が先に公開された。『アクメロイド　いんらん新性紀』（90年）は人造人間に生まれ変わった女性がレイプ犯たちに復讐していくアンジェラ・バロン主演の"ROBO FOX"シリーズの一作目だが、二作目が三カ月前に出た（『金髪肉実験』）。外国映画は製作順に公開されるとは限らないから異議を唱える客はいなかったにしても、原題のナンバリングに何人かは首をひねっただろう。

大量の買い付けは後日のビデオ商売のためとも思われ――それは時代に応じた営業方針と重々知りつつ――大半がランニングタイム六十数分のキネコ上映に映画館は興行場というより、ビデオ鑑賞会の場と化した感があったことは否めない。

『情事・母と娘』（90年）は一九七八年に公開された『クライマックスPART2』（グローバルフィルム）だった。配給権を新しく取得した以上、どう処理するかは自由だし、プレスに旧題を記す義務もない。しかし、十二年前に見た人間もいるのである。これは率直に言って、昔を知らない観客は何を見せられているかわかったものではないという不信感を生んだ。

業務用のチラシは一九九〇年七月二十八日封切り分から《二本立て》になった。基本だった月四本の封切りも九三年春から崩れ、旧作が併映されるようになった。在庫が尽きつつあったのだろう。この間、アルバトロス扱いの一般映画配給が軌道に乗り、単館RSながら『プロヴァンス物語　マルセルの夏』(91年・仏)が五千二百万円、『愛を弾く女』(93年・同＝七月公開)が五千六百万円の興収をあげた。脱ポルノに手応えを感じた数字に違いない。そして、来るべきときがくる。

六月二本、七月一本、八月二本――ガラガラの客席は見慣れた光景になっていたとはいえ、最終回の上映時にはたった一人だったことも一度や二度ではない状況に、うそ寒くなった。すべからく単独行を旨とする身ながら、このときばかりはそこにいることに何かいたたまれないような気持ちになった。絶頂に達した女優の嬌声も男優の咆哮も寂寞たる館内には虚ろに響くだけで、文字どおり洋ピンの終焉を《体感》したのである。それは観客として悲惨な体験だったのか、逆に貴重なそれだったのか未だにわからないが、確実なことが一つだけある。誰もいなくなったのだ。

＊

最後の洋ピン封切りは一九九三年十月十五日――『巨乳生尻娘』(於・新宿国際劇場)、『爆乳クイーン』(於・上野スター)。二本ともイタリア映画だったのは偶然であろう。洋ピンはヘア・ヌード解禁の黎明さえ迎えないまま役割を終えた。その閉幕に拍手一つ起こらないままに。翌年、映倫の外国成人映画指定本数欄に「0」と記入されたのは一九五五年の「成人向」指定開始以来、初めてのことであった。

き夫の前でカントは
ひときわ濡れた！
アネット・ヘブン
名作ポルノシリーズ
白いドレスの女の奥
BODIES IN HEAT
THE SEQUEL
濁まみれ
ちょっぴり不思議な、かなり淫らな
股間アヘアへのお話である。
ロボフォックス
金髪肉実験
この世の性戯を守るため
あの世からよみがえった女—
ロボフォックス！
ニューセレクト株式会社提供
エロ
前代未聞の
マンパワー！
史上最強のエレクトマンと
今、壮絶なエロトバトルが…
ナメ！
お吸い出してあげる！
ついにあのサスペンスの傑作を
秘貝パックリのポルノにしてしまった！
(成人映画) ニューセレクト株式会社提供
彼女は一滴残らず発射させる
美しいセックス・マシーン！
グロテスクないちもつが
彼女の身体の中へ入ってくる！
美肉吸精
エロ・ヴァンプ
ビクトリア・パリス
美女と陰獣

あとがき

古い話をする。

「ポルノ見てる奴、いねえんだってよォ、お前、やってみねえか」——歌舞伎町の地球会館六階にあったジョイパックフィルムのオフィスで、K氏がいつもの伝法な口調で話しかけてきたのは一九七六年の秋も深まる頃だったたか。

「『別冊スクリーン』ってあんだろ、編集長紹介してやっから一度会ってみな」——読んだことはないが、それが近代映画社で出していた月刊の洋画ポルノ専門誌であることは知っていた。後日、新橋の森ビルにあった編集部を訪れ、小太りの——いかにも昔気質の編集者といったタイプのT氏と会った。

「月評みたいなもの、書けないかね。君ならピッタリだってKちゃんも太鼓判を押していたし……」——紹介が推薦に変わっていた。断るのはT氏よりK氏に悪い気がした。

数日後、何本かの作品の感想をまとめ、郵送した。筆名は高名なSM作家と拳銃作家の極めて安易な合成である。拙稿は冬の臨時増刊号に掲載された。ラスト数行がバッサリ切られていて、尻切れトンボになっていたが、文句を言える立場ではない。眼鏡に叶ったのか、他に書き手が見つからなかったのか、ほどなく同誌の連載になった。

いろんなことがあった。

――ポルノ評論の先達である村井実、川島のぶ子両氏の事務所にお邪魔した際、ふと傍らの男性誌をめくると私の連載から引用どころか、丸写ししている記事を見つけた。一行二行なんてものではない。何箇所か、ブロック丸ごとである。ざっと見て全体の半分以上を占めていた。驚くと同時に怒りがこみ上げてきた。

ただならぬ気配に――多分、顔色も変わっていたと思う――気づいた川島さんが「大塚(筆者の本名)ちゃん、黙っていちゃダメだよ。言わないと、コイツ、またやるよ」――コイツなどと言ったのは、その書き手の知り合いには違いないが、親密なそれではないと察せられた。「また」とは、その手口の常習者と、かねてから認識していたゆえか。

その夜、先方に電話した。

「団春彦という者だ」と名乗ると、ハッとしたのが受話器を通してわかった。

「この名前で思い当たることがあるだろう。天網恢恢疎にして洩らさず、だ。この決着《おとしまえ》はどうつける気でいるんでえ!」――生意気で血気盛んな頃ゆえ、村井さんに「ま、くれぐれも穏やかにね」と釘を刺されていたことなど、どこかへケシ飛び、愚連隊もどきに息巻いた。

しどろもどろの弁解を聞くうち、相手は私よりはるかに年長とわかり、怒りは哀れみに変わった。同時に他人の原稿をかっぱらって頬かむりしている人間を相手にすることがアホらしくなり、矛を納めた。後日、雑誌の編集長が一人で詫びにきた。この《映画評論家》の名は武士の情けで、あえて秘す。

——アネット・ヘヴンをインタビューしたとき、「これから撮影が控えているの」という話に興味を示すと、それまでおとなしく侍《はべ》っていた若い男が眼光鋭く、“It's only private film, no more questions about it”と言った。“please”と付け加えたが、威圧に近かった。何か裏めいた事情だなと、すぐ話題を転じたが、本文中に記した雑誌の翌月号(九月号)に某社の生撮りAVに出演した撮影レポートが掲載された。

——グローバルフィルムの、こちらもK氏から緊急の呼び出しがあり、試写室で字幕なしの映画を見た。前夜の深酒が祟ってウトウトすること数回。何度目かの覚醒後、ENDマーク。さすがにバツが悪く、早々に引き上げようとすると、K氏が立ち塞がるようにヌーッと現われ、「いやー、急に公開決まっちゃって。プレス用の解説とストーリー、明日までに」「明日⁉ 何か資料ないの?」「あったら頼みませんよ」——まさか、もう一度回してくれとも言えない。ポンとビデオカセットを渡される時代ではなかった。その晩、七転八倒した。この映画の邦題も、あえて秘す。

本書は失われた洋ピンへの私なりの鎮魂歌である。同時に、今はこれも存在しない各邦人系配給会社の、主に宣伝部のスタッフへの謝意も込められている。試写の案内、プレス、スチル、海外資料の提供、興行者への紹介、あるいは裏話――昔のことではあるが、これらの厚意と配慮を忘れることはない。知友諸氏からのDVD提供に対しても。先に上梓した拙著『ピンク映画史　欲望のむきだし』（彩流社、二〇一四年）の姉妹編としてお読みいただければ幸甚だ。

本文中、ごく一部に別名義で発表した文章を要約した箇所がある。改変、言い換えも考えたが、却って姑息なことだと翻意した。この場を借りて寛恕を乞いたい。

洋ピンへの関心――その発端は大半の批評家がパスしているジャンルと知るに及んで若い胸に一瞬湧いた――それなら自分が全部見てやるという高揚感であったたか。

およそ世の常識・良識派からは真っ当とは目されないフィルムの数々に興味を持って久しい。かつて洋画配給会社に在籍していた愚妻に「二階堂というより裏街道ね」などと言われ、苦笑した。われながら尋常な映画遍歴ではないが、これは何を今更だ。

なまじ　とめるな　夜の雨――。

彩流社の河野和憲氏の尽力に感謝しつつ。

【著者】
二階堂卓也
…にかいどう・たくや…

1947年生まれ。上智大学文学部新聞学科卒業。小学生時代より映画に親しみ、新東宝、東映時代劇、日活アクション、やくざ映画、香港活劇、そして欧米の娯楽映画全般とB級と評される映画を徹底的に観続け、評論活動を展開。『キネマ旬報』に連載された「イタリアン・アクションの誇りと栄光」をはじめとする一貫した批評姿勢に共感するファンも多く、その後のジャンル映画再評価に多大な影響を与えた。主な著書には『マカロニアクション大全・剣と拳銃の鎮魂曲』『剣とサンダルの挽歌』『新東宝・大蔵／怪奇とエロスの映画史』(洋泉社)『イタリア人の拳銃ごっこ』(フィルムアート社)『ピンク映画史』(彩流社)等がある。

Sairyusha

洋《よう》ピン映画史《えいがし》

二〇一六年十二月十日　初版第一刷

著者——二階堂卓也
発行者——竹内淳夫
発行所——株式会社 彩流社
〒102-0071
東京都千代田区富士見2-2-2
電話：03-3234-5931
ファックス：03-3234-5932
E-mail：sairyusha@sairyusha.co.jp
印刷——明和印刷(株)
製本——(株)村上製本所
装丁——中山銀士+金子暁仁

ISBN978-4-7791-2242-2 C0074
http://www.sairyusha.co.jp

フィギュール彩

〔既刊〕

⑪ 壁の向こうの天使たち

越川芳明◉著

定価(本体1800円+税)

天使とは死者たちの声なのかもしれない。あるいは森や河や海の精霊の声なのかもしれない。「ボーダー映画」に登場する人物への共鳴。「壁」をすり抜ける知恵を見つける試み。

㊼ 誰もがみんな子どもだった

ジェリー・グリスウォルド◉著/渡邉藍衣・越川瑛理◉訳

定価(本体1800円+税)

優れた作家は大人になっても自身の「子ども時代」と繋がっていて大事にしているので、子どもに向かって真摯に語ることができる。大人(のため)だからこその「児童文学」入門書。

㊵ 編集ばか

坪内祐三・名田屋昭二・内藤誠◉著

定価(本体1600円+税)

弱冠32歳で「週刊現代」編集長に抜擢された名田屋。そして早大・木村毅ゼミ同門で東映プログラムピクチャー内藤監督。同時代的な活動を批評家・坪内氏の司会進行で語り尽くす。

フィギュール彩

《既刊》

㊴1979年の歌謡曲

スージー鈴木◎著

定価(本体1700円+税)

「大変だ、スージー鈴木がいよいよ見つかる」(ダイノジ・大谷ノブ彦、ラジオパーソナリティー)。ＴＶ全盛期、ブラウン管の向こう側の歌謡曲で育った大人たちの教科書。

㉜レノンとジョブズ

井口尚樹◎著

定価(本体1800円+税)

レノンとジョブズの共通点は意外に多い。既成のスタイルをブチ破ったクリエイターたち。洋の東西を問わず愚者(フール)が世界をきり拓く。世界を変えたふたりの超変人論。

㉛J-POP文化論

宮入恭平◎著

定価(本体1800円+税)

「社会背景がJ-POPに影響をもたらす」という視座に基づき、数多ある議論を再確認し、独自の調査方法を用いて時代と共に変容する環境とアイデンティティの関連を徹底考察。